国家社会科学基金项目"制造强国建设背景下的标准引领质量提升实现路径研究"（18BJY033）资助

# 制造强国建设背景下标准引领质量提升实现路径研究

张月义 孙叶芳 ◎ 著

中国财经出版传媒集团

经济科学出版社

Economic Science Press

图书在版编目 (CIP) 数据

制造强国建设背景下标准引领质量提升实现路径研究／
张月义，孙叶芳著． -- 北京：经济科学出版社，2022.9
ISBN 978 – 7 – 5218 – 4001 – 8

Ⅰ.①制…　Ⅱ.①张…②孙…　Ⅲ.①制造工业 – 工
业企业管理 – 质量管理 – 研究 – 浙江　Ⅳ.①F426.4

中国版本图书馆 CIP 数据核字 (2022) 第 167643 号

责任编辑：张　燕
责任校对：蒋子明
责任印制：邱　天

**制造强国建设背景下标准引领质量提升实现路径研究**
张月义　孙叶芳　著
经济科学出版社出版、发行　新华书店经销
社址：北京市海淀区阜成路甲 28 号　邮编：100142
总编部电话：010 – 88191217　发行部电话：010 – 88191522
网址：www. esp. com. cn
电子邮箱：esp@ esp. com. cn
天猫网店：经济科学出版社旗舰店
网址：http：//jjkxcbs. tmall. com
固安华明印业有限公司印装
710 × 1000　16 开　19.25 印张　300000 字
2022 年 10 月第 1 版　2022 年 10 月第 1 次印刷
ISBN 978 – 7 – 5218 – 4001 – 8　定价：98.00 元
(图书出现印装问题，本社负责调换。电话：010 – 88191510)
(版权所有　侵权必究　打击盗版　举报热线：010 – 88191661
QQ：2242791300　营销中心电话：010 – 88191537
电子邮箱：dbts@ esp. com. cn)

# 前　言

2010 年以来，我国制造业增加值连续超过美国，制造业规模和产量稳居世界第一。但在我国"制造大国"地位不断得到巩固的同时，我国制造业"大而不强"的现状却没有得到根本性改变。面对我国制造业"由大到强"的历史跨越，2015 年 6 月，国务院成立"国家制造强国建设领导小组"，部署全面推进实施制造强国战略工作，明确提出加快先进标准建设是发展壮大制造业的国际通行做法，有助于促进产品质量提升、产业升级和主要领域技术进步。由此可见，以先进标准引领推动我国制造业质量提升不乏为一种切实可行的有效途径。基于制造强国建设这一背景，全国很多地区借鉴先进制造强国的成功经验，以打造区域公共质量品牌作为质量提升的重要抓手。浙江早在 2014 年率先推行以"浙江制造"标准为基础的"品字标"区域公共品牌建设，其"标准 + 认证"的创新做法被国家市场监督管理总局多次通报推广，并被江苏、山东、上海、内蒙古、山西等省区市纷纷学习借鉴。这是一种非常典型的先进标准引领质量提升的政府主导的实践创新活动。此外，全球范围内广泛推行的政府质量奖的做法，也是政府为了引导企业导入卓越绩效模式这一先进的现代企业管理模式、促进企业质量管理水平提升并打造企业核心竞争力的实践举措。

本书在分析我国制造业产业分布特点的基础上，选取浙江省作为典型地区进行大样本调查和实地调研，全面掌握制造业质量提升现状及影响因素；通过引入"耦合度""协调度"指标，设计标准引领与质量提升之间交互作用耦合度模型，以此探究先进标准引领与质量提升作用机理；借鉴田口质量损失函数，分别设计望目、望大和望小质量特性分级质量损失函数，以此为基础构建了产品质量分级标准设计体系；围绕产业基础、培育手段、参与主体等要素从品牌形象、品牌培育、品牌运作三个维度对"品字标浙江制造"区域公共质量品牌的发展模式进行了深入剖析；调查行为主体对基于"标准+认证"的区域质量品牌培育的认知与决策行为，提出影响品牌培育企业参与意愿与决策行为的理论模型，并运用结构方程模型进行了实证分析；为准确了解和把握"品字标浙江制造"品牌建设成效，通过综合指数分析、横纵向对比等方式对品牌企业绩效水平进行了跟踪调查与分析；为掌握浙江省各级政府质量奖的创奖效果，探究争创质量奖对企业管理水平提升和质量竞争力增强的具体作用。本书通过对浙江省获奖企业的经营绩效表现、创奖前后企业绩效的变化、不同获奖层次/不同业务类型/不同区域获奖企业的绩效间差异等一系列问题进行客观、科学的调查、评价；在上述研究的基础上，本书提出了推进制造业标准引领质量提升的政策建议。

本书共包含十章，各章内容如下：第1章绪论，介绍研究背景、思路与方法；第2章文献综述，介绍标准引领质量提升的发展概况及其研究现状；第3章典型地区标准化管理与质量提升现状研究，以浙江省为重点研究对象介绍标准化管理与质量提升现状；第4章标准引领与质量提升作用机理及协同耦合效应研究，引入技术创新对标准、质量、技术创新的协同耦合效应进行了研究；第5章产品质量分级标准设计方法研究，借鉴田口质量损失函数研究先进标准设计方法；第6章基于"标准+认证"的区域公共质量品牌培育研究，剖析了典型标准引领质量提升的实践活动；第7章区域公共质量品牌建设的企业参与意愿及决策行为研究，以"品字标浙江制造"为例进行了企业参与意愿及决策行为研究；第8章"品字标浙江制造"企业绩效水平评价，对标准引领质量提升的实际效果进行了调查研究；第9章浙江省各级政府质量奖获奖企业绩效水平评价，对浙江省各级政府质量奖获奖企业进行了大样本调查研究；第10章从四个方面提出先进标准引领质量提升推动制造强国建设的政策建议。

本书基于实践经验，以"品字标浙江制造""政府质量奖"等典型的先进标准引领质量提升的实践活动为研究对象，探究标准引领质量提升的实现路径，为我国制造业开展质量强国建设提供政策建议。全书内容主要源自作者主持的国家社会科学基金项目，本书的出版得到了国家社会科学基金的资助。本书也包括虞岚婷、应靖鸿、李理想、周慧等研究生的部分研究成果，茅婷、周慧做了大量文档编辑工作。本书可供市场监督管理等政府部门、制造业相关行业协会领域从业人员使用，也可供质量管理工程相关学科的教师与研究生使用。最后需要说明的是，本书没有也不可能完全包括当前在此领域内最新的研究成果和发展。对于读者，本书能够起到抛砖引玉的目的，我们就十分欣慰了。受作者水平所限，并且国内外学者对相关研究的内容不断更新，书中可能有不妥和疏漏之处，恳请广大读者批评指正。

**著　者**

2022 年 9 月

# 目　　录

# 第1章 绪 论

## 1.1 研究背景

自 2010 年以来，我国制造业增加值连续超过美国，制造业规模和产量稳居世界第一，2021 年更是相当于美日德英法的总和。[①] 在我国"制造大国"地位不断得到巩固的同时，我国制造业"大而不强"的现状却没有得到根本改变。与发达国家相比，我国制造业整体素质和竞争力仍有明显差距，产业结构不合理、资源消耗大、局部产能过剩、高端装备制造领域缺乏竞争力等问题依旧突出，产品技术质量水平总体不高、关键核心技术自主研发能力普遍较弱、产品质量风险事件时有发生，这些不利因素制约着我国制造业"由大变强"的进程。面对我国制造业"由大到强"的历史跨越，2015 年 5 月，国务院发布《中国制造 2025》重要行动纲领，明确了我国制造业发展的阶段性方向。6 月，国务院成立"国家制造强国建设领导小组"，部署全面推进实施制造强国战略工作。此后，党的十九大报告、"十四五"规划和 2035 年远景目标纲要也多次强调"要深入实施制造强国战略"。

《中国制造 2025》指出，要坚持把质量作为制造强国建设的生命线。党的十九大指出，我国经济已由高速增长阶段转向高质量发展阶段，高质量发展意味着高质量供给和高质量需求。在制造强国战略背景和高质量发展的主题下，制造业的质量提升成为一个热点话题。党的十九大前夕，中共中央、

---

[①] 我国制造业增加值连续 12 年世界第一〔N〕. 人民日报，2022 – 03 – 10.

国务院出台《关于开展质量提升行动的指导意见》，明确提出加快标准提档升级、激发质量创新活力、推进全面质量管理等基本要求。"十四五"规划中，再次强调"深入开展质量提升行动"，大力推进"质量强国""制造强国"。

加快先进标准建设是发展壮大制造业的国际通行做法，纵观以德国、美国和日本为代表的世界制造强国，其工业化的完成和制造强国建设无一不伴随着标准和标准化工作。先进标准体系建设能够促进产品质量提升、产业升级和主要领域技术进步，提高经济整体技术水平和质量水平。由此可见，以先进标准引领推动我国制造业质量提升不乏为一种切实可行的有效途径。

先进标准体系是全面提高产品质量和服务质量的重要基础。强化标准对产品质量的引领作用，关键在于保证标准的先进性，提高标准的供给质量。为此，一方面，我国积极开展国际国内同行业先进标准研究，深入推进对标达标质量提升行动。另一方面，建立产品质量分级制度，倡导优质优价，也是提高供给质量、促进消费升级的重要手段之一。本书的主要研究内容之一就是构建质量分级情形下的产品技术标准参数设计模型。

针对我国制造业发展现状，根据《中共中央 国务院关于开展质量提升行动的指导意见》，区域品牌建设是提升质量工作的重要抓手之一。通过借鉴和吸收美国、日本、德国等先进制造强国的成功经验，我国多地积极运用"标准＋认证"的重要评定手段，打造符合当地特色的区域质量品牌。2014年9月，浙江省政府在全国率先构建以"区域品牌、先进标准、市场认证、国际认同"为核心的品牌建设制度体系，打造"品字标"区域公共品牌；2016年，为强化标准"硬约束"，深圳对标国际通行做法，推行"深圳标准"认证，树立先进标准标杆，引导高品质产品生产和消费；同年，上海探索构建"上海品质"自愿性认证制度；2017年，广东省采用与国际接轨的先进标准作为认证标准，对符合高品质要求的广东产品和服务进行认证；2018年，山东省政府按照政府推动、企业自愿、标准引领、市场运作的原则，积极打造"泰山品质"先进标准体系，实施"泰山品质"认证，推动"泰山品质"品牌建设；2020年，江苏探索建设"江苏精品"标准体系，创新开展

"江苏精品"认证，培育形成一批自主创新、品质高端、服务优质、信誉过硬、市场公认的"江苏精品"品牌群体；同年，内蒙古通过"高标准＋严认证＋强监管＋优服务"的方式，甄选内蒙古最优质的农畜产品。此外，武汉等地的研究机构和政府单位也正在摸索构建适应当地产业发展的标准体系和认证模式，试图创建全新的区域质量品牌。

要实现我国制造业由大变强，应充分发挥先进标准对制造业质量提升的引领作用。因此，基于制造强国建设这一背景，本书在分析我国制造业产业分布特点的基础上，选取浙江省作为典型地区对其标准化管理与质量提升实施情况进行调研，分析总结了浙江省制造业标准化管理现状和创新成效，剖析挖掘了浙江省制造业质量提升的痛点问题；构建了标准引领质量提升的协同耦合效应评价模型；设计了产品分级情形下的标准技术参数设计模型；研究了制造业企业质量提升的影响因素；研究了基于"标准＋认证"的区域质量品牌培育，对"品字标浙江制造"的典型模式进行了解析，同时还考察了区域质量品牌培育中企业的参与意愿与决策行为；跟踪监测并分析评价了"品字标浙江制造"企业、浙江省各级政府质量奖获奖企业的绩效水平。本书研究符合国家战略和地方经济发展的需要，研究成果对我国制造强国建设以及促进"中国制造向中国创造转变、中国产品向中国品牌转变"具有重大的实际应用价值和现实意义。

## 1.2　研究目的与意义

### 1.2.1　研究目的

本书研究的主要目的是在制造强国建设这一战略背景下，探究先进标准引领质量提升的实现路径。具体研究目的如下：（1）通过对典型区域、重点行业的实地调研，掌握制造业标准化管理与质量提升的实际状况，明确标准引领质量提升的内外部环境，揭示制造业质量提升的关键影响因素；（2）挖掘先进标准引领质量提升的内在规律，构建标准引领与质量提升的协同耦合效应评价模型并进行协同耦合效应评价，揭示标准引领与质量提升的作用机理；（3）探索产品分级质量损失函数模型，构建产品质量分级标准的设计方法；（4）重点解析基于"标准 + 认证"创新做法的"品字标浙江制造"区域质量品牌培育的典型案例，为其他地区的探索实践提供参考借鉴；（5）考察行为主体对基于"标准 + 认证"的区域质量品牌培育的认知与行为，揭示企业参与意愿与决策行为机制；（6）跟踪监测"品字标浙江制造"企业、浙江省各级政府质量奖获奖企业的绩效数据，评价标准引领质量提升的实际效果；（7）提出制造业标准引领质量提升的对策建议，进一步优化我国通过"标准 + 认证"推进制造强国建设的实现路径。

### 1.2.2　研究意义

首先，本书从标准引领质量提升的视角出发，挖掘先进标准引领质量提升的内在规律，构建标准引领与质量提升的协同耦合效应评价模型法，设计产品分级质量损失函数模型，探索产品分级标准的制定方法，挖掘重点行业质量提升影响因素，探究质量提升主要措施。这不仅拓宽了质量提升的研究领域，也提供了产品分级标准制定的科学依据。因此，研究内容具有较高的学术价值。

其次，在党中央、国务院明确提出制造强国建设战略的背景下，本书紧扣《中国制造 2025》《关于开展质量提升行动的指导意见》等文件精神，研究产品分级标准设计模型、重点制造业质量提升措施，并在考察典型地区产业发展特点和标准化与质量管理现状的基础上，分析基于"标准 + 认证"的创新做法开展区域质量品牌培育的典型案例，为我国制造业以先进标准引领质量提升的高质量发展路径提供了理论、实证、经验支持和策略参考。本书研究符合国家战略和地方经济发展需要，研究成果对我国制造强国建设以及促进"中国制造向中国创造转变、中国产品向中国品牌转变"具有重大的实际应用价值。

## 1.3　研究内容与技术路线

### 1.3.1　研究内容

基于制造强国建设的这一背景，本书在分析我国制造业产业分布特点的基础上，选取浙江省作为典型地区进行大样本调查和实地调研，全面掌握制造业质量提升现状及影响因素；通过引入"耦合度""协调度"指标，设计标准引领与质量提升之间交互作用耦合度模型，以此探究先进标准引领与质量提升作用机理；借鉴田口质量损失函数，分别设计望目、望大和望小质量特性分级质量损失函数，以此为基础构建了产品质量分级标准设计体系；围绕产业基础、培育手段、参与主体等要素从品牌形象、品牌培育、品牌运作三个维度对"品字标浙江制造"区域质量品牌的发展模式进行了深入剖析；调查行为主体对基于"标准＋认证"的区域质量品牌培育的认知与决策行为，提出影响品牌培育企业参与意愿与决策行为的理论模型，并运用结构方程模型进行了实证分析；为准确了解和把握"品字标浙江制造"品牌建设成效，通过综合指数分析、横纵向对比等方式对品牌企业绩效水平进行了跟踪调查与分析；由于政府质量奖也是一种非常典型的政府主导的先进标准引领质量提升的实践活动，在"品字标浙江制造"品牌企业绩效评估的基础上，为了进一步对标准引领质量提升的实际效果进行大样本评价，本书又对浙江省各级政府质量奖获奖企业从经营绩效表现、创奖前后企业绩效的变化、不同获奖层次/不同业务类型/不同区域获奖企业的绩效间差异等一系列问题进行客观、科学的调查、评价；在上述研究的基础上，本书提出了推进制造业标准引领质量提升的政策建议。

全书共分为十个章节，本书重点围绕九个部分展开深入研究。

第一部分：典型地区制造业标准化与质量管理现状分析。本书作者分别于 2019 年和 2020 年在浙江省 11 个地级市开展了两期调研。基于问卷调查和深度访谈的调研结果，一方面对浙江省规上制造业标准化现状、标准在引领质量提升方面发挥的作用和"品字标浙江制造"团体标准创新成效进行了分析总结；另一方面对浙江省制造业的产品质量和质量管理状况进行了剖析，深入挖掘了浙江省制造业质量提升的影响因素和重点行业产品质量提升的痛点问题。

第二部分：制造业质量提升影响因素研究。基于"企业是质量提升的主体"的基本观点，本书构建了制造业质量提升影响因素研究的理论模型，从技术、组织、环境三个维度剖析了不同因素对于制造业质量提升的作用机理，并运用结构方程模型进行了实证分析。研究表明，质量方法不仅正向影响提升意愿，还对提升行为有显著的正向作用，并且其对制造业质量提升行为的影响程度超过了提升意愿对提升行为的影响；组织环境虽然对提升行为影响不显著，但是正向影响提升意愿；政府支持、行业竞争、市场导向对提升意愿都有显著的促进作用。

第三部分：标准引领与质量提升的作用机理及耦合效应研究。本书在挖掘标准与质量的互动作用机制的基础上，借鉴物理学概念，引入"耦合度""协调度"指标，设计标准引领与质量提升之间交互作用耦合度模型，在充分考虑重点装备制造业和先进制造业特别强调技术创新重要性的基础上，引领技术创新并构建标准、质量、技术创新的耦合协调度评价指标体系，量化测度三者的交互结果，对标准、质量、技术创新的联动协同进行了有效评估。研究表明，标准—技术创新、质量—技术创新、标准—质量、标准—质量—技术创新的三系统在逐步向有序协调状态发展，但仍存在耦合程度较低、协调效率不高的问题。

第四部分：产品质量分级标准设计方法研究。实践中大多数情况下标准制定者会确定某个高于国家或行业标准的技术参数作为先进标准，但高到什么程度缺乏理论依据。本书在文献研究的基础上，深入研究标准技术参数的设计方法，依据标准技术参数制定的科学性、可实践性等原则，提出借鉴田口质量损失函数进行先进标准设计。在充分考虑产品的报废损失、优质优价、投入与产出等因素的基础上，构建了产品分级情形下的质量损失函数模型。基于产品技术标准参数设计的一般思路和拓展的产品分级质量损失函数模型，在解析微观主体考虑现实能力的情况下，根据产品望目、望大、望小特性确定了产品分级质量标准的设计方法。

第五部分：基于"标准＋认证"的区域公共质量品牌培育研究。本书在总结德国、日本等制造强国的成功经验和我国深圳、江苏、山东等地的探索实践的基础上，重点对浙江省以"标准＋认证"创新做法培育区域质量品牌进行了深度剖析。围绕产业基础、培育手段、参与主体等要素从品牌形象、品牌培育、品牌运作三个维度对"品字标浙江制造"区域质量品牌的发展模式进行了详细研究，同时还从信号传递、行为约束、互认互信的角度解读了"品字标浙江制造"的品牌标准制定及认证机制。

第六部分：区域质量品牌培育企业参与意愿及决策行为研究。在"标准＋认证"的区域质量品牌培育研究的基础上，本书考察了行为主体对基于"标准＋认证"的区域质量品牌培育的认知与决策行为，提出影响品牌培育企业参与意愿与决策行为的理论模型，并运用结构方程模型进行了实证分析。研究表明，行为态度、主观规范、知觉行为控制和政府支持会影响企业的参与意愿和决策行为，同时参与意愿在以上因素对决策行为的影响中存在中介效应。其中，行为态度、知觉行为控制等通过参与意愿的正向中介作用影响企业的决策行为，但主观规范对于决策行为的作用不是绝对的。为政府决策部门如何进一步激发企业参与区域质量品牌培育的积极性提供了理论依据。

第七部分："品字标浙江制造"企业绩效跟踪监测与评价。为准确了解和把握"品字标浙江制造"品牌建设成效，科学评估制造业标准引领质量提升的实际效果。本书作者对"品字标浙江制造"企业的绩效水平进行了跟踪评价。本书围绕经济效益、市场绩效、持续创新、质量水平、社会效益五个维度构建了"品字标浙江制造"企业绩效评价指标体系，并通过综合指数分析、横纵向对比等形式对"品字标浙江制造"企业绩效进行了评价。研究结果表明，总体上看，"品字标浙江制造"企业综合绩效指数趋势持续提升。具体地，经济效益不断凸显、市场绩效有序提升、创新活力逐步激发、质量水平显著增强、社会效益稳中有升。从横向对比来看，"品字标浙江制造"企业绩效水平大幅度领先于规上企业和上市公司。

第八部分：浙江省各级政府质量奖获奖企业绩效水平评价。为准确了解和把握浙江省各级政府质量奖获奖企业绩效水平，笔者对浙江省各级政府质量奖获奖企业的绩效水平进行了跟踪评价。本书围绕经济效益、市场绩效、持续创新、质量水平、社会效益五个维度构建了浙江省各级政府质量奖获奖企业绩效评价指标体系，并通过对浙江省获奖企业的经营绩效表现、创奖前后企业绩效的变化、不同获奖层次/不同业务类型/不同区域获奖企业的绩效间差异等一系列问题进行客观、科学的调查、评价。研究结果表明，总体上看，浙江省各级政府质量奖获奖企业综合绩效指数趋势持续提升。具体地，企业经济效益快速增长、市场竞争优势不断扩大、创新能力支撑显著强化、产品质量水平稳步提升、引领示范作用持续发挥。同规上工业企业和上市公司相比，获奖企业绩效水平大幅度领先于规上企业和上市公司。

第九部分：先进标准引领质量提升推动制造强国建设的政策建议。在上述研究的基础上，本书提出了推进制造业标准引领质量提升的政策建议。完善"对标、定标、用标、贯标"业务链，充分发挥先进标准引领作用；健全质量分级和梯度培育长效机制，打造多维度、多梯度增长级体系；用好标准和认证工具抓手，全力打造具有地方特色的区域质量品牌；加强技术攻关和成果转化，发挥"标准、创新、质量"的协同效应。

## 1.3.2 技术路线

本书技术路线如图 1-1 所示。

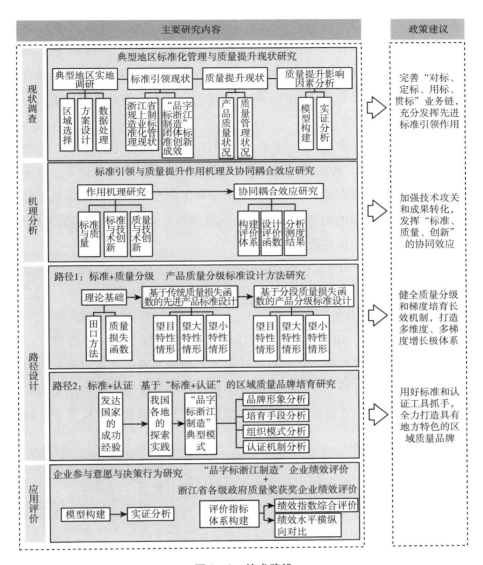

图 1-1　技术路线

## 1.4　研究方法

（1）文献资料法。本书主要通过国内外各大数据库及门户网站收集国内文献及面上资料，检索关键词主要包括制造强国、质量强国、制造业质量、标准引领、质量提升、质量竞争力等主题词；外文文献搜集主要通过查阅 Web of Science、Elsevier、ScienceDirect 等数据库和相关学术网站获取。本书通过检索梳理相关文献与数据，对国内外制造强国建设和标准引领制造业质量提升的研究进行了较为全面的了解，为整个研究工作的开展奠定了良好的理论基础。

（2）问卷调查及访谈法。本书选取浙江省作为典型地区进行了实地调研，分别在 2019 年、2020 年对浙江省 11 个地级市开展了两期调研。根据调研对象的特点和调研内容的针对性，本书采取了问卷调查和深度访谈相结合的方式。对随机抽样的制造业企业实施问卷调研，对政府部门和研究机构、行业协会及重点行业企业进行深度访谈。

（3）协同耦合评价方法。本书运用物理学中的耦合相关理论，分析标准引领与质量提升的互动耦合关系，构建标准引领与质量提升的协同耦合模型，通过协同度、耦合度的计算分析，有效评估标准、质量、技术创新的协同耦合效应。

（4）田口方法。田口方法是日本田口玄一博士创立的一种质量工程方法，它强调产品质量的提高是通过设计而不是检验实现的。本书运用田口质量损失函数的基本理论和参数设计的方法构建产品分级情形下的质量损失函数模型，运用拓展的产品分级损失函数模型通过技术标准参数设计方法制定产品分级质量标准。

（5）结构方程模型方法。结构方程模型是多元数据分析的重要工具，在管理学、社会学、心理学等社会科学领域的研究中有着广泛的应用。本书运用结构方程模型方法分析影响制造业企业质量提升的主要因素和企业参与基于"标准＋认证"的区域品牌培育的意愿与决策行为机制。

# 1.5　研究创新与不足

## 1.5.1　研究的创新性

（1）研究视角的创新。基于制造强国建设的战略背景，结合制造企业和宏观政策环境实际状况，从标准引领、质量提升、机制设计三个维度探究标准引领质量提升的实现路径，剖析其内在运行机理，深入挖掘质量提升与标准引领的动态作用机制，为破解我国制造业质量提升主要困境提供新的路径。

（2）研究方法的创新。本书运用田口质量损失基本理论拓展产品分等级的质量损失函数模型，在考虑微观主体现实状况的情况下构建产品分级质量标准设计技术和方法。用计量模型评价相关行为主体的实际运行效果，为标准引领质量提升提供科学的理论依据。

（3）研究内容的创新。本书在分析标准与质量内在互动作用机制的基础上，构建标准引领与质量提升的协同耦合模型，并分析评价标准、质量、创新的协同耦合效应；引入行为主体对标准引领质量提升的参与意愿研究，揭示其选择与决策机制，考察实现路径推广可行性，这使得本书更加具有实践参考价值，也为宏观决策者通过先进标准引领质量提升推动制造强国建设提供科学的决策依据。

### 1.5.2　研究存在的不足

本书探究了制造强国建设背景下先进标准引领质量提升的实现路径，并对典型地区的创新做法予以了解析和绩效跟踪评价，这使得理论研究人员和实际工作者不仅看清了如何将标准对制造业质量提升的引领作用落到实处的理论和实证依据，还为其他地区参考借鉴提供了经验支持和策略参考。但制造业不同细分行业领域质量提升的瓶颈存在差异化的制约因素，针对重点行业领域的标准引领质量提升路径还需更精准的个性化研究；此外，不同地区制造业发展的实际情形、标准化与质量管理的发展基础具有一定的异质性，浙江省的典型做法是否能够完好适应其他地区制造业质量提升的土壤还有待接受实践的检验。

# 第 2 章　文献综述

　　自 2010 年以来，我国制造业增加值已经超过美国，我国成为名副其实的制造大国，一些优势领域已达到或接近世界先进水平。然而，与发达国家相比，我国制造业整体素质和竞争力仍有明显差距，呈现"大而不强"的特点。党和国家也出台一系列制造强国建设的政策文件，不少地方政府由此开展了诸如"浙江制造""江苏精品""泰山品质"等以"标准 + 认证"为手段的先进标准引领质量提升的实践，标准引领质量提升逐步成为国内外学术界的热点问题。本书现就制造强国建设的质量内涵及研究现状、先进标准引领质量提升相关研究、制造业标准制定及标准化管理研究、制造业质量提升及影响因素研究等方面对国内外学术界、实务界的研究进行文献梳理。

## 2.1　制造强国建设的质量内涵及现状研究

　　质量的概念被认为是一种符合性要求，即对规范或要求的符合程度。朱兰博士从顾客的角度出发提出了适用性，适用性就是产品使用过程中符合顾客要求的程度。ISO9000 把质量定义为"客体的若干固有特性满足要求的程度"。质量又有狭义质量和广义质量之分，狭义质量通常指产品质量、工程质量和服务质量，主要是从用户的角度去看质量。广义质量包括了狭义质量和工作质量，其范围拓展至成本、价格、交货期等，不仅从用户的角度看质量，同时还从制造者和社会的角度去理解质量。20 世纪 90 年代以来，"大质量"概念日益被人们采用，这个概念是针对过去人们对产品质量的理解过于狭隘而提出的，大质量的内涵丰富，包括产品质量（Kerber et al.，2021）、服务质量（Parast et al.，2021）、战略质量（Djordjevic et al.，2020）、生产质量（Kolus et al.，2018）、供应链质量（Zhang et al.，2019）、质量标准多元化（安森东，2021）等。ISO9000 将在质量方面指挥和控制组织的协调活动定义为质量管理。质量管理也经历了多个发展阶段，从检验质量管理阶段、统计质量控制阶段、全面质量管理阶段到标准化质量管理阶段（Yu et al.，2020）。其中，检验质量管理阶段的特点是专职检验，聚焦于产品质量。统计质量控制阶段的特点是控制和预防，聚焦于过程质量。全面质量管理阶段的特点是全员、全企业、全过程和多样化的方法（Yang et al.，2020；Aoun et al.，2018）。当前仍旧处于质量管理的标准化阶段，在这个阶段企业通过标准化技术全面提高管理水平。塔里等（Tarí et al.，2020）就质量标准内化问题进行分析，扩展先前关于质量标准内部化对运营和业务绩效影响的研究，可见标准是质量提升的一个重要工具。

目前，质量概念不仅被用于物质或精神的产品及其提供过程，而且被更广泛地用来评价社会经济水平，以及研究国民经济发展和增长质量。21 世纪以来，质量提升上升到国家层面，质量治理时代应运而生，质量一词的内涵也从微观的产品质量、管理质量延伸到宏观的经济发展质量上来。就我国面临的新的发展阶段而言，质量一词又有一些新的内涵。闫坤和张鹏（2019）指出，质量强国主要指国民经济的整体质量和效益提升，可以用全要素生产率和国际竞争力来衡量。

制造业关系着一个国家的经济发展，是立国之本、强国之本、富民之本，是推动人类经济社会科技进步的重要根基，制造业质量是一个国家综合实力和核心竞争力的集中体现（马建堂，2018）。然而 2008 年金融危机的冲击使发达国家逐渐意识到制造业的大量外迁会造成本土产业的空洞化，"制造业回流"战略的制定与实施成为发达国家公认的典型事实。为了重振制造业的发展，世界各国尤其是发达国家，纷纷制定新的制造业发展战略，如德国的"工业 4.0"、英国的"未来制造业"以及美国的"先进制造伙伴计划"。与此同时，我国制造业"大而不强"的特点仍旧显著，发展制造业缩小差距是一项重要任务（柳百成，2020）。在这种背景之下，我国于 2019 年正式提出制造强国战略，加速实现制造大国向制造强国的转变，而这种转变的关键是推动制造业高质量发展（江小国等，2019）。

在由大变强的新发展阶段，高质量发展又有其新的内涵及要求，不同学者对高质量发展的内涵理解的侧重点不同。有学者认为，高质量发展阶段比高速增长阶段有更高的要求，其内涵应包括经济发展高质量、改革开放高质量、城乡建设高质量、生态环境高质量、人民生活高质量（任保平和李禹墨，2018）。由此可见，高质量发展应是全面的、系统的、多方位的。除了产品质量、工程质量、服务质量以外，高质量发展还要求系统平衡质量、经济增长质量以及民生指向质量（赵剑波等，2019）。杨伟民（2018）指出，高质量发展内涵体现在多个维度，除了经济层面，还应包括生态、社会、政治等多个层面的全面发展，使新发展理念贯彻高质量发展，解决不平衡不充分问题，更好地满足人民日益增长的美好生活的需要；王伟（2020）指出，高质量发展是创新、协调、绿色、开放、共享各维度上的高质量发展。有学者从宏观、中观、微观的不同要求角度出发，如金碚（2018）从发展战略的高度出发，认为高质量发展应满足人民日益增长的美好生活需要，不仅仅是单纯的物质性要求，更多地表现为人的全面发展的要求。通过梳理马克思主义的政治经济学，任保平（2018）从宏观、中观、微观层面研究了适用于我国的质量经济学理论，以期促进新时代高质量的发展。还有学者侧重于从经济高质量发展的角度定义，认为高质量发展是经济发展质量的高水平状态，是低生产要素投入、高资源配置效率、低资源环境成本和经济社会效益好的高质量型发展水平。具体来说，衡量高质量发展的标准应该包含经济发展的有效性、协调性、创新性、持续性、分享性等方面（任保平和文丰安，2018）。

关于制造强国建设的高质量发展的具体内涵，至今社会各界仍未给出明确定义。但是制造业高质量发展是高质量发展在中观产业层面的具化，高质量发展的内涵为我们从多元角度理解制造业高质量发展指明方向。罗文（2018）提出，制造业高质量发展应以质量第一、效益优先为原则，实现高利润和高附加值。除了发展原则外，汪小国等（2019）提出制造业高质量发展的立体化路径，该路径依托企业、高新技术园区，以技术创新为发展动力，通过智能化、绿色化的生产方式，打造高端发展、品牌提升的先进制造业。

以新发展理念为指引，余东华（2020）指出，制造业高质量发展是生产要素投入低、资源配置效率高、品质提升实力强、生态环境质量优、经济社会效益好的高水平可持续发展。基于新时代高质量发展的理念，刘国新（2020）构建"经济、创新、高级、开放、生态"的制造业高质量发展理论框架，具体表现为经济增长、创新驱动、产业结构优化、开发程度扩大、生态环境和谐。罗文和徐光瑞（2013）指出，现阶段高质量工业发展的内涵是，速度和效益有机统一、结构持续调整优化、技术创新能力提高、节约资源与环境友好、两化融合深化、人力资源结构优化。

有学者指出，推动先进制造业高质量发展，加快制造强国建设，是我国经济步入新常态后，推进经济结构战略性调整的一项核心战略，是应对新一轮科技革命和产业变革的重要举措，是加快转变经济发展方式的必由之路（李朝兴，2015）。安帅（2022）认为，新时代建设制造强国是实现高质量发展的必要前提，是构建双循环新发展格局的重要基础，是提升产业链供应链抗风险能力的内在需求。由此可知，要建设制造强国，高质量发展制造业至关重要。鉴于此，不少学者就如何实现制造业高质量发展展开研究，有学者通过梳理德国制造业发展史，发现德国制造发展依靠于质量和标准化体系（秦俊峰，2013），因此标准化工作也被广泛关注（李金华，2018；董琴，2022；张晓仓，2021）。国家相关部门印发的《质量发展纲要（2011～2020年)》《中国制造2025》以及《关于开展质量提升行动的指导意见》等文件，同样多次提及标准化工作，可见标准化工作的重要性及其对质量提升的重要作用。此外，中国制造如何实现高质量发展，叶芳羽和单汨源（2019）认为，可以重点从七个方面——品牌形象、技术开发、产品研发、产品结构、制造方式、竞争力、质量管理出发，助推高质量发展。刘伟丽等（2020）针对不同的产业类型提出不同的建议，就高技术产业而言，要提高自主研发能力；就低技术密集型企业而言，可以积极发展进口。袁少锋（2019）指出，企业层面贯彻品牌导向发展模式是国家宏观层面实现质量强国战略目标的关键途径。

得益于制造强国战略以及多项政策文件的支持，我国制造业也取得了卓有成效的阶段性成果，如产品质量不断提升、产业体系完备、产能布局良好、创新活动在中国地级市中的传播和嵌入程度不断提高等（胡迟，2019；李金华，2021；辛国斌，2017）。但仍旧存在薄弱环节，与建成制造强国有较大差距，具体表现为我国主导制定的国际标准占比较小、标准化工作的引领作用不够、规模扩张模式依旧存在、核心技术依赖进口、市场竞争不足等（李金华，2018；孔德婧等，2017；周民良，2016）。针对存在的不足，不少学者就如何进一步建设制造强国，推进质量提升进行探讨，构建标准体系被认为是最有效的措施之一（郭政，2013）。因此，不少学者对如何通过标准化工作提升产品质量进行研究，例如，通过制定先进制造业选择标准，鼓励企业实施质量提升工程（蒋选和周怡，2018）；强化标准体系的引导和约束作用，培育新增长优势（罗文，2018）；创新驱动发展，重新定义技术标准和产品（贺俊，2021）等。还有学者指出，我国在建设制造强国进程中，应继续推进实施工业强基工程，加大工业化强度（李金华，2022）；加快推进关键核心技术攻关，增强竞争性工业绩效（Reiman et al.，2021；Obradovi et al.，2021）；推行优质制造和智能制造，稳步提高制造业竞争力（Yu et al.，2021；Ahmad et al.，2018；Zhang et al.，2021）。有些学者从生产性服务业开放角度出发（Shepotylo and Vakhitov，2015；Arnold et al.，2011；Correa et al.，2011；Fernandes and Paunov，2012；Bas，2014），认为我国应重点加强与发达国家关于生产性服务业开放的谈判，包括减少对外资以及其他市场准入限制、其他歧视性措施、竞争障碍和监管透明度及行政要求这四个方面，其中竞争障碍的影响权重最大；同时，还要加强与其他发展中国家关于减少对外资以及其他市场准入限制、竞争障碍和监管透明度及行政要求方面的谈判，其中可以适度放松对自然人流动限制的谈判，但在降低竞争障碍的谈判上需要加大力度（杨玲，2022）。可汗等（Khan et al.，2021）指出，应鼓励决策者解决可持续制造和贸易政策问题，促进公平贸易，保护自然资源，以确保制造业的可持续发展。周等（Zhou et al.，2021）研究了中国制造业价值链的崛起与中国的节能减排问题，发现制造业价值链对节能减排具有显著的促进作用，不同的行业存在不对称节能减排的效应；在产业升级过程中，技术密集型产业有着巨大的发展潜力，节能减排效果更加显著；中国制造业要实现节能减排，实现精准节能、精准减排，提高质量和效率。王等（Wang et al. 2020）研究《中国制造 2025》和制造业战略决策反向质量职能功能部署问题，他们认为，《中国制造 2025》是中文版的中国工业 4.0，旨在提高中国制造业的竞争力；与工业 4.0 不同的是，《中国制造 2025》的起点很低，且需要同时面对提高创新、质量和竞争力的挑战等，虽然上百项政策已经发布，但没有结构化或系统化的优先级，缺乏设计或管理；对于不同的竞争力要在政策中给予不同的优先次序，应该考察质量、成本、交付、灵活性、服务、创新、农业和生态等因素，分析不同领域的行动计划，考虑技术、设施、容量和集成等四种结构决策。李金华（2016）指出，我国应重启高等教育和职业教育改革，建立适应先进产业发展的职业教育体系，培养全球一流的产业工人队伍；启动实施"制造强国创新文化建设工程"，建设先进的创新创业生态环境；建设广泛的先进制造业技术合作联盟，构建高效的创业基金运营体系。

## 2.2　先进标准引领质量提升相关研究

### 2.2.1　标准与质量的关系

质量与标准几乎贯穿人类的所有活动，人类发展史也是一部质量与标准的发展史。我国是世界上最早进行质量管理的国家（李攀，2011；张海燕，2000），早在秦汉时期，就开始有政府质量监管的做法，在政府主导的生产行为下，已经有标准决定质量的意识（程虹和陈昕洲，2016）。20 世纪以来，标准与质量的关系被进一步深入研究。根据 ISO9000 对质量的定义：一组固有特性满足要求的程度。其中，"要求"即"标准"，因此霍伊尔等（Hoyle et al.，2017）认为质量离不开标准，脱离标准空谈质量是毫无意义的。陈淑梅（2019）也在其研究中提及，标准是国际公认的国家质量基础设施，是质量的前提和基础。同样地，建立标准而不加以严格实施以改善质量，那么标准的制定也失去意义，杨建东等（2019）的研究证实了这一点，并指出质量是标准的结果。由此可见，标准与质量是一种密不可分、相互依存的关系。

　　具体而言，有大量研究表明标准对质量有重要影响，具体体现在提高产品质量、提升组织竞争力以及增强企业质量效益等方面。例如，华容等（Huarng et al.，1999）以中国台湾地区的企业为样本，进行实证研究，结果表明，实施 ISO9000 标准的企业更开放，其参与质量控制活动的态度也更积极，标准可以帮助企业降低成本、提高产品质量、提高企业国际竞争力；辛格等（Singh et al.，2008）认为，标准的前提是定义良好和文件化的程序，提高了输出的一致性，以澳大利亚 418 家通过 ISO9000 标准认证的企业为研究对象，构建结构方程模型，其研究表明标准能保障质量稳定输出，以满足客户需求；奈尔等（Nair et al.，2009）认为，标准或标准认证反映了企业的质量形象，通过实施更高要求的标准，可以提高产品的质量，提升企业的质量效益；胡等（Hu et al.，2016）以中国的贸易数据为研究样本，同样证实产品标准能够提高产品的质量等。作为国家质量基础设施（NQI）体系的核心要素，标准为质量管理决策提供证据，通过建立一个国家质量基础设施效能（NQIE）的评估框架，用来代表利益相关者和质量管理者的一种新的质量管理范式。其基础是将国家质量基础设施效能的复杂概念分解为若干部分，然后将各部分与多标准决策分析方法结合起来，对国家质量基础设施效能进行评估（Shen et al.，2019）。产品质量通常被认为是在国际市场上取得成功和经济增长的前提条件，高质量的商品通常被视为出口成功和经济发展的前提条件（Amiti and Khandelwal，2013）。在国际贸易过程中，发展中国家需要通过满足技术和质量标准以及遵守行政程序来对抗非关税措施限制。此外，一些有利于国际贸易的法规（标准），对反映有关社会重要事项的承诺有重要作用（De Melo and Nicita，2018）。标准的制定和质量的提高与利益相关者的利益增长和提高组织影响力有很大关系，这项工作通过数据库搜索（Web of Science，Emerald，ScienceDirect 和 ABI/Inform-ProQuest）对有关质量管理标准内部化的文献进行了研究，综合描述了相关文献的特点（理论或经验、研究国家和使用的方法）、内化过程（衡量内化的两个构架和每个构架下的项目）、驱动因素（寻求认证的原因、质量文化、领导力和培训）以及内化的效果（顾客、人员和社会结果）。工程管理人员在寻求改善其公司的现有流程和绩效时，可以考虑这些方面和相关的驱动因素（Tarí et al.，2020）。

特里布莱特和普卢米库（Triboulet and Plumecocq，2021）探讨了价值链如何调整质量标准治理，以考虑可持续发展等社会问题。它旨在通过关注两种质量——"内在的"产品质量和环境质量，更好地理解公共和私人标准如何在部门内共存或混合。研究结果显示，在产品标准方面存在着国际竞争，而环境标准在法国正艰难地出现，这些结果在公共/私人设计、同质化/差异化过程、垂直/水平关系以及社会价值和经济利益之间的联系方面得到了讨论。

　　同时，也有很多学者就质量对标准的影响展开研究，质量对标准的影响主要体现在帮助其适应市场、满足产品生产需求及保证产品标准竞争力等方面。例如，米勒等（Miller et al.，2010）发现，企业、团体组织应根据质量实践过程对标准进行及时、必要的修订，使其适应市场需求，保证标准的生命力；陈等（Chen et al.，2015）通过研究北京的空气质量标准发现，早期标准实施对质量提升产生的作用有限，且未得到群众的认可，为满足生产生活的需要，最终出台更为严格的质量标准。何等（He et al.，2018）根据全面质量管理（TQM）的原则，提出了一个以可靠性为导向的质量控制框架，将生产中的质量控制和可靠性保证结合起来。首先，从综合质量和可靠性保证的角度，提出了 RQR 链来表示生产过程中三个基本管理对象之间的双向关系，即制造系统可靠性（R）、制造过程质量（Q）和生产产品可靠性（R）。其次，提出了基于 RQR 链的生产过程可靠性导向的质量控制框架，为制造企业提供控制线索。最后，在中国的一家汽车发动机制造企业中验证了所提方法的有效性。所提出的 RQR 链作为 TQM 的决策支持模型，最终被证明能有效地促进生产中质量控制和可靠性保证的整合。此外，质量是提供竞争优势或差异化的一个因素，它是提高公司绩效的关键战略因素，埃尔南德斯等（Hernández et al.，2019）通过 PLS-SEM 方法来检验质量对创新能力对酒店机构绩效影响的调节作用，研究结果显示，质量认证调节了创新能力对酒店机构绩效的影响。总而言之，质量改进可以通过使用先进的标准来实现，同时，人们必须考虑这种变化对生产成本的影响，特别是在发展中国家，改善生产标准的问题是否也有利于组织，需要通过考虑生产成本和市场需求，在标准制定和质量改进的程度上取得平衡（Tuczek and Castka，2018）。标准和质量之间的耦合协调程度可能会影响经济增长，这是评估期间的重点，通过梳理相关文献可以发现，质量的实践活动可以优化标准。

### 2.2.2 对先进标准引领质量提升的理解

理解"先进标准引领质量提升"，首先应该明确什么是先进标准。关于先进标准引领质量提升的相关研究，现在学术界尚未形成系统、完善的研究，但在先进标准如何界定和定义的问题上，部分学者提出了自己的观点。朱南等（2021）指出，标准的先进性是指团体标准或适宜开展认证标准的主要指标达到国内领先、国际先进水平或者填补国内、国际空白，具有领先性、示范性和可证实性，并兼顾社会关注的产品或服务特性。

先进标准的引领作用主要体现在提升产品质量、促进产业转型升级、拓宽国际市场以及提升经济社会效益等方面。宋莹和徐志远（2020）研究指出，在国务院办公厅印发的《消费品标准和质量提升规划（2016～2020年)》中明确提出以先进标准引领消费品质量提升，将倒逼消费品装备制造业转型升级。到2020年，先进标准引领能够进一步实现消费品标准体系基本完善，重点领域消费品质量达到或接近国际先进水平，企业质量发展内生动力持续增强，知名消费品品牌价值大幅提升。张崇武和汤曙光（2017）认为，我国经济发展已由高速增长阶段转向高质量发展阶段，必须坚持质量第一，效益优先，以供给侧结构性改革为主线，推动经济发展质量变革、效率变革、动力变革，提高全要素生产率。要"推动中国制造向中国创造转变、中国速度向中国质量转变、中国产品向中国品牌转变"；要"加快发展现代服务业，瞄准国际标准提高水平"。因此，质量提升已经成为新时代发展的内在动力和主攻方向。武同霞（2016）的研究结果显示，坚持标准引领，用先进标准倒逼制造业转型和质量升级，建设制造强国、质量强国是结构性改革的重要内容，有利于改善供给、扩大需求，促进产品产业迈向中高端。经过多年发展，我国制造业标准化和质量取得了长足进步。我国现行国家标准和行业标准中，制造业标准占总数的50%以上，基本形成了适应产业发展的标准体系。制造业标准水平不断提升，与国际接轨程度进一步提高，国际标准转化率达到70%以上，产品整机质量与可靠性水平明显提升。标准化在提升产品质量、扩大国际贸易、促进技术进步和创新等方面发挥了积极作用，产生了显著的经济和社会效益，有力支撑了制造业的发展。姆维亚和安吉莉娜（Mwikya and Angeline，2018）研究指出，标准的合理制定与实施能够在一定程度上提升组织绩效。

### 2.2.3　先进标准引领质量提升的路径

在如何实现先进标准引领质量提升方面，国外的研究主要集中在分析标准与质量之间的关系上，对两者间内在机制研究较少，由于我国的实践探索走在理论研究的前面，因此现有文献主要集中在我国学者的研究上。从实务界来看，我国已开展多种形式的标准引领质量提升活动，如企业标准化领跑活动、产业对标达标提升活动、基于"标准 + 认证"的区域质量品牌培育等。

早在 2007 年，国家标准化管理委员会就曾启动"我国消费品标准与国际标准及主要出口国标准比对分析"项目，但该项目旨在加强我国国家标准与国际标准的关联度研究，提高我国标准与国际标准的一致性，并未以质量提升为目的。而在往后的十余年间，我国标准比对分析工作从未停止。其中，消费品标准化和质量提升工作最受关注和重视。2016 年，国家标准委、工信部、质检总局等部门，做出有益尝试，联合开展消费品安全标准比对分析，对 21 个主要贸易伙伴、地区和国际组织的 770 多项技术法规和标准进行比对，累计比对了 3816 项指标。这项消费品安全标准"筑篱"专项行动也为后来的"百城千业万企"对标达标提升专项行动积累了宝贵的经验。

2014 年至今，我国实务界又掀起标准引领质量提升的另一阵浪潮。借鉴德国、日本等发达国家成功经验，我国多地积极开展基于"标准 + 认证"的区域质量品牌试点培育工作。2014 年，浙江率先在全国构建以"区域品牌、先进标准、市场认证、国际认同"为核心的品牌建设制度体系，积极推动以"品字标"为形象标识的"浙江制造"公共品牌建设，经过四年多的发展，现"品字标"公共品牌建设正逐步由"浙江制造"向"浙江农产""浙江服务"等领域拓展。此外，深圳对标国际通行做法，打造城市高质量标准体系，推行"深圳标准"认证，树立先进标准标杆；上海全力推进"上海品牌"建设,开展"上海品牌"评价认证工作,覆盖服务业、制造业、旅游购物、文化特色四大领域;江苏探索建设"江苏精品"标准体系,创新开展"江苏精品"认证,培育高端品牌;山东积极打造"泰山品质"先进标准体系,实施"泰山品质"认证,推动"泰山品质"品牌建设。同时,武汉等地的研究机构和政府单位也正在摸索构建适应当地产业发展的标准体系和认证模式,试图创建全新的区域品牌。

虞岚婷等(2019)认为,在先进标准引领质量提升的过程中,政府是推动者,企业是主要参与者,消费者是主要受益者。消费者是最终产品的使用者,关注的是过程的结果。他们对产品如何设法提高质量没有直接的兴趣,但他们在购买某种产品时有权做出自己的选择,他们对产品的更高要求迫使生产者采用更先进的标准,以提供高质量的产品和服务来满足市场需求。因此,先进的标准和质量改进之间的关系对消费者群体来说是无法直接被观测到的。公司是产品的生产者和服务的提供者,它们通过自己生产的产品或提供的服务与消费者交换信息。在市场研究提供的需求信息的基础上,公司可以决定调整其生产计划并确定用于组织生产的标准水平。通过制定符合市场需求的先进标准,或者通过实施要求更高的公司标准来提高质量,同时增强市场竞争力,可以说,先进标准对质量改进的作用在公司层面是明确而直接的。除此之外,政府在促进实施、监督和控制以及调节摩擦方面的作用,显然也是不容忽视的。

武同霞(2016)、张崇武和汤曙光(2017)及汤万金(2016)指出,以先进标准引领质量提升主要有以下六种方法:一是紧扣产品质量安全要素,加快制定一批强制性国家标准。提高制造业国内国际标准一致性程度,推动实现内外销产品"同线同标同质",重点研制批量制造的核心基础零部件(元器件)、关键基础工艺、关键基础材料和产业技术基础领域的急需标准;二是引导企业增强质量、品牌和营销意识,支持企业提高质量在线监测、控制和产品全生命周期质量追溯能力,鼓励大中型企业实施首席质量官制度;三是创新标准和质量监管,实行随机抽查企业、随机抽检产品、随机选择检测机构,加快建设跨部门、跨行业的产品质量信息公共服务平台,引导企业自我声明公开产品和服务标准,建立检验认证机构对产品质量承担连带责任制度；四是建立主要产品质量安全追溯体系，强化消费维权保护，推进缺陷产品召回常态化，建立产品质量安全惩罚性赔偿、销售者先行赔付、责任保险等制度；五是把产品标准与质量提升和装备制造升级紧密结合，促进"中国制造"全产业链升级；六是推进产品质量监督结果信息共享，对产品质量国家监督抽查合格的同一企业同一规格型号产品，六个月内任何地方、部门和机构不得重复抽查，实现"一个标准、一次检验、结果互认、全国通行"，鼓励更多企业走优质发展之路。

## 2.3  制造业标准制定及标准化管理研究

### 2.3.1  先进标准设计方法研究

所谓标准，就是为了在一定范围内获得最佳秩序，经协商一致制定并由公认机构批准，共同使用的和重复使用的一种规范性文件。张泳和林楚玲（2019）指出，标准的作用在于它可以实现产品之间的兼容性，扩大网络效应，降低用户的转换成本；标准提供了产品质量信息，降低了买卖双方的信息不对称，从而降低交易成本和搜索成本；标准还可以实现规模经济，获得成本优势，提高经济效率。在建设制造强国背景下，龚月芳（2020）指出，标准是提高制造业质量基础的核心要素，是引领产业发展的首要支撑，是加强市场监管的重要手段。莫尔等（Mor et al.，2018）通过实证研究发现，标准化可以大大提高制造业生产力。而始于20世纪末的世界标准化战略大潮几乎囊括了世界所有一流制造大国，德、美、日纷纷通过标准化战略抢占国际标准制高点，为其获取制造业的国际竞争优势和全球治理话语权提升做好准备，并取得了很大的成功（Blind et al.，2020；Ho and O'Sullivan，2017）。在这种背景下，结合我国制造业发展困境及长久以来存在的问题，在先进制造业标准构建的过程中，我国应结合制造业发展需求，构建起符合本国发展特色的标准，进一步促进现代化制造产业建设，尽早实现建设制造强国目标（常江等，2019）。

　　关于标准的制定方法，国内多数研究集中在对比国际先进标准，以市场需求为导向制定标准方面。例如，李龙一和张炎生（2009）就技术标准的形成过程做了深入研究，通过案例分析，发现主导设计能够导致一项技术标准的形成，而主导设计是市场选择的结果。因此，我国的企业应该借鉴国外先进经验知识，重视对市场需求进行研究，开发出新技术和新的主导设计，并由此引领市场，主导技术的发展，同时也能开拓新的市场，建立新的标准，走出一条能够提升我国技术创新水平的道路。杨勃（2010）通过对中德铁路线路技术标准的对比分析，认识到合理选取线路技术指标的重要性。特别对线路设计参数的选取进行分析，明确我国与德国在线路设计参数方面的差异，为我国线路技术标准的修编提供参考。此外，个别设计参数还需要进一步试验优化取值。宋明顺等（2017）将国内外大数据标准化研究现状进行对比发现，我国大数据标准相较于欧美国家仍有明显差距，并提出几点我国大数据标准发展思路：加强以应用需求为导向；加快数据共享开放标准的研制；重点制定数据安全和隐私保护标准；鼓励探索大数据团体标准形成机制；建立和完善大数据标准测试和认证体系。在需求分析的基础上，袁剑波和张起森（2001）通过构建需求函数，提出了一系列制定公路收费标准的基本方法和不同车型收费比例的确定方法并论述了收费标准制定的基本原则。

　　此外，我国的标准制定一直是政府主导机制。为此，国内研究更为关注如何简政放权，充分发挥市场对标准化资源的决定作用（张勇等，2019）。董琴（2022）指出，我国应对标准化战略进行调整，从以服务国内市场为主到兼顾国内市场和国际竞争与全球治理，从政府主导到政府与市场并重，从"后补式"标准到战略新兴产业"引领式"标准和数字标准，从以基础标准、产品标准为主到以技术标准和协调标准为主，标准的制定从"自上而下"到与"自下而上"相结合。杜传忠和陈维宣（2019）指出，为培育、强化中国标准的国际竞争优势，抢占新一代信息技术及产业发展的制高点，我国需进一步完善新一代信息技术标准化的顶层设计，推动兼容性技术标准发展，加强关键共性技术研究，优化新一代信息技术标准的组织结构，同时积极参与标准化国际合作等。田博文和田志龙（2014）从标准制定组织的视角出发，探究标准制定组织如何促进标准制定。其通过梳理标准制定组织的文献，发现我国学者在分析中国标准战略的要素时，普遍认为企业应该积极参与正式标准开发组织和加快组建标准联盟，却忽略了企业是否具备足够的标准开发能力。标准制定组织应当了解企业的顾虑和障碍，提供标准开发能力的培训，激发企业参与标准制定的动机。王忠敏（2019）指出，在标准资源实现以企业为主体的市场化配置进程中一定会积沙成塔，久久为功，从而助推经济和社会的可持续发展。韩全卫（2016）也指出，企业参与行业标准制定的战略意义非凡，标准对企业形象提升十分重要。

维格曼等（Wiegmann et al.，2017）对已有文献进行分析发现，标准制定大致涉及三种标准化模式：基于委员会的、基于市场的和基于政府的。例如，霍里等（Khoury et al.，2019）介绍了一份医学标准的制定过程，该标准由 152 个个人和 225 个利益相关者团体共同制定。罗豪斯等（Rawhouser et al.，2018）指出，利益相关者在私人治理中发挥着越来越积极的作用，包括制定衡量可持续性的标准。李等（Li et al.，2019）指出，产业技术标准联盟作为专利共享、共创和应用推广的重要载体，日益成为全球技术标准化的主要组织模式。特别是技术标准联盟协同创新更有利于加快我国新兴产业的自主创新步伐和技术标准国际化进程。在此基础上，国外研究更关注从提高标准适用性出发制定标准，例如，为满足机器人等快速扩展的技术领域的需求，奥谢夫斯卡等（Olszewska et al.，2020）提出一种标准生命周期开发法并做了详细介绍，该方法是一种中庸、迭代、协作和增量的方法，并将其成功应用于开发新的 IEEE P7007 标准。格林菲尔德等（Greenfield et al.，2014）对标准制定过程中的文件进行二次分析，研究结果表明，标准的修订需要从多方的利益相关者那里获得大量资源和专业知识。让关键利益相关者参与，有助于促进行业对标准的更大接受度。目前，制定产品或系统安全标准的实践具有高度的主观性，这影响了开发成果的可靠性。将特定安全要求纳入标准的决定通常基于参与开发由这些要求或规范组成的安全标准主体的技术专家的知识、直觉和经验。这通常在不分析构成安全标准的每个安全要求所涉及的风险属性或因素的情况下进行。由于低估或高估所涉及的风险，这可能导致不准确和缺乏可靠性。基于此，阿里等（Aly et al.，2021）提出了前所未有的、新颖的、结构化的和客观的方法，旨在改进制定安全标准的实践，即引入一种模糊 c 均值算法，对不同风险进行分组排序，从而保证产生更可靠、准确的安全标准。

### 2.3.2  制造业标准化管理研究

关于国外标准化管理的研究，更多是就标准化管理体制的特性进行研究。如美国学者恩斯特（Ernst，2012）认为，以市场为导向的自下而上的分散自治体制是美国标准化管理体制最大的特点，它能够使美国标准化体系照顾到标准化各参与方的利益，最大限度地保护竞争，是美国实现成功商业创新的重要源泉。刘辉等（2016）也认为，美国标准化体制是国际上最具代表性的标准化体制之一。作为一个受市场驱动且高度多元化的国家，美国建立了以民间标准化机构为主体、分散灵活的自愿性标准体系。这种标准体系为美国经济发展提供了强大动力，也使得美国成为国际标准化格局中的重要一极。布兰德和高奇（Blind and Gauch，2005）认为，其标准化体制方面发生的最引人注目的变化是非正式标准化流程的崛起，尤其是在信息通信技术（ICT）行业，私人协会、俱乐部和联盟相对于正式的标准化流程而言，已经占据了极大的重要性。德国标准化体制具有高度的系统性，在标准的类型和分级方面科学合理。一方面，在关键的基础领域由政府主导颁布技术法规；另一方面，高度重视社会各主体在标准化中的重要作用，尤其注重发挥专业团体、协会、民间组织和企业的优势，制定先进的、针对性强的行业标准和企业标准（宋明顺和王玉珏，2016）。加拿大标准化管理体制的特点是：标准化管理机构兼具政府职能与企业功能；强调对经济社会的作用；注重加强标准化宣传，提升公众对于标准化的意识；重视国际标准化工作；重视对标准的奖励（刘春青和马明飞，2018）。澳大利亚标准化管理的优势在于兼具欧美发达国家的标准化管理优势，政府强调"技术基础联盟"的联动机制，标准化文件种类灵活多样（张彦和刘春青，2018）。由此可见，市场经济发达的国家主要是采用政府或法律授权某一机构管理的标准化体制，该机制的特点是用自愿性标准体系、政府支持标准化活动、委员会模式的标准化管理机构以及标准的"商品管理"模式（赵朝义，2004；杨辉，2007；Li，2019）。

关于我国标准化体制的研究,国内学者更关注我国标准化体制存在的不足以及未来的改革路径。王平(2003)指出,相对于国内外环境变化和形势发展,我国标准化发展已不能很好地满足经济社会快速发展的需求。目前,我国标准化存在管理运行体系不合理,标准化法律体系不健全,标准制定和维护体系不完善等一系列问题,影响了标准化对社会经济发展的作用发挥。刘三江和刘辉(2015)通过分析我国的标准化现状发现,目前中国标准化体制改革的一个核心问题是标准的供给体制。然而,我国当前以政府为主的标准供给模式,已不能很好地满足经济社会快速发展的需求。针对这些问题,他们指出我国标准化体制改革应该充分利用社会和市场资源,发挥社会和市场活力,拓宽标准供给渠道。李佳和王益谊(2021)对日本的标准化体制机制进行研究发现,日本和中国在社会文化等方面有很多共同点,在标准化管理的体制机制上也有很多相似之处,并给出几点关于我国标准化改革的建议,包括简化标准层次、明晰政府和标准化技术组织的关系以及充分发挥市场主体的作用。廖丽等(2013)的实证研究可见,技术驱动是美国标准化管理体制的基本特征;法律衔接是其标准化管理体制的根本保障;共同治理则是标准化管理体制的核心理念。为此,我国的标准化管理体制应该以提高技术水平为动力,要加快标准法的确定,政府应该与市场和社会共同参与标准化活动。基于《中华人民共和国标准化法》(以下简称《标准化法》)的视角,陈俊华(2015)指出,我国现行的《标准化法》由于受到计划经济的影响,其所确立的我国标准化体制行政色彩浓厚,已经无法满足如今社会、经济发展的要求。修改《标准化法》、改革标准化体制已经势在必行。其中,标准化工作管理体制改革是重心和关键,应实施标准化闭环管理。

## 2.4 制造业质量提升及影响因素研究

### 2.4.1 制造业质量提升相关研究

在质量提升方面,国外学者主要在质量管理模式、质量改进方法等方面进行了相当多的研究，并从质量管理发展的视角探讨了六西格玛、田口方法等的改进和应用。国外尤其是发达国家的质量提升是在工业革命过程中不断建立和完善起来的，积累了丰富的实践经验。卡斯塔廖拉等（Castagliola et al.，2016）研究了一种用于监测从正态分布种群中提取的样本范围 R 的可变采样区间指数加权移动平均（EWMA）控制图。对于被调查的图表，采样间隔可以假定两个不同的值。提出了一种基于平均时间的统计优化设计策略，并通过与其他用于监测过程分散的控制图的比较，对 VSI R EWMA 图的统计性能进行了评估。结果表明，改变采样间隔的可能性大大提高了 VSI R EW-MA 图相对于相应静态图的性能，在检测过程色散减小时这种图特别适用。由于处理器、内存或磁盘瓶颈太大而无法在单台机器上轻松处理的数据，图形处理单元可以缓解处理器瓶颈，但只能通过在多台机器上分割数据来解决，斯科特等（Scott et al.，2016）为了消除内存或磁盘瓶颈问题进行了质量改进，他们提出了一种共识蒙特卡洛的运行方式，即在每台机器上运行单独的蒙特卡洛算法，然后对各台机器上的单独蒙特卡洛绘制进行平均。研究结果显示，根据模型的不同，所得到的绘图与长时间运行单机算法所得到的绘图几乎没有区别，因此该研究成果得到了学术界的一致好评。辛格等（Singh et al.，2017）研究指出，六西格玛是一种通过实施 DMAIC 循环来进行质量改进的管理方法。制造型中小企业采用了不同的工具来提高制造业务的绩效，并优化了组织绩效。研究试图通过测量 DMAIC 循环不同工具的使用水平、难度以及成功实施该方法后产生的重要效益，来研究六西格玛 DMAIC 方法在中小制造企业中的影响。杨等（Yang et al.，2018）通过实施 DMAIC 和六西格玛设计，改进了上海电信有限公司的故障排除和服务交付流程，最终提高了产品和过程质量。哈基米等（Hakimi et al.，2018）同样使用了六西格玛，通过实施 DMAIC 改善乳制品制造公司原味酸奶生产过程的质量特性。巴伯尔等（Babar et al.，2021）使用模糊质量功能展开（FQFD）对电动汽车的关键顾客满意质量进行设计，以期提高电动汽车的质量以及市场份额。凯塔福罗什等（Ketabforoush et al.，2021）提出基于田口的六西格玛方法，它借鉴了田口和六西格玛的优点，为工业、建筑工程和服务中心提供了更适用的工具。它是两种质量改进技术相结合的最佳设置，可以显著有效地减少制造或生产过程的变异和缺陷。

由于经济发展阶段、政府监管体制的差异，我国完成装备制造业的质量提升具有一定的特殊性，因此国外的做法与政策手段不能不加取舍地套用，但可以借鉴其大量的研究成果。

在拓展质量管理模式方面，何桢等（2007）将六西格玛管理的本质及其发展与精益生产相整合，从企业系统实施六西格玛管理的角度分析了高层领导在六西格玛推进中的作用，给出了六西格玛管理的实施流程及其在实施中应注意的关键问题，提出了精益六西格玛模式。王娟丽和熊伟（2014）提出了一个基于高质量功能研究框架的设计方案评价模式，以便更全面、更准确地评价产品创新设计方案。该模型集成了质量屋、整数规划、全因子实验方案设计和设计方案选择算法等多种方法；然后使用质量屋计算技术参数的决策系数；使用 0 到 1 之间的整数规划，获得技术特性的组合，以最大限度地提高顾客满意度；使用定量评价算法筛选设计方案选择系列。通过将质量功能映射到整个质量家园的产品设计和开发过程来提高产品质量。张公绪和孙静（2003）通过缩短采样间隔提高了过程控制能力，并运用残差控制图协助过程诊断。生志荣等（2017）提出了基于控制图的马氏空间生成机理，将马田系统与控制图相结合的研究方法有效地提高了马田系统分类的准确率。何桢和韩亚娟（2007）以"马氏距离—田口设计"的四个基本步骤和 MYT 正交分解为基础，研制了马氏距离法，采用改进的马氏距离函数法解决了质量工程问题。

在质量控制方面，谭超（2016）对参数估计条件下的贝叶斯均值控制图性能展开了研究，设计了参数估计条件下保证统计性能的贝叶斯控制图设计方法。杨晓慧（2003）提出了一种新的用于小批量生产质量控制的单值控制图。戈亚尔等（Goyal et al. , 2019）认为，不同类型的缺陷可能会导致不同程度的影响，从而影响所调查系统的可持续性。鉴于此，其提出根据最终影响的严重程度来区分缺陷。为每个缺陷分配适当的权重，在统计质量控制中开发了一个新的西格玛度量框架。该框架能够捕捉缺陷的经济、环境和社会影响。沙拉德等（Sikder et al. , 2020）选用多种机器学习算法，通过多模型比较的方式，对产品的质量进行预测，继而利用改进的马田系统对产品的过程质量进行监控，与以往众多研究不同的是，该研究综合考虑了过程能力和过程质量。

在解决重点行业质量问题方面，李天芳和郭亚锋（2017）分析了我国装备制造业提升竞争力面临的多重困境，从宏观层面提出了我国装备制造业竞争力提升的具体路径。徐兰和滕伟（2016）对汽车零部件的质量提升也进行了相关的研究。彭等（Peng et al.，2017）使用马田系统对平板电脑进行质量检测，探究了一种高效的质量检测方法。

在宏观质量管理方面，张纲（2017）认为，质量既是硬实力，又是软实力，应当赋予其综合性地位，加快推进制造业质量提升。沈坤荣（2018）提出，通过供给侧结构性改革提升经济发展质量。21 世纪以来，宋明顺等（2016）提出"质量社会共同治理"的概念，提出了质量治理一词，并根据公司治理结构理论，探讨了通过分析五个主要行为者从而制定一个质量治理理论模型，据此可知质量提升已经上升到国家战略层面，质量治理时代应运而生。

在质量竞争力提升方面，保塞尔（Boltho，1996）认为，各种竞争力定义普遍关注四个要素，即竞争主体、竞争优势、竞争能力、竞争要素。迪博尔德和波特（Diebold and Porter，1990）结合质量管理理论的发展和关注的重点，将质量竞争力定义为：质量竞争力是竞争主体以卓越质量赢得优势的能力。该定义既体现了竞争力概念的特征，又强调以质量为核心要素赢得竞争优势，体现了质量竞争力的内涵（程虹和陈川，2015；李有，2015；李卫红，2011）。随着质量对促进宏观经济发展的作用日益显现，一些学者对行业层面上质量竞争力问题进行了研究。蔡茨等（Zeitz et al.，1997）描述了质量竞争力指数模型在医药行业以及其他健康服务领域的应用方法。格林曼等（Greenan et al.，1997）提出了一系列用于测量金融服务质量竞争力的指数和评分方法。亚历山大等（Alexander et al.，1996）提出了服务质量指数（SQI），包含 3 项测量顾客服务、5 项测量服务可靠性和 4 项测量顾客满意度，形成一套服务行业质量竞争力测评方法。福内尔（Fornell，2003）基于美国顾客满意度指数（ACSI）模型，将质量满意与企业的财务业绩联系起来，利用计量经济学模型，测量了美国经济的 40 个行业和超过 200 家公司的质量竞争力。国内最具代表性的应用成果是国家质检总局依据工作实际而研发的全国制造业质量竞争力指数，该指数由质量水平和发展能力两个二级指标，标准与技术水平、质量管理水平、质量监督与检验水平、研发与技术改造能力、核心技术能力和市场适应能力6个三级指标以及相应的12个观测变量构成。依据此指标体系，每年发布各地区的质量竞争力指数（蒋家东，2004；王主鑫等，2019）。

不同学者在制造业质量竞争力提升方面的研究不同，主要体现在质量竞争力评价、区域制造业质量竞争力的差异研究以及制造业竞争力影响因素等方面。乔杜里和谢姆布里（Choudhri and Schembri，2002）采用现代的李嘉图模型，结合垄断竞争和多种因素，推导出一个国家在产业水平上的国际竞争力与其生产力绩效之间的麦克杜格尔型关系，且贸易自由化对产业质量竞争力的提升也起到了重要作用。格尔泽拉克等（Grzelak et al.，2019）强调了制造业质量提升在欧盟经济增长中的重要作用，这项研究的目的是衡量和评估研究与发展活动的支出对波兰制造业部门竞争力的影响，有助于确定研究和开发以及创新活动在塑造制造业企业竞争优势方面的作用和重要性，面板模型的结果证实，研发支出是波兰制造业质量竞争力发生变化的次要因素。斯米尼亚等（Sminia et al.，2019）认为，制造业竞争力被列入许多政策议程，这是因为高成本经济体的企业担心自己会被低成本竞争对手击败。政府决策者和制造业公司的战略家们已经把他们的信心放在了所谓的高价值制造业上。玛丽等（Mary et al.，2019）研究指出，创新是企业竞争力的关键因素之一，已经成为中小企业战略和政府政策的重要组成部分，但是将创新与竞争力联系起来的实证研究非常有限，他们采用多重线性回归分析了创新对竞争力的影响。结果表明，97%的制造业中小企业正在创新，大多数实施渐进式创新，过程、营销和组织创新对竞争力有正向显著影响，而产品创新对竞争力有正向非显著影响，研究建议中小型企业推行具有高度创新性的创新措施，以提升竞争力。周涵婷等（2022）研究证明，在区域制造业质量发展不均衡不充分的背景下，资本驱动多地区质量竞争力提升，技术驱动转换态势明显，外商投资发挥了正向促进作用；质量竞争力提升会带动产业发展、促进地区经济增长、显著提高对外贸易额，但会增加能源消费；区域制造业质量竞争力提升在地理上呈现阶梯状分布，地区差异显著，区域引领和联动发展亟待开展；在时间变化上，经历了质量意识萌芽期、质量发展振兴期、质量转型阵痛期和质量提升腾飞期四个阶段。余红伟和胡德状（2015）以武汉大学质量发展战略研究院研发的质量竞争力测评体系为基础，运用三阶段DEA模型对2013年中国各省级区域的制造业质量竞争力进行了测评及影响因素分析。结果表明，环境因素对区域制造业质量竞争力存在明显影响，其中，产业连通度、高新技术产业比重、交通便利程度等因素对区域制造业质量竞争力的投入产出存在显著的正向影响，金融支持存在显著的负向影响，企业效率的影响不显著；剔除环境影响因素后，各区域制造业质量竞争力发生明显变化，各地区平均综合效率与纯技术效率均有所上升，中国制造业发展整体环境亟待改善。针对4种不同竞争力水平的制造业发展模式，分别从提高技术管理水平与扩大生产规模等方面提出提升区域制造业质量竞争力的政策建议。梁树广等（2020）将产业竞争力、区域竞争力与质量竞争力理论融入钻石模型中，构建区域制造业质量竞争力的理论分析框架与评价指标体系，利用熵值法确定各指标权重，进而综合评价各个区域的制造业质量竞争力。韩海燕和任保平（2020）通过研究认为，黄河流域高质量发展是一个重大的国家战略，制造业作为支撑经济增长的基础，对实现黄河流域高质量发展具有至关重要的作用。在对黄河流域制造业发展现状及特征进行分析的基础上，构建了具有6个二级指标22个三级指标的制造业竞争力指标体系，应用因子分析法计算出黄河流域制造业竞争力指标值及在全国的排名情况。王迪（2020）通过借鉴德国制造业发展的经验并结合黄河流域制造业的特征，指出低技术型非研发企业的创新与高技术研发型企业的创新是同等重要的，应大力发展高新技术型企业，更应鼓励低技术型企业的创新以有效促进黄河流域制造业的转型升级。同时，应结合流域经济发展及数字经济的特征，因地制宜发展适合当地经济的制造业，通过优化空间布局、加快产业聚集、加快"新基建"以及全面的顶层设计等途径，促进黄河流域制造业竞争力的提升，以推动黄河流域高质量发展。

## 2.4.2 质量提升影响因素研究

金碚等（2006）研究指出，中国的制造业在加入WTO以后比较优势进一步增强，国际竞争力进一步提升。为进一步提升我国制造业的质量，学者们对其影响因素开展了充分的研究。高丽娜等（2020）探究了创新驱动、人口结构变动对制造业质量提升的影响，并发现地域之间存在强烈的异质性，指出不同地区应制定差异化的政策。基于 2013～2018 年西部地区制造业上市公司的年度数据，段艳平等（2020）分析了资本市场的 IPO 融资和增发融资对制造业上市公司的创新投入和创新产出的影响，以此验证资本市场对西部地区实体经济质量提升的影响，研究表明，IPO 融资的影响比增发融资的影响更显著，西部地区应培养更多优势制造企业做大做强进入资本市场，以促进西部地区实体经济质量的提升。余东华等（2020）将制造业高质量发展的动力划分为内源动力和外部支撑力。其中，内源动力包括创新动力、改革动力、人才支撑力三方面，外部支撑力包括开放动力、要素支持力、需求拉动力三个方面。

此外，不少学者从质量竞争力视角出发，探索制造业质量提升的影响因素。基于波特钻石竞争力模型，程虹等（2015）从质量要素、质量需求、相关产业支持、行业结构与竞争、政府质量监管及区域发展机会等六大维度评价质量竞争力的提升。余红伟等（2015）使用三阶段 DEA 模型，从投入产出的角度探析影响质量竞争力提升的影响因素，研究发现，产业链支持度、高新技术产业比重以及交通机会对于质量竞争力提升来说都是利好的。杨芷晴（2016）从国际竞争视角出发，构建一种基于国别比较的质量竞争力测评体系，研究发现，我国的质量提升离不开高质量水平的劳动力队伍建设，离不开品牌建设，也离不开服务业的发展。周涵婷等（2021）就技术要素、资本要素以及外商投资对质量竞争力提升的影响展开研究，研究表明，技术要素的影响较弱于资本要素，外商投资在部分区域存在正向影响。窦等（Dou et al.，2021）对制造业的可持续质量竞争力和驱动因素展开研究，研究表明，运输服务对发展中国家制造业的影响最为显著；知识产权仅对发达国家的制造业产生积极而显著的影响；信息技术在所有国家都发挥着重要作用，但在发达国家更为有效。

进一步地，谢申祥等（2019）详细分析了 21 世纪以来我国制造业出口产品的规模、结构及质量，研究发现，尽管我国的出口规模进一步扩大，但出口产品的质量仍旧偏低，制成品质量的相对优势不大。为此，很多学者的研究更为细化、更为聚焦，就制造业出口产品质量提升的影响因素展开研究。不少学者从金融视角展开研究，例如耿伟等（2021）的研究结果表明，数字金融可以显著促进企业出口产品质量升级。研究进一步展开异质性分析和机制检验，异质性分析显示，数字金融对东部地区企业、多产品与低技术产品企业、目的国为发达国家的企业，其出口产品质量促进作用均更显著。机制检验发现，缓解融资约束和促进创新是数字金融推动企业出口产品质量升级的两个作用渠道。陈明等（2021）首先从理论上分析金融服务开放影响制造业企业出口产品质量提升的动态演变过程，继而利用 2004～2013 年中国金融服务进出口和中国工业企业数据对理论推演进行验证，研究发现，金融服务开放显著促进制造业出口产品质量升级，且金融服务"引进来"对制造业企业出口产品质量提升的作用略大于金融服务"走出去"所产生的作用。贺梅等（2019）就金融危机能否倒逼产品质量提升展开研究，研究发现，危机冲击可以倒逼高出口国内增加值率的行业提升产品质量。李小奕等（2022）认为，中国制造业高质量发展离不开出口产品质量的提升，其从金融化视角考察服务业"营改增"税改政策对制造业出口产品质量的支撑效应及其作用机理，研究发现，"营改增"税改政策降低了制造业实体税收负担，显著促进了制造业出口产品质量的提升。福切利亚等（Fauceglia et al.，2015）采用17 个国家公司层面的微观数据，从融资约束角度出发进行实证研究，研究表明，金融发展水平的提高可以在一定程度上减少企业信贷约束，并且对外融资约束比较高的创新部门可以从中获得更多的益处，这可以促进该部门的技术创新活动，进而提高该国的技术水平和出口产品质量。也有学者就企业创新对质量提升的影响展开研究，例如耿晔强等（2020）研究企业创新对质量提升的影响，其利用 2000～2007 年中国工业企业数据和海关贸易数据进行实证研究，结果表明，企业创新显著地促进出口产品质量的提升，这种促进效应更多地是通过集约效应的传导。孙佳等（2022）研究表明，引进国外技术对制造业产品质量的影响具有"U"型特征，行业自主研发是产品质量提升的重要推动力。石等（Shi et al.，2018）提出一个连接产品创新实践、过程创新实践、正常质量、吸引力质量和产品市场表现的概念模型。并对该模型进行实证研究，研究表明，产品创新实践确实对吸引力质量和正常质量产生了积极影响。进一步地，宋跃刚等（2020）就中间品进口和自主创新对产品质量提升的影响进行深入分析，实证结果表明，尽管其对出口产品的质量提升均有正向促进作用，但是中间品进口的促进作用会制约自主创新的促进作用。

此外，谢靖等（2022）运用新贸易理论构建数字经济与出口产品质量的分析框架，采用微观贸易数据实证考察数字经济对制造业企业出口产品质量的影响效应与作用机制，研究发现，数字经济可以驱动制造业企业出口产品的质量提升。张昕等（2021）的实证研究表明，生产性服务进口不但可以通过改善中间品供给质量和结构促进国内制造业产品质量的提升和产出规模的增长，而且可以通过技术溢出、知识溢出、人力资本溢出效应推动国内制造业技术升级。曹平等（2021）通过实证研究发现，产品关联密度对中国制造业企业出口产品质量升级有显著的正向影响，其中城市内产品关联密度对企业出口产品的质量提升作用大于省内产品关联密度，此外，这种促进效应还存在区域差异，具体表现为东部地区的促进效应更大。林秀梅等（2016）从知识产权保护视角探究我国制造业出口产品质量的提升，研究发现，知识产权保护强度与制造业出口产品质量之间存在倒"U"型关系，在技术密集型产业中则表现出严格的知识产权保护促进出口产品质量升级。谢等（Xie et al.，2020）研究表明，外商直接投资不仅提高了我国制造业优质出口产品的比重，而且对当地企业起到示范和竞争的作用，从而起到有利于当地企业提高自身质量的作用。安瓦尔等（Anwar et al.，2018）的研究同样证实了这一点。除了外商直接投资，唐（Tang，2016）采用我国2005～2012年31个地区的21个制造业部门的出口数据，对出口能力以及出口质量的影响因素进行实证研究，发现高质量的基础设施与外商直接投资可以共同促进一国出口质量的提升。谢等（Xie et al.，2020）的实证研究表明，环境规制可以显著促进制造业出口质量升级，这在污染密集型产业中表现得尤为明显。泰堡迪等（Tebaldi et al.，2011）对1998～2008年各国的面板数据进行了多元回归，发现高科技出口的主要决定因素是人力资本的积累和贸易开放程度，人力资本促进一国出口的复杂度。莫尔等（Mol et al.，2014）提出，政府监管也是影响质量提升的一个因素，通过提高监管透明度和监管激励可以影响企业质量选择策略，进而从外部推进产品质量升级进程，以进一步增加社会公信力。

最后，不少学者从制造业质量提升的关键影响因素出发，提出关于制造业质量提升的几点重要举措，包括完善现有政策、重组制造业产业结构、供给侧结构性改革以及质量改进等方面。杨和莫（Yeung and Mok，2005）在提出"馅饼"分析框架的基础上，认为国际标准的制定、实施和评价，无论是短期还是长期，都会影响中国南方和东南方出口型制造业的竞争力，ISO对制造业竞争力的影响需要得到重视。阔等（Kuo et al.，2021）认为，基于工业4.0实现的先进的连接技术，能够准确、实时地收集处理信息并与生产系统集成，这是一个智能事件驱动的反馈控制，可以设计用来控制过程计划，并对相关过程进行完善和改进，该方法对于提升半导体制造业的质量竞争力很有帮助。王岳平（2012）通过总结德国经验，指出我国要实现由制造大国向制造强国的转变，必须从法律法规、行业标准、职工培训、企业文化重塑等多方面进行全方位设计。彭树涛等（2018）从国际市场竞争绩效和产业增长质量两个维度比较了我国与德国、日本这两个世界制造业强国在制造业发展质量上的差距，研究建议我国从质量监管、市场竞争、产业增长三个方面发力，全面提升中国制造业供给质量，显著增强中国实体经济质量优势。林忠钦（2016）指出，提升制造业质量，需要完善质量治理机制，全面提高产品的一致性、可靠性和稳定性，加强工业基础能力建设，营造质量文化，弘扬工匠精神。其与奚立峰等（2017）进一步就如何获得制造业质量提升展开深入研究，研究指出，制造业质量要适应新常态的新要求，并提出以下措施以推进制造业质量提升，包括实施优质制造工程、实施中小企业质量精准扶持计划、出台质量促进法等。霍忻等（2020）研究指出，与美日等国家相比，我国处于潜力型质量竞争力梯队，应大力推进工业领域的供给侧结构性改革、加强产品质量监管、切实推进制造业品牌建设。

## 2.5　本章小结

从现有文献来看，对于制造业的发展思路以及质量提升的研究引起了学术界的极大关注。国内外学者对其发展战略、质量提升等方面也已进行了相当多的研究，并取得丰硕的研究成果，为进一步分析奠定了良好基础。然而，研究要结合当前形势才有更好的现实价值，以往研究虽然在特定的时期内具有很好的理论与应用价值，但很难形成适应如今制造强国建设背景的制造业质量整体提升方案。

通过对已有研究进行整理分析，发现以往学术界和实践领域关于制造业的研究主要集中在现状分析、发展方式和政策建议等方面，近年来也有学者结合当下时代背景从标准引领、质量提升等方面研究制造业质量提升，这表明未来制造业质量提升将会成为新的研究主题，制造业质量提升的关键就在于从宏观层面和微观层面找出影响制造业质量提升的主要因素，探究制造业质量提升的方法。

# 第 3 章　典型地区标准化管理
# 与质量提升现状研究

为准确掌握制造业标准化管理与质量提升的实际状况，明确标准引领质量提升的内外部环境，挖掘标准引领与质量提升的主要制约因素，本书通过文献综合分析和对典型区域、重点行业进行实地调研，系统分析了制造业质量提升现状及影响因素。

## 3.1　调研设计与采样分析

### 3.1.1　典型地区选择

在分析我国制造业产业发展特点的基础上，本书选取浙江省作为典型地区对其标准化管理与质量提升实施情况进行调研。理由主要有以下三点。

第一，制造业在浙江经济中起着举足轻重的作用，是浙江国民经济增长的主要动力，同时浙江省也是我国制造业大省，无论在制造业产业规模、规上工业企业数量还是制造业产业结构分布等各方面，浙江省都走在我国制造业发展的前列。

第二，尽管作为制造业大省，但浙江省制造业也面临着"大而不强"的窘境。面对制造业发展质量不够高的问题，浙江省率先提出"三强一制造"建设，全面实施标准化战略，统筹推进标准强省、质量强省、品牌强省建设，打造"品字标"区域公共品牌。经过多年发展，浙江省制造业标准化水平、质量管理水平、品牌建设水平实现了质的飞跃。

第三，在"推动中国制造向中国创造转变、中国产品向中国品牌转变"的跨越发展中，浙江省积极探索创新驱动的制造业发展新模式。浙江省开辟蹊径，率先在全国构建以"区域品牌、先进标准、市场认证、国际认同"为核心的"品字标"公共品牌建设制度体系，充分发挥标准提档、质量提升、品牌提效的组合效用。"标准＋认证"的创新做法更是被纳入《浙江省国家标准化综合改革试点工作方案》，报国务院同意，由国家市场监督管理总局通报推广，江苏、山东、内蒙古、山西等地纷纷学习借鉴，"品字标"品牌建设成为浙江省"重要窗口"的典型案例。

### 3.1.2　调研方案设计

本书作者分别在 2019 年、2020 年对浙江省 11 个地级市开展了两期实地调研和重点访谈。

在调研对象的定位上，本书遵循两个原则：一是要具有广泛代表性，使调查结果能较全面反映浙江省制造业标准化与质量管理现状；二是要有一定的针对性，能够反映不同属性企业的特征差异。为此本书作者选取以下对象展开调研：各级工业主管部门、各级质量管理部门和标准化研究机构、行业协会、不同细分领域制造业企业。其中，政府部门和研究机构、行业协会的调研采取深度访谈的方式进行，面向"品字标浙江制造"企业和各级政府质量奖获奖企业的调研主要包括实地访谈调研和问卷调研。

#### 3.1.2.1　"品字标浙江制造"企业调查

在制造业企业的调研中，实地访谈调研采用分层随机抽样和"抓典型"相结合的方式选取样本企业。在分层设计上，首先考虑产业代表性，区分一般制造业和战略性新兴产业，从两类制造产业代表中分别筛选 5 个重点行业领域，其中一般制造业主要包括纺织、化工、原材料、机械设备及零部件、汽车制造及零部件，战略性新兴产业主要为新一代信息技术、高端装备制造、新材料、生物医药和高性能医疗器械、节能环保与新能源。其次，根据浙江省块状经济特点，在分布有以上行业领域的 11 个地级市内各随机抽取 2 家企业。在"抓典型"上，听取工业主管部门和行业协会的意见建议，分别在 10 个重点行业领域各选取 1 家代表性企业进行实地调研和重点访谈。

在调研过程中，本书得到了浙江省市场监督管理系统的大力支持。面向制造业企业以及浙江省各级政府质量奖企业的问卷调研在浙江省市场监督管理局和各地区市场监督管理局的协助下完成。调查问卷内容主要包括以下五个方面：（1）标准化管理状况，包括标准化管理基础、标准化活动参与情况、标准实施情况；（2）质量管理状况，包括质量管理基础、产品质量水平、质量管理成熟度；（3）"品字标浙江制造"参与状况；（4）企业绩效水平，包括经济效益、市场绩效、持续创新、质量水平、社会效益五个维度；（5）企业基本信息，包括企业性质、规模大小、所属区域、行业领域等（问卷具体内容见附录 A）。本次调查共收回调查表 313 份，经整理得到有效样本数 260 份，有效样本涉及杭州、宁波、舟山、金华等全省 11 个行政区域的 260 家企业。

### 3.1.2.2  浙江省各级政府质量奖企业调查

• 为了进一步通过大样本调查全面评估标准引领质量提升的实际效果，在浙江省市场监督管理系统的协助下，作者又对全省各级政府质量奖获奖企业开展了大范围的调查工作，调查范围包括自设立政府质量奖以来的获奖企业，其中，省政府质量奖包括提名奖，市级及以下政府质量奖不包括提名奖。本次调查以制造业和服务业获奖企业为重点，不包括建筑业获奖企业、团队奖和个人奖。通过文献研究和实践评价经验，本次调查经多次研讨后确定《浙江省政府质量奖绩效评价调查表》（见附录 B），并经咨询评审办领导和省政府质量奖评审专家磋商讨论，修改完善了调查表。调查表兼顾了理论基础和实践经验，具备协调性以适应发展需求，可进行持续跟踪调研。

在实际调查过程中，本书得到了浙江省市场监督管理系统的大力支持。面向制造业企业以及浙江省各级政府质量奖企业的问卷调研在浙江省市场监督管理局和各地区市场监督管理局的协助下完成。本次调查覆盖了省、市、县三级政府质量奖获奖企业，在全省 11 个地级市共收回调查表 1514 份，经整理得到有效样本数 1216 份，包含浙江省人民政府质量奖（含提名奖）获

奖企业 36 家，市政府质量奖获奖企业 269 家，县（区、市）政府质量奖获奖
企业 911 家（以下简称省奖、市奖、县奖获奖企业）。

### 3.1.3 样本数据处理

回收样本的处理原则和方法如下。

（1）调查范围精准性原则。针对问卷重复性问题，剔除多次提交问卷，
同质问卷仅保留一份；针对调查范围问题，甄别确认所属行业和经营范围，
删除非制造业企业问卷。

（2）调查时间就近性原则。对于两期调研中有被追踪重复调查的企业，
出于数据更新和符合现状考虑，本书遵从调查时间就近性原则，以其最近一
次的调研数据作为分析样本。

（3）调查数据真实性原则。针对相关指标违背认知的问题，本书经讨论
采取直接剔除该企业样本的方法，如利润总额大于主营业务收入、净利润大
于利润总额、亩均税收小于 0、全员劳动生产率小于 0、亩均增加值小于 0 等
情况。此外，对于其他指标有违科学原则的，本书结合企业的业务类型、经
营范围、生产和服务特点等视情况而定，如顾客满意度、服务满意度、产品
一次交检合格率等填写数据小于 1 的，经确认是由单位忽略造成的，将结果
乘以 100 处理，以提高数据的信效度，为后续分析奠定良好基础。

（4）绩效数据连续性原则。针对绩效数据部分缺失问题，本书为保证绩
效跟踪评价的连续性，对于经济指标信息严重缺失的直接剔除该企业样本；
对于有其他指标信息缺失的，若缺失不影响绩效结果的采用插值法补充数据；
若缺失严重且影响评价结果的，清空该企业样本。

## 3.2 浙江省制造业标准引领现状

### 3.2.1 浙江省规上制造业标准化管理现状

根据 2019 年浙江省市场监督管理局发布的《浙江省制造业标准化统计监

测报告》，本书对浙江省近3.5万家规模以上制造业企业的标准化投入情况、主要产品标准实施情况进行了统计分析。

总体来看，2018年，浙江省共有标准化人员105.0万人，标准化经费投入为1841.7亿元，户均投入为526.2万元/家。标准化经费投入中，人员经费为1163.6亿元，项目经费为506.2亿元，检验检测费为171.9亿元。执行各类标准和合同的工业产值为55923.6亿元，其中，执行国际标准和国外标准的产值占比9.3%，执行国家标准和行业标准的产值占比62.2%，执行地方标准的产值占比0.2%，执行团体标准的产值占比0.8%，执行企业标准的产值占比11.5%，按照合同生产产值占比16%，全省万元产值标准化经费投入为329.3元。3.5万家企业执行5772项国际标准和国外标准，采标产品产值占比（采用国际标准和国外标准产品产值与工业总产值之比）为52.5%，采标产品出口额占比76.1%。

从浙江省各地户均标准化投入情况看，杭州、宁波、湖州户均标准化经费投入位列前三，其中杭州为807.1万元/家，宁波为7942万元/家、湖州为482.3万元/家，金华、丽水较低，均低于300万元/家。从浙江省各地万元产值标准化经费投入看，台州最高达430元；湖州次之，为420元；宁波排名第三，为360元；舟山、丽水较低，分别为190元和210元。

从行业户均标准化投入情况看，医药制造业最高，达到1521.2万元/家；计算机、仪器仪表分列第二、第三位，分别为1494.2万元/家、907.9万元/家；木材加工业最低，为140.0万元/家。从行业万元产值标准化投入看，计算机制造业最高，达550元；橡塑、仪器仪表分列第二、第三位，分别为546元、528元；石油加工业最低，仅为15元。

从各地执行国际、国外标准数量看，宁波为1379项，排第一位，嘉兴、杭州分别为942项和842项，衢州、舟山最少，分别为36项和28项。从执行国家和行业标准数量看，温州为4876项，列全省第一，杭州、宁波分别为3965项、3929项，分列第二、第三位，丽水、舟山较低，分别为737项和224项。从行业执行国际、国外标准数量看，电器机械为838项，名列第一，通用设备和金属制品分别为663项和552项，分列第二位和第三位。

从各地采标产品产值占比看，温州最高，达到63.6%；绍兴、杭州、台州次之，分别为 62.2%、59.3%、58.5%；衢州、金华、丽水较低，分别为 36.3%、28.6%、18.2%。从采标产品出口额占比看，台州最高，达到 79.3%；嘉兴、温州、宁波次之，分别为 79.1%、77.8%、77.3%；丽水、衢州、金华较低，分别为 53.8%、47.3%、46.5%。

## 3.2.2　"品字标浙江制造"团体标准创新成效

标准是"品字标浙江制造"区域质量品牌的首要基础，合理制定先进标准，广泛推广标准实施，是保证"品字标浙江制造"含金量的重要前提，也是发挥"品字标浙江制造"引领高质量发展的必要条件。历经近八年的发展，由政府引导、市场主体、社会共治的"品字标浙江制造"标准系统性研制和实施模式逐步成熟，标准立项建议受理数量创新高，标准立项答辩通过率有所提升。

在研标、学标、用标方面，社会各界热情高涨。截至 2021 年 10 月底，浙江省全省发布"品字标浙江制造"标准总累计 2579 项；2021 年新增"品字标浙江制造"企业 703 家，新增"品字标浙江制造"证书 916 张，新增国际合作证书 66 张[①]。

### 3.2.2.1　探索团体标准发展创新，贡献可复制推广实践经验

目前，浙江省"品字标"区域质量品牌已从制造业逐步拓展到农产和服务等领域，从"品字标浙江制造"拓展至"品字标浙江农产""品字标浙江服务"。"品字标"以先进团体标准夯实品牌核心基础，以"标准 + 认证"推动市场认可，为全国团体标准事业贡献了可复制可推广的实践经验。根据浙江省品牌建设联合会统计，有累计 6 项"品字标浙江制造"标准获浙江省标准创新贡献奖，入选国家团体标准典型案例，2 项"品字标浙江制造"标准获评 2021 年度工信部百项团标示范项目。

---

① 资料来源：浙江省市场监督管理局官微（https：//mp.weixin.qq.com/s/OLVM_D6HhRnFv-G2DMnGtnw）。

### 3.2.2.2　打造标准化重要引擎，促进浙江制造业转型升级

创新"公开征集＋指南引领"标准培育模式。聚焦浙江省十大标志性产业链和"415"先进制造业集群发展需求，持续研制重点产业"品字标浙江制造"标准体系框架指南 20 余项，组织各产业标准的精准培育、有序申报和集中答辩研标，推动产业链供给链协同发展。

优化"数字平台＋全程覆盖"标准管理手段。建设"一站式"标准管理数字平台，实现标准资料全流程线上流转，标准研制全过程在线管理。截至 2021 年 11 月底，社会各界研标、学标、用标热情高涨，累计受理项目申请 6000 余个，组织立项答辩和标准评审会 2800 余场，涉及企业 11000 余家，培训 20000 余人次[①]，极大地提升了浙江制造业企业的标准化意识，培养了大批标准化技术人员，从基本面不断夯实产业发展基础。

升级"国内领先＋对标国际"标准应用水平。所有"品字标浙江制造"标准主动瞄准国外先进水平，关键性能指标均达到"国内一流、国际先进"。浙江省积极推进"一份标准、一次认证、多国证书"模式，截至 2021 年 11 月底，减少企业出口认证费用 500 余万元，涉及直接贸易出口额 28 亿美元[②]。

### 3.2.2.3　释放标准化改革效能，促进浙江制造业高质量发展

2014 年至 2021 年 11 月底，浙江省"品字标"品牌建设工作连续 7 年纳入省政府工作报告，纳入省部级以上工作文件 46 份，有关工作获省部级领导批示 25 次。浙江省财政历年拨付专项工作经费共计 2.2944 亿元，并纳入"集中力量办大事"重点经费项目，累计带动各地市财政资金超 7 亿元。浙江省政府将执行"品字标浙江制造"标准企业销售占比纳入《浙江省高质量发展指标体系》，2020 年全省品牌销售占比达 40.11%，比上年增长 7.82%[③]。

2021 年，"品字标"工作被纳入浙江省建设共同富裕示范区、三强"十四五"规划和新一轮制造业"腾笼换鸟、凤凰涅槃"质量提升攻坚行动。"品字标"区域质量品牌建设已融入浙江各级政府产业高质量发展决策要素，

--------

①②③　资料来源：浙江省标准化研究院。

有效激发省域高质量发展内生动力。

## 3.3 浙江省制造业质量提升现状

### 3.3.1 产品质量状况

基于可持续性、可行性等因素的考虑，在已有相关研究及实践的基础上，结合专家访谈，采用产品监督抽查合格率、产品一次交检合格率等指标反映产品质量水平。

产品监督抽查合格率是反映产品质量安全水平的指标。样本企业在产品质量监督抽查率上整体表现优秀。总体而言，浙江省制造业企业产品监督抽查合格率整体较高，且行业间差异不大，但大中型企业的合格率要远高于小型企业。

产品一次交检合格率是反映企业生产产品合格率的指标。样本企业在产品一次交检合格率上整体表现良好。总的来说，浙江省制造业企业产品一次交检合格率整体较高、行业间差异不大且大中型企业的合格率要高于小型企业。

### 3.3.2 质量管理状况

本部分通过样本企业的管理体系认证情况、QC 小组获奖情况、政府质量奖获得情况、先进质量管理模式（方法）应用情况、质量影响力五个方面反映制造业质量管理状况。

#### 3.3.2.1 管理体系认证情况

认证是指由认证机构证明产品、服务、管理体系符合相关技术规范、相关技术规范的强制性要求或者标准的评定活动。就制造业企业而言，当前参照各种不同管理体系标准进行的体系认证很多，最常见的就是质量管理体系认证。本书调查的样本企业中，从表 3 – 1 中数据可知，大型企业在

ISO9000、ISO14001 及 HSAS18001 等管理体系认证的重视程度方面高于中小型企业，中小型企业则更加重视 ISO22000、HACCP 管理体系认证。

表 3 –1　　　　　　　　　　管理体系认证情况　　　　　　　　　单位：张

| 组别 | ISO 9001 | ISO 14001 | HSAS 18001 | ISO 22000 | ISO/TS 16949 | HACCP | TL 9000 |
|---|---|---|---|---|---|---|---|
| 大型企业 | 525 | 210 | 134 | 19 | 29 | 19 | 19 |
| 中型企业 | 83 | 76 | 14 | 207 | 7 | 297 | 7 |
| 小型企业 | 25 | 25 | 27 | 54 | 2 | 75 | 18 |
| 合计 | 632 | 311 | 174 | 280 | 38 | 390 | 44 |

### 3.3.2.2　QC 小组获奖情况

QC 小组（质量控制小组）就是由相同、相近或互补之工作场所的人们自发组成数人一圈的小圈团体，全体合作、集思广益，按照一定的活动程序来解决工作现场、管理、文化等方面所发生的问题及课题。QC 小组获奖情况能够在一定程度上体现该质量控制小组解决问题的能力，本书调查的样本企业中，大型企业获国家级、省级、市级奖项数量均最高，分别占比 54.88%、53.71% 和 55.82%，都达到了半数以上。QC 小组获奖情况见表 3 –2。

表 3 –2　　　　　　　　　　QC 小组获奖情况　　　　　　　　　单位：项

| 组别 | 国家级 | 省级 | 市级 |
|---|---|---|---|
| 大型企业 | 135 | 673 | 950 |
| 中型企业 | 78 | 430 | 531 |
| 小型企业 | 33 | 150 | 221 |
| 合计 | 246 | 1253 | 1702 |

### 3.3.2.3　政府质量奖获得情况

政府质量奖是推动企业实施卓越绩效模式的抓手，也是评价企业质量管理成熟度的重要指标。覆盖浙江省制造业企业的质量奖主要有中国质量奖、浙江省人民政府质量奖和各级市、区（县）质量奖和全国质量奖。本书调查

的样本企业中，大型企业共获得中国质量奖 2 项，省奖 253 项，市奖 321 项，
区奖 534 项，分别占比 100.00%、71.67%、56.22% 和 58.17%，具体数据
见表 3-3。由此可见，浙江省制造业在质量方面取得了一定的成就，但也还
有很大的进步空间，特别是小、中型企业需要更加重视质量。

表 3-3　　　　　　　　　　　**政府质量奖获得情况**　　　　　　　　　　单位：项

| 组别 | 中国质量奖 | 省奖 | 市奖 | 区奖 |
|---|---|---|---|---|
| 大型企业 | 2 | 253 | 321 | 534 |
| 中型企业 | 0 | 87 | 153 | 279 |
| 小型企业 | 0 | 13 | 97 | 105 |
| 合计 | 2 | 353 | 571 | 918 |

### 3.3.2.4　先进质量管理模式应用情况

先进质量管理模式的应用，是企业主动践行先进管理理念，提升管理成熟
度的重要方面。本书调查的样本企业中，应用卓越绩效模式的有 1106 家，占
59.14%；实施品管圈/QC 小组的有 1147 家，占 61.34%；实施精益生产的有
666 家，占 35.61%；实施零缺陷管理的有 350 家，占 18.72%；实施六西格玛
的有 643 家，占 34.39%。先进质量管理模式应用情况见表 3-4。总体而言，
浙江省制造业在实施先进质量管理方法方面占比较高，起到了引领作用，积极
响应了浙江省"千争创、万导入"活动，积极应用卓越绩效模式，且大型企业
应用比例也远高于中、小型企业。而且也存在很多企业没有应用和实施先进管
理模式，还有应用和实施先进管理模式的企业有些也只是流于表面。

表 3-4　　　　　　　　　　**先进质量管理模式应用情况**　　　　　　　单位：家

| 分类 | 卓越绩效 | 六西格玛 | 精益生产 | 零缺陷管理 | 品管圈/QC 小组 |
|---|---|---|---|---|---|
| 大型企业 | 697 | 312 | 325 | 156 | 607 |
| 中型企业 | 334 | 218 | 235 | 110 | 473 |
| 小型企业 | 75 | 113 | 106 | 84 | 67 |
| 合计 | 1106 | 643 | 666 | 350 | 1147 |

本书调查的样本企业中，609 家企业运用了正交实验设计（DOE），占 31.57%，其次 466 家企业运用了统计过程控制（SPC），占 24.92%，492 家企业运用了失效模式与影响分析（FMEA），占 26.31%，445 家企业运用了测量系统分析（MSA），占 23.80%，504 家企业运用了质量功能展开（QFD），占 26.95%，其他质量管理工具的运用较少，均低于 20%，见表 3 - 5。总体而言，浙江省制造业企业质量管理工具运用情况不佳，多数企业运用的质量管理工具较单一，且很多企业对质量管理工具一知半解。

表 3 - 5　　　　　　　　　　质量管理工具运用情况

| 分类 | DOE | QFD | SPC | MSA | FMEA |
|---|---|---|---|---|---|
| 大型企业 | 315 | 253 | 246 | 207 | 257 |
| 中型企业 | 231 | 175 | 163 | 169 | 184 |
| 小型企业 | 63 | 76 | 57 | 69 | 51 |
| 合计 | 609 | 504 | 466 | 445 | 492 |

### 3.3.2.5　质量影响力

对制造业企业来说，质量影响力就是指在质量管理方面有着卓越表现的标杆企业所释放出来的对社会其他组织或企业的感召力和驱动力。本书以样本企业拥有的不同级别名牌产品和驰名商标数量作为其质量影响力的体现，由表 3 - 6 可知，大型企业拥有的国家级、省级名牌产品和驰名商标数量都较多，也说明了其质量影响力较大，中小型企业拥有的名牌产品和驰名商标则集中在市级层面。

表 3 - 6　　　　　　　　　　质量影响力情况

| 分类 | 名牌产品 | | | 驰名商标 | | |
|---|---|---|---|---|---|---|
| | 国家级 | 省级 | 市级 | 国家级 | 省级 | 市级 |
| 大型企业 | 97 | 259 | 235 | 153 | 235 | 203 |
| 中型企业 | 45 | 203 | 193 | 67 | 198 | 235 |
| 小型企业 | 18 | 53 | 79 | 23 | 61 | 83 |
| 合计 | 160 | 515 | 507 | 243 | 494 | 521 |

# 3.4　制造业企业质量提升影响因素研究

制造业竞争归根结底是质量竞争，《中国制造 2025》指出，要坚持质量作为建设制造强国的生命线。尽管我国制造业增加值已连续多年超过美国，成为名副其实的制造大国，但与发达国家相比，我国制造业"大而不强"的现状依旧没有改变。如何提升制造业质量水平成为迫切需要解决的问题，而回答这一问题的关键前提在于明确有哪些因素对制造业质量提升产生重要影响。

本书在全面分析浙江省制造业质量提升现状的基础上，依据"技术—组织—环境"（TOE）框架构建了制造业质量提升影响因素的理论模型，从技术、组织、环境三个维度剖析了不同因素对于制造业质量提升的作用路径，并运用结构方程模型进行实证分析，衡量和解释预测因子对制造业质量提升的影响。

## 3.4.1　TOE 理论

1990 年，托纳茨基和弗莱舍（Tornatzky and Fleischer）在创新扩散模型经典理论的基础上提出了更为全面的研究框架——TOE 框架，TOE 框架将影响技术采用和扩散的因素分为三个部分：技术、组织和环境。技术上的内容是指与组织相关的内部和外部技术，即技术的可用性和特征。组织背景是指组织的特征和资源，即公司规模、管理结构特征、人力资源、金融资源、高层是否支持、组织内部文化等。环境背景是指组织之外的影响，即竞争压力、政府政策、市场影响等。

TOE 框架提出后，因其较强的系统性、广泛的适用性，国内外众多学者都围绕 TOE 框架进行了研究。连等（Lian et al.，2014）就使用 TOE 框架来了解影响医院采用云计算决策的关键因素。他们的研究表明，在不同的采用团队中，首席信息官（CIO）的创新性、数据安全性、兼容性、高层管理人员的支持、充足的资源以及可感知的行业压力都存在显著的差异。同样，莫特萨等（Morteza et al.，2011）分析了从 235 家中小型制造业企业管理人员那里收集的数据，并检验了 TOE 框架中的因素对采用电子商务（EC）应用程序的影响。他们指出，感知的相对优势、感知的兼容性、CEO 的创新能力、信息强度、买方/供应商的压力、技术供应商的支持以及竞争对手采用 EC 应用程序都对企业是否采用 EC 应用程序具有重大影响。此外，还有很多研究人员证明了 TOE 框架在其他企业系统和技术采用方面的效用，例如，企业资源计划（ERP）、移动供应链管理、知识管理系统（KMS）、云计算、电子数据交换（EDI）、开放系统等。基于以往详细的经验证据，制造业质量提升的行为近似于组织技术采纳行为，也就是说 TOE 框架是研究制造业质量提升影响因素的适当理论基础，随后在下一节将更深入地探讨如何依据 TOE 框架构建制造业质量提升的理论模型。

### 3.4.2 研究模型

制造业质量提升的行为近似于组织技术采纳行为，可以参考 TOE 框架。本章依据 TOE 框架，构建制造业质量提升影响因素理论模型，并运用结构方程模型衡量和解释预测因子对制造业质量提升的影响。TOE 框架将影响因素分为技术、组织和环境三个维度，技术主要指技术本身的特性，如兼容性、复杂性、相对优势等，技术维度着重于技术实践和结构如何影响采纳过程。在制造业质量提升影响因素研究中，技术维度就是质量方法，它并不单指一种技术，无法用统一的特性来代表，因此本章直接用质量方法来表示技术维度。组织维度是指可以促进或限制技术采纳的共同组织属性，这些属性可以包括范围、公司规模、管理结构的特征、人力资源的质量、决策和沟通机制等，在本章中直接以组织环境表示。环境维度由众多利益相关者（如竞争对手、供应商、客户、政府、社区等）组成，在本章中由政府、行业和市场表示，这些利益相关者确定了质量提升的需求。

#### 3.4.2.1 模型变量

在本章中，研究模型包含了质量方法、组织环境、政府支持、行业竞争、市场导向、提升意愿以及提升行为 7 个因子。"质量方法"是指现有质量管理方法的成熟度以及制造业企业运用质量管理工具和方法的能力;"组织环境"是指制造业企业的组织属性;"政府支持"是指政府对制造业质量提升的鼓励;"行业竞争"是指制造业企业之间的竞争;"市场导向"是指供应商、客户等对制造业产品质量的要求;"提升意愿"是指制造业企业对于质量提升想法的强烈程度;"提升行为"是指制造业企业质量提升的具体做法。

### 3.4.2.2　研究假设

制造业的质量提升不管对企业的发展还是对行业的发展都有着不可撼动的地位。张鑫宇(2021)采用 2007～2019 年制造业上市公司数据、城市经济社会数据和微观土地出让数据进行经验探究,研究表明,资本错配和土地错配对制造业高质量发展具有直接抑制作用,而自主创新直接推动制造业高质量发展,值得关注的是,资本错配还会通过抑制自主创新间接阻碍制造业高质量发展。王博雅等(2021)就技术水平提升、技术效率变化、物质资本积累和人力资本积累对创新型制造业高质量发展起到的驱动作用进行剖析。孟茂源等(2021)发现,劳动力成本上升显著提升了企业全要素生产率与劳动生产率,有利于制造业企业质量提升。

企业现有质量管理方法越成熟,员工运用质量管理工具和方法的能力越强,企业相关资源越丰富,不仅会使企业质量提升的意愿更加强烈,还会给企业实施质量提升行为带来便利。因此,制造业质量提升的质量方法以及企业的组织环境不仅会影响企业提升意愿,还会直接影响企业提升行为。对此,提出以下 4 个假设。

H3 - 1:质量方法影响提升行为,且二者是正向影响关系。

H3 - 2:质量方法影响提升意愿,且二者是正向影响关系。

H3 - 3:组织环境影响提升行为,且二者是正向影响关系。

H3 - 4:组织环境影响提升意愿,且二者是正向影响关系。

根据适用性质量的观点,顾客视角下的质量影响因素也是学者关注的重要焦点,顾客即上帝是很多企业所奉行的原则,企业相对于顾客来说处于弱势地位,所以企业可能会根据顾客提出的要求改变相关策略。对制造业企业来说，顾客可以是客户，也可以是供应商等相关方，因此在这里以市场来概括。此外，大多数学者也认同政府的有效措施和企业之间的良性竞争是影响企业质量提升的重要外部因素。在我国很多企业都是属于政府导向行动型的，企业会依据政府的政策来衡量利弊，从而做出对自己有利的决策，因此政府出台的相关政策、法律及提供的财力支持都将对制造业企业质量提升起到重要的推动作用。同行业的市场竞争会促使企业关注到自身的优劣势，更主动地去提升质量，提高企业核心竞争力。面对行业竞争的压力越大，企业质量提升的欲望就会越强烈。由此，提出以下 3 个假设。

H3 - 5：政府支持影响提升意愿，且二者是正向影响关系。

H3 - 6：行业竞争影响提升意愿，且二者是正向影响关系。

H3 - 7：市场导向影响提升意愿，且二者是正向影响关系。

行为意图象征个人想要采取某一特定行为的行动倾向，是任何行为表现的前提条件。因此，制造业质量提升行为受提升意愿的影响，为此提出以下假设。

H3 - 8：提升意愿会影响其提升行为，且二者是正向影响关系。

综上所述，本章依据前人的经验以及 TOE 框架，提出制造业质量提升影响因素理论模型及假设如图 3 - 1 所示，有 5 个预测因子（质量方法、组织环境、政府支持、行业竞争、市场导向）对于提升意愿有正向影响，其中 2 个

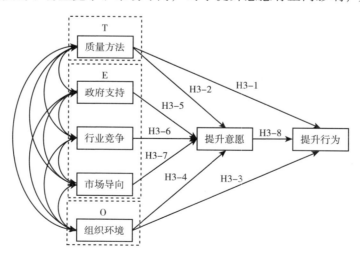

**图 3 - 1　制造业质量提升影响因素理论模型及假设**

预测因子（质量方法、组织环境）对于提升行为也有正向影响，提升意愿对于提升行为有正向影响，因子之间有相互作用，构建结构方程模型对假设进行验证。

### 3.4.3 数据分析

#### 3.4.3.1 信度和效度检验

（1）信度检验。

信度是指测验结果的一致性、稳定性及可靠性，是指采用同样的方法对同一对象重复测量时所得结果的一致性程度，即测量数据和结论的可靠性程度。当 Cronbach's alpha 值大于 0.6 时，即表示量表在可接受的范围之内；当 Cronbach's alpha 值在 0.8 ~ 0.9 时，即表示量表理想。表 3 - 7 给出了由 SPSS22.0 软件分析得到的各因子的 Cronbach's α 系数值，各系数值均大于 0.9，说明量表具有很好的测量信度，可靠性较高。

表 3 - 7　　　　　　　　　信度检验结果

| 因子 | 题目数 | 平均数 | 标准偏差 | Cronbach's α | CR | AVE |
|---|---|---|---|---|---|---|
| 质量方法 | 3 | 5.294 | 1.146 | 0.967 | 0.956 | 0.910 |
| 组织环境 | 3 | 5.518 | 0.982 | 0.930 | 0.928 | 0.825 |
| 政府支持 | 3 | 5.042 | 1.230 | 0.955 | 0.931 | 0.878 |
| 行业竞争 | 3 | 4.633 | 1.309 | 0.974 | 0.955 | 0.926 |
| 市场导向 | 3 | 4.729 | 1.068 | 0.923 | 0.907 | 0.813 |
| 提升意愿 | 3 | 5.023 | 0.740 | 0.915 | 0.945 | 0.785 |
| 提升行为 | 3 | 5.068 | 1.080 | 0.948 | 0.937 | 0.863 |

（2）收敛效度检验。

收敛效度是指同一个潜在因子的不同测量因子之间的相关度。本章通过验证性因子分析的方法，构建相应的因子模型，测量其收敛效度。检验收敛效度最常用的指标是平均方差抽取量（AVE）大于等于 0.5，因素负荷量大于等于 0.7，Cronbach's alpha（α）系数值大于等于 0.7，组合信度（CR）值大于等于 0.7。由表 3 - 7 和表 3 - 8 可知，量表中所有变量的平均方差抽取量都大于0.5，其组合信度指标都在0.7以上，因素负荷量都大于0.7，这表明量表具有较好的收敛效度。

表3-8 验证性因子分析结果

| 题项 | 质量方法 | 组织环境 | 政府支持 | 行业竞争 | 市场导向 | 提升意愿 | 提升行为 |
|------|---------|---------|---------|---------|---------|---------|---------|
| Q1 | 0.809 | 0.326 | 0.017 | -0.010 | 0 | 0.192 | 0.404 |
| Q2 | 0.760 | 0.375 | 0.022 | -0.024 | -0.068 | 0.238 | 0.394 |
| Q3 | 0.829 | 0.364 | 0.008 | -0.015 | -0.052 | 0.159 | 0.294 |
| Q4 | 0.312 | 0.810 | 0.026 | -0.084 | -0.077 | 0.187 | 0.241 |
| Q5 | 0.283 | 0.849 | 0.020 | 0.004 | -0.100 | 0.230 | 0.259 |
| Q6 | 0.365 | 0.802 | -0.039 | 0.054 | 0.015 | 0.147 | 0.257 |
| Q7 | -0.055 | 0.045 | 0.904 | -0.093 | 0.218 | 0.180 | 0.003 |
| Q8 | 0.022 | -0.018 | 0.946 | -0.015 | 0.170 | 0.131 | 0.027 |
| Q9 | 0.061 | -0.014 | 0.930 | -0.107 | 0.148 | 0.121 | 0.017 |
| Q10 | 0.022 | 0.007 | -0.065 | 0.961 | 0.051 | 0.099 | -0.019 |
| Q11 | -0.016 | -0.019 | -0.079 | 0.962 | 0.027 | 0.124 | 0.089 |
| Q12 | -0.025 | -0.006 | -0.054 | 0.968 | 0.056 | 0.121 | 0.024 |
| Q13 | -0.059 | -0.087 | 0.140 | 0.095 | 0.892 | 0.215 | -0.037 |
| Q14 | -0.035 | -0.017 | 0.150 | 0.066 | 0.931 | 0.165 | -0.051 |
| Q15 | 0.001 | -0.035 | 0.256 | -0.019 | 0.854 | 0.155 | -0.014 |
| Q16 | 0.192 | 0.209 | 0.267 | 0.194 | 0.199 | 0.755 | 0.208 |
| Q17 | 0.189 | 0.136 | 0.170 | 0.135 | 0.235 | 0.792 | 0.285 |
| Q18 | 0.148 | 0.212 | 0.140 | 0.151 | 0.279 | 0.819 | 0.164 |
| Q19 | 0.365 | 0.311 | -0.006 | 0.040 | -0.011 | 0.276 | 0.769 |
| Q20 | 0.320 | 0.216 | 0.027 | 0.032 | -0.130 | 0.254 | 0.819 |
| Q21 | 0.336 | 0.282 | 0.031 | 0.063 | 0.013 | 0.183 | 0.843 |

（3）区别效度检验。

区别效度最常用的检验方法是主成分分析法和相关系数法。本章采用相关系数法，模型中每个因子的平均方差抽取量（AVE）的平方根应该大于该因子与其他因子的相关系数。由表3-9可知，本量表各因子的平均方差抽取量值的平方根均大于各因子之间的相关系数，因此可以判断量表具有较好的区别效度。

表 3 – 9　　　　　　　　　　　区别效度检验结果

| 因子 | 质量方法 | 组织环境 | 政府支持 | 行业竞争 | 市场导向 | 提升意愿 | 提升行为 |
|------|------|------|------|------|------|------|------|
| 质量方法 | 0.954 | | | | | | |
| 组织环境 | 0.753 | 0.908 | | | | | |
| 政府支持 | 0.063 | 0.037 | 0.937 | | | | |
| 行业竞争 | 0.010 | 0.020 | − 0.097 | 0.962 | | | |
| 市场导向 | − 0.052 | − 0.092 | 0.375 | 0.125 | 0.902 | | |
| 提升意愿 | 0.514 | 0.496 | 0.388 | 0.291 | 0.452 | 0.886 | |
| 提升行为 | 0.806 | 0.678 | 0.070 | 0.105 | − 0.044 | 0.574 | 0.929 |

注：对角线为各因子平均方差抽取量（AVE）值的平方根，其余为各因子间的相关系数。

### 3.4.3.2　模型拟合与假设检验

（1）拟合度检验。

本章利用 Amos21.0 软件对测量模型的适配度进行了卡方检验，采用适配度指数（GFI）、调整后的适配度指数（AGFI）、规范适配度指数（NFI）、比较拟合指数（CFI）和近似均方根误差（RMSEA）指标。检验结果见表 3 – 10。CMIN/DF 是 1.499，小于 5。GFI 和 AGFI 分别是 0.857 和 0.807，比 0.8 的推荐值大。NFI 和 CFI 分别是 0.926 和 0.975，比 0.9 的推荐值大。RMSEA 为 0.059，比 0.08 的推荐值小。所以这个模型是合理和有效的，具有较好的适配度。

表 3 – 10　　　　　　　　　模型适配度检验指标值

| 检验量 | 检验结果 | 推荐值 | 推荐来源 |
|------|------|------|------|
| GFI | 0.857 | 大于 0.8 | Scott，1995 |
| AGFI | 0.807 | 大于 0.8 | Scott，1995 |
| NFI | 0.926 | 大于 0.9 | Bentlerand and Bonet，1980 |
| CFI | 0.975 | 大于 0.9 | Bentlerand and Bonett，1980 |
| CMIN/DF | 1.499 | 小于 5 | Kettinger and Lee，1994 |
| RMSEA | 0.059 | 小于 0.08 | Brownand and Cudeck，1993 |

（2）路径分析。

本章建构的结构方程路径系数以及假设检验结果见表 3 – 11，结果表明，本章提出的假设模型中有 7 个假设通过了检验。质量方法对提升行为的 P 值小于 0.001，说明质量方法对提升行为具有正向影响，假设 H3－1 得到验证；质量方法对提升意愿的 P 值小于 0.01，说明质量方法对提升意愿具有正向影响，假设 H3－2 得到验证；组织环境对提升行为的 P 值为 0.185，大于 0.05，说明组织环境对提升行为影响不显著，假设 H3－3 未得到验证；组织环境对提升意愿的 P 值小于 0.01，说明组织环境对提升意愿具有正向影响，假设 H3－4 得到验证；政府支持对提升意愿的 P 值小于 0.001，说明政府支持对提升意愿具有正向影响，假设 H3－5 得到验证；行业竞争对提升意愿的 P 值小于 0.001，说明行业竞争对提升意愿具有正向影响，假设 H3－6 得到验证；市场导向对提升意愿的 P 值小于 0.001，说明市场导向对提升意愿具有正向影响，假设 H3－7 得到验证；提升意愿对提升行为的 P 值小于 0.01，说明提升意愿对提升行为具有正向影响，假设 H3－8 得到验证。

表 3－11　　　　　　　　　结构方程模型假设检验结果

| 假设 | 路径 | 路径系数 | P | C. R. | 检验结果 |
|------|------|---------|-----|-------|---------|
| H3－1 | 质量方法—提升行为 | 0.292 | *** | 6.599 | 显著 |
| H3－2 | 质量方法—提升意愿 | 0.297 | ** | 2.961 | 显著 |
| H3－3 | 组织环境—提升行为 | 0.121 | 0.185 | 1.326 | 不显著 |
| H3－4 | 组织环境—提升意愿 | 0.047 | ** | 2.855 | 显著 |
| H3－5 | 政府支持—提升意愿 | 0.243 | *** | 3.460 | 显著 |
| H3－6 | 行业竞争—提升意愿 | 0.260 | *** | 4.030 | 显著 |
| H3－7 | 市场导向—提升意愿 | 0.369 | *** | 4.899 | 显著 |
| H3－8 | 提升意愿—提升行为 | 0.188 | ** | 2.710 | 显著 |

注：$*p < 0.05$，$**p < 0.01$，$***p < 0.001$。

## 3.5　本章小结

本章通过 2019 年和 2020 年两次在浙江省 11 个地级市的实地调研和大样本调查，一方面对浙江省规上制造业标准化现状、标准在引领质量提升方面发挥的作用和"品字标浙江制造"团体标准创新成效进行了分析总结；另一方面对浙江省制造业的产品质量和质量管理状况进行了剖析，深入挖掘了浙江省制造业质量提升的影响因素和重点行业产品质量提升的痛点问题。

在制造业质量提升影响因素方面，本书依据 TOE 框架，提出一个包含质量方法、组织环境、政府支持、行业竞争、市场导向、提升意愿、提升行为的影响因素理论模型，并以浙江省制造业企业作为样本进行调查研究，构建结构方程模型对相关假设进行验证，得出制造业质量提升影响因素的影响程度和作用路径。研究结论如下。

（1）质量方法、组织环境、政府支持、行业竞争、市场导向等 5 个预测因子对提升意愿都表现为正向影响，其中外部环境（政府支持、行业竞争、市场导向）影响最为显著。

（2）对于提升行为影响能力大小排序为质量方法、提升意愿、组织环境。组织环境对提升行为影响不显著可能的原因是即使制造业企业内部有足够的资源和意愿去提升质量，但是由于缺乏科学的方法和相应的能力使得提升行为难以付诸行动，这也解释了质量方法和提升意愿正向影响提升行为时，质量方法对提升行为的影响更加显著。

综上所述，研究表明质量方法不仅正向影响提升意愿，还对提升行为有显著的正向作用，并且其对制造业质量提升行为的影响程度超过了提升意愿对提升行为的影响；组织环境虽然对提升行为影响不显著，但是正向影响提升意愿；政府支持、行业竞争、市场导向对提升意愿都有显著的促进作用。

# 第4章 标准引领与质量提升作用机理及协同耦合效应研究

尽管我国已经成为制造大国，但与美国、德国等制造强国相比，创新能力和竞争力仍有明显差距（"制造强国战略研究"综合组，2015；朱高峰和王迪，2017），为实现从制造大国向制造强国转变，我国政府在 2015 年提出了"中国制造 2025"战略。结合美国、德国等制造强国应当具备的主要特征（李金华，2016），对比来看，我国制造业主要存在低端供给过剩和中高端供给不足并存的结构性矛盾，产业结构性问题已经成为遏制我国迈向制造强国的主要原因。

先进标准可以引领质量提升，这一点在德国工业 4.0 中得到验证。在企业层面，在相同技术标准背景下，模块化仿真和建模技术允许分散的单元灵活地改变产品，从而实现快速的产品创新，然后根据产品标准获得大量的标准化产品，最后通过质量控制来实现高市场效益。在企业的竞争战略中，质量管理与创新是高度相关的。技术创新可以促进产品质量提升，质量管理则为技术改进提供所需环境。同时，技术创新和产品质量对于贸易绩效具有积极的促进作用。标准、质量、技术创新属于企业尤其是工业企业的要素禀赋，对企业绩效提升、产业发展起到重要作用，这一点在各子系统领域都得到产学研多方认同。

学术界对技术创新与标准、技术创新与质量、标准与质量进行的大量研究，充分表明三者之间确实存在互相影响的关系（见图 4-1）。但以往学术界的研究大多集中在单个子系统或者两个子系统间的相互影响方面，虽然在特定的时期内，这具有很好的理论与应用价值，但很难形成适应制造强国建

设背景的具有普遍意义的协同发展效应。为此，本书借鉴物理学概念，引入
"耦合度""协调度"指标，构建标准、质量、技术创新的耦合协调度评价指
标体系和模型，量化测度三者的交互结果，对标准、质量、技术创新的联动
协同进行有效评估。

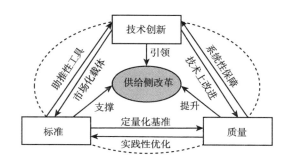

**图 4 - 1　标准、质量、技术创新系统耦合协调发展作用机理**

## 4.1　先进标准与质量提升作用机理研究

针对先进标准与质量提升的已有研究，本书认为技术创新在标准引领质
量提升的过程中发挥了重要的作用。因此，在探究先进标准与质量提升作用
过程中引入技术创新的元素进行研究（Zhang et al.，2021）。

### 4.1.1　标准与技术创新的关系

技术标准作为技术创新的重要成果，是内部研发的组成部分或是内部研
发阶段的延续，与技术创新相辅相成，两者之间存在紧密的互补关系。由于
技术标准"制定—实施—修订—废止"的过程和技术"创新—扩散—再创
新—被替代"的过程是协同演进的，两者本质上是相互影响的。就技术标准
与技术创新的关系，一方面，技术标准促进技术创新，为技术创新提供方向
性引导，使技术研发与市场需求相一致。此外，技术标准是跨越国界的技术

语言，为创新竞争提供工具和保障。另一方面，技术标准会限制技术创新成果的选择范围，对突破式创新产生阻碍（Blind，2005），但它也为技术创新成果的扩散提供了新的机会和途径，加快了技术创新市场化，这是对技术创新的重要保护方式。因此，对于企业来说，技术创新可以提高核心竞争力，开拓市场，但需要以技术标准为载体，在知识产权保护的前提下更好地实现技术价值的转化。

### 4.1.2　质量与技术创新的关系

关于产品质量与技术创新的关系，学者们主要持两种观点。一部分学者认为，技术创新尤其是突破式创新可能对产品质量可靠性造成负面影响。根本原因在于创新实践通常寻求跳出现有规则束缚，从而成为组织中产生变异的重要来源；而有效的质量管理则需要建立有效的标准化流程并且严格遵守它们以尽量减少变异，因此，高水平创新和高水平质量的要求往往是相互冲突的。企业在实施创新战略和生产高质量产品中所需资源的差异将使企业很难实现两者的平衡，未能达到既定质量要求是导致新产品无法效益化的重要原因。

另一些学者认为，技术创新对产品质量有提升作用。产品技术创新中使用的许多技术方法，如控制图、六西格玛设计、田口设计与分析方法、质量屋等，其目的都是从源头上消除质量缺陷从而保证产品的高质量水平。同时，可以通过引入全新的具有更高精准性和稳定性的技术设备和测量系统来实现生产过程的质量控制。全面质量管理理论的兴起，特别是卓越绩效模式的导入，为技术创新提供了系统保障，同时研究也验证了质量管理对产品技术创新和过程创新有显著的正向影响。

### 4.1.3　标准与质量

质量与标准几乎贯穿于人类的所有活动，人类发展史也是一部质量与标准发展史。20 世纪以来，标准与质量的关系被进一步深入研究。根据

ISO9000 对质量的定义——一组固有特性满足要求的程度，其中，"要求"即
"标准"，因此质量离不开标准，脱离标准空谈质量是毫无意义的（Hoyle
et al.，2017）。陈淑梅（2019）也在其研究中提到，标准是国际公认的国家
质量基础设施，是质量的前提和基础。同样地，建立标准而不加以严格实施
以改善质量，那么标准的制定也将失去意义，杨建东等（2019）的研究证实
了这一点，并指出质量是标准的结果。由此可见，标准与质量是一种密不可
分、相互依存的关系。

## 4.2　耦合协调度评价指标体系构建

### 4.2.1　指标选取与数据来源

为最大限度地反映标准、质量、技术创新间的耦合协同作用，本书遵循
系统性、科学性和精准性原则，分别从投入和产出两方面进行指标考虑。经
过文献梳理和逻辑整理，构建评价指标体系，见表 4 - 1。

表 4 - 1　　　　　技术创新、标准与质量子系统评价指标体系

| 系统层 | 目标层 | 指标层（单位） | 文献来源 |
|---|---|---|---|
| 技术创新 | 技术创新投入能力 | 研究与试验发展（R&D）人员全时当量（万人年） | Coccia，2001 Fritsch and Franke，2004 |
| | | 研究与试验发展（R&D）经费内部支出（亿元） | |
| | | 研究与开发机构数（个） | |
| | 技术创新产出能力 | 授权发明专利数（件） | Zhong et al.，2011 |
| | | 技术市场成交合同金额（万元） | |
| | | 规模以上工业企业新产品销售收入（亿元） | |
| 标准 | 标准投入能力 | 国家标准制修订计划数（项） | Millerand and Baker，2010 |
| | | 我国在 ISO、IEC 注册专家累计数（人） | |
| | | 我国承担 ISO、IEC 秘书处（个） | |
| | 标准产出能力 | 我国在 ISO、IEC 发布标准累计数据（项） | Farrell et al.，2007 |
| | | 当年新制修订国家标准量（个） | |
| | | 当年新制修订地方标准量（个） | |

续表

| 系统层 | 目标层 | 指标层（单位） | 文献来源 |
|---|---|---|---|
| 质量 | 质量投入能力 | 产品质量监督检验批次数（批次） | Evans and Lindsay, 2002 |
| | | 产品质量监督检验企业数（家） | |
| | | 计量仪器检定数量（台、件） | |
| | 质量产出能力 | 产品质量合格率（%） | Kugler and Verhoogen, 2011 |
| | | 质量损失率（%） | |
| | | 全国制造业产品竞争力指数（%） | |

本书尝试用全国数据进行实证，收集了 2010 ~ 2019 年的变量数据，其中技术创新数据主要来自《2020 年中国科技统计年鉴》，标准数据主要来自全国标准信息公共服务平台、ISO 官网、IEC 官网，质量数据主要来自统计局以及国家质量监督检验总局，数据来源真实可靠。

### 4.2.2 计算功效函数

标准—质量—技术创新的耦合系统由标准、质量、技术创新三个子系统构成。每个子系统又由若干个指标组成。设子系统 $i$ 有 $n$ 个指标，分别为 $x_1$，$x_2$，$\cdots$，$x_n$。当 $x_{ij}$ 值越大表明系统功能越好，即数值大小对系统的功效贡献为正时，此时称为正指标；反之，即为负指标。标准、质量、技术创新耦合系统中不同指标的功效系数 $d_{ij}$ 计算公式为：

$$d_{ij} = (x_{ij} - x_{ijmin})/(x_{ijmax} - x_{ijmin}) \quad 正指标 \quad (4-1)$$

$$d_{ij} = (x_{ijmax} - x_{ij})/(x_{ijmax} - x_{ijmin}) \quad 负指标 \quad (4-2)$$

其中，$d_{ij}$ 为系统 $i$ 指标 $j$ 的功效数；$x_{ijmax}$ 为系统 i 指标 j 的最大值；$x_{ijmin}$ 为系统 $i$ 指标 $j$ 的最小值；$x_{ij}$ 为系统 $i$ 指标 $j$ 的值。$d_{ij}$ 反映目标达成的满意程度，$0 \leqslant d_{ij} \leqslant 1$。当 $d_{ij} = 0$ 时，为最不满意；而当 $d_{ij} = 1$ 时，为最满意。

### 4.2.3 子系统功效综合评价

标准、质量、技术创新子系统的综合功效是各系统内所有指标对该子系统的贡献的综合，可通过集成方法来实现。其计算公式为：

$$U_i = \sum W_{ij} \times d_{ij}, W_{ij} \geqslant 0, \sum W_{ij} = 1, j = 1, 2, \cdots, n \qquad (4-3)$$

其中，$W_{ij}$ 为子系统 $i$ 中指标 $j$ 的权重。指标的权重是综合评价的重要信息，应根据指标的相对重要性，即指标对综合评价的贡献来确定。主成分分析法不仅考虑了单指标下的数据分布规律，还考虑了指标之间的信息重叠与相互干扰。因此，本章采用主成分分析法测度指标权重，从而对技术创新子系统、标准子系统与质量子系统进行综合评价。

### 4.2.4　子系统耦合协调度评价

借助物理学中的容量耦合概念及其容量耦合系数模型（Doney and Schimel，2007），推广得到多个系统的相互作用耦合度模型。

$$C = \left\{ \frac{U_1 \times U_2 \times \cdots \times U_n}{\prod (U_i + U_j)} \right\}^{1/n} \qquad (4-4)$$

其中，$C$ 为耦合度；$U_i$ 为各子系统的综合功效。耦合度的大小由各个子系统 $U_i$ 的大小决定。耦合度值 $C \in [0, 1)$，当 $C$ 趋向于 1 时，耦合度最大，系统之间或系统内部要素之间达到良性共振耦合，系统将趋向新的有序结构。当 $C = 0$ 时，耦合度极小，系统之间或系统内部要素之间处于无关状态，系统将向无序发展。根据目前众多学者对耦合度的分段方法，采用中值分段法，当 $0 < C \leqslant 0.3$ 时，表明子系统处于低水平耦合阶段；当 $0.3 < C \leqslant 0.5$ 时，表明子系统处于拮抗阶段；当 $0.5 < C \leqslant 0.8$ 时，表明子系统进入磨合阶段；当 $0.8 < C \leqslant 1$ 时，子系统进入高水平耦合阶段。

协调是指系统演变过程中内部各要素相互和谐一致的属性。协调度模型可以更好地评判标准、质量、技术创新交互耦合的协调程度。其计算公式为：

$$D = \sqrt{C \times T} \qquad (4-5)$$

其中，$C$ 为耦合度；$T$ 为标准、质量、技术创新之间的综合协调指数，它反映标准、质量、技术创新整体协同的效应或贡献。

$$T = \sqrt{\alpha U_1 \times \beta U_2 \times \cdots \times \gamma U_i} \qquad (4-6)$$

其中，$\alpha$、$\beta$、$\gamma$ 为待定权数，由于标准、质量、技术创新对于经济高质量发展的重要性一致，故在两系统中取 $\alpha = \beta = 1/2$，在三系统中取 $\alpha = \beta = \gamma = 1/3$。根据中段分值法可以将协调度划分为 4 种类型：$0 < D \leqslant 0.3$ 为低度协调的耦合；$0.3 < D \leqslant 0.5$ 为中度协调的耦合；$0.5 < D \leqslant 0.8$ 为高度协调的耦合；$0.8 < D \leqslant 1$ 为极度协调的耦合。为了进一步评价二者相对发展状况，以相对发展度模型求取子系统间的发展度系数 E：

$$E = U_i / U_j \qquad (4-7)$$

根据耦合协调发展内涵，在理想条件下标准、质量、技术创新是同步发展的，但在实际情况中却难以实现，故设当 $0 < E \leqslant 0.8$，$U_i$ 滞后于 $U_j$；当 $0.8 < E \leqslant 1.2$，$U_i$ 同步于 $U_j$，系统间彼此推动；当 $E > 1.2$，$U_i$ 超前于 $U_j$。

## 4.3　耦合协调度测度结果分析

### 4.3.1　子系统功效综合评价值及分析

本书对原始数据进行功效函数处理后，得到无量纲的标准数据。运用主成分分析方法，获得每个指标在各个子系统所占权重，见表 4-2。为简化表示，标准子系统—技术创新子系统记为 S-I 系统、质量子系统—技术创新子系统记为 Q-I 系统、标准子系统—质量子系统记为 S-Q 系统、标准子系统—质量子系统—技术创新子系统记为 S-Q-I 系统。

表 4-2　　　　　　　　　各子系统评价指标权重

| 系统层 | 指标层 | 权重 | | | |
|---|---|---|---|---|---|
| | | S-I | Q-I | S-Q | S-Q-I |
| 技术创新 | 研究与试验发展（R&D）人员全时当量 | 0.093 | 0.096 | / | 0.0630 |
| | 研究与试验发展（R&D）经费内部支出 | 0.092 | 0.096 | / | 0.0633 |
| | 研究与开发机构数 | 0.047 | 0.048 | / | 0.0320 |

| 系统层 | 指标层 | 权重 | | | |
|---|---|---|---|---|---|
| | | S－I | Q－I | S－Q | S－Q－I |
| 技术创新 | 授权发明专利数 | 0.091 | 0.095 | ／ | 0.0638 |
| | 技术市场成交合同金额 | 0.092 | 0.096 | ／ | 0.0637 |
| | 规模以上工业企业新产品销售收入 | 0.092 | 0.096 | ／ | 0.0637 |
| 标准 | 国家标准制修订计划数 | 0.073 | ／ | 0.058 | 0.0395 |
| | 我国在 ISO、IEC 注册专家累计数 | 0.091 | ／ | 0.099 | 0.0641 |
| | 我国承担 ISO、IEC 秘书处 | 0.092 | ／ | 0.098 | 0.0633 |
| | 我国在 ISO、IEC 发布标准累计数据 | 0.091 | ／ | 0.096 | 0.0623 |
| | 当年新制修订国家标准量 | 0.053 | ／ | 0.049 | 0.0342 |
| | 当年新制修订地方标准量 | 0.093 | ／ | 0.095 | 0.0615 |
| 质量 | 产品质量监督检验批次数 | ／ | 0.052 | 0.062 | 0.0393 |
| | 产品质量监督检验企业数 | ／ | 0.050 | 0.058 | 0.0372 |
| | 计量仪器检定数量 | ／ | 0.095 | 0.098 | 0.0636 |
| | 产品质量合格率 | ／ | 0.095 | 0.097 | 0.0627 |
| | 质量损失率 | ／ | 0.086 | 0.094 | 0.0602 |
| | 全国制造业产品竞争力指数 | ／ | 0.095 | 0.097 | 0.0624 |

根据方程式（4－3）分别计算 2010～2019 年标准—技术创新、质量—技术创新、标准—质量、标准—质量—技术创新子系统的耦合度，见表 4－3。

表 4－3 　　　　　　标准、质量、技术创新子系统综合评价

| 年份 | S－I 系统 | | Q－I 系统 | | S－Q 系统 | | S－Q－I 系统 | | |
|---|---|---|---|---|---|---|---|---|---|
| | $U_I$ | $U_S$ | $U_I$ | $U_Q$ | $U_S$ | $U_Q$ | $U_I$ | $U_S$ | $U_Q$ |
| 2010 | 0.047 | 0.038 | 0.048 | 0.112 | 0.031 | 0.130 | 0.032 | 0.021 | 0.083 |
| 2011 | 0.055 | 0.116 | 0.056 | 0.053 | 0.105 | 0.058 | 0.038 | 0.071 | 0.037 |
| 2012 | 0.086 | 0.111 | 0.089 | 0.128 | 0.106 | 0.138 | 0.059 | 0.070 | 0.089 |
| 2013 | 0.133 | 0.157 | 0.138 | 0.160 | 0.151 | 0.170 | 0.092 | 0.100 | 0.109 |
| 2014 | 0.183 | 0.196 | 0.190 | 0.246 | 0.193 | 0.260 | 0.126 | 0.126 | 0.168 |
| 2015 | 0.256 | 0.208 | 0.265 | 0.265 | 0.209 | 0.278 | 0.176 | 0.137 | 0.179 |
| 2016 | 0.308 | 0.323 | 0.319 | 0.208 | 0.320 | 0.213 | 0.212 | 0.210 | 0.138 |
| 2017 | 0.368 | 0.361 | 0.382 | 0.241 | 0.361 | 0.247 | 0.253 | 0.236 | 0.160 |
| 2018 | 0.416 | 0.371 | 0.433 | 0.298 | 0.379 | 0.309 | 0.287 | 0.247 | 0.199 |
| 2019 | 0.461 | 0.356 | 0.479 | 0.371 | 0.375 | 0.385 | 0.318 | 0.244 | 0.249 |

从子系统来看，技术创新子系统在 S－I、Q－I、S－Q－I 系统内的综合评价值随着时间整体呈现企稳向上的态势，表明我国在技术创新方面的进步是稳定且持续的。技术创新的发展速度要超前于标准和质量，侧面反映了创新成果的市场化程度不高，创新绩效有待提高。标准子系统的整体发展态势良好，且在 2015～2016 年发生了飞跃式发展，一部分原因是我国提出全面深化改革，带动标准化工作改革，扩大标准体态容量。从相对发展系数来看，标准系统起步是弱于质量系统的，但发展速度要快于质量系统，在 2016 年实现超越，在 2019 年两者又趋于协同状态。

质量子系统在整体上呈现阶段式增长，2011 年和 2016 年的综合评价处于谷值，同时也是阶段的起点，例如 2013 年，国家层面提出《关于加快推动制造业质量升级促进经济持续健康发展的指导意见》，构建制造业质量升级的长效机制。从整体来看，各子系统的两两耦合状态中的综合评价值要高于三系统中的综合评价值。系统内技术创新要领先于标准制定和质量发展，这一点是符合现实的，但仍需引起重视。事实上，标准、质量、技术创新都是促进我国制造业转型升级、提高产品供给水平和效率、带动经济高质量发展的关键因素，因此，要对标准、质量、技术创新的内部影响路径进行整体考虑。

### 4.3.2　子系统耦合度结果及分析

由表 4－4 可知，对于两系统耦合来说，2010～2013 年，标准—技术创新、质量—技术创新、标准—质量子系统间均处于低水平耦合阶段。从相对发展速度来说，技术创新发展速度要滞后于标准和质量，制约了标准和质量发展。标准滞后于质量发展需求，这体现在标准供给不足和供需错位上，影响产业经济提升，使系统退化。2014～2019 年，标准—技术创新、质量—技术创新、标准—质量子系统间均处于拮抗阶段，技术创新发展开始同步于标准发展、超前于质量发展，即影响标准化体系发展、推动产品质量发展。同时，快速发展的标准体系呈现推动质量发展的态势，使系统得到优化。对于三系统整体来说，2010～2019 年均处于拮抗阶段，其耦合发展态势趋于稳定，子系统间存在一定的耦合但各自又独立发展，处于均衡状态无法进入下一阶段。要打破这一状态，相关政府部门可以尝试从质量系统着手，紧抓计量、检验检疫和认证认可。

表 4 - 4　　　　　　　标准、质量、技术创新子系统耦合度

| 年份 | S - I | E | Q - I | E | S - Q | E | S - Q - I |
|------|-------|-------|-------|-------|-------|-------|-----------|
| 2010 | 0.145 | 1.237 | 0.183 | 0.429 | 0.157 | 0.238 | **0.444** |
| 2011 | 0.193 | 0.474 | 0.165 | 1.057 | 0.193 | 1.810 | 0.483 |
| 2012 | 0.220 | 0.775 | 0.229 | 0.695 | 0.245 | 0.768 | 0.495 |
| 2013 | 0.268 | 0.847 | 0.272 | 0.863 | 0.283 | 0.888 | 0.499 |
| 2014 | **0.308** | 0.934 | **0.327** | 0.772 | **0.333** | 0.742 | 0.497 |
| 2015 | 0.339 | 1.231 | 0.364 | 1.000 | 0.345 | 0.752 | 0.497 |
| 2016 | 0.397 | 0.954 | 0.355 | 1.534 | 0.358 | 1.502 | 0.493 |
| 2017 | 0.427 | 1.019 | 0.384 | 1.585 | 0.383 | 1.462 | 0.492 |
| 2018 | 0.443 | 1.121 | 0.420 | 1.453 | 0.412 | 1.227 | 0.496 |
| 2019 | 0.448 | 1.295 | 0.457 | 1.291 | 0.436 | 0.974 | 0.497 |

### 4.3.3　子系统协调度结果及分析

对于两系统耦合来说，系统间的综合协调系数要优于协调度，表明系统内协调程度要高于系统间的耦合程度。由表 4 - 5 可知，从时间上来看，标准—技术创新、质量—技术创新、标准—质量子系统，均在 2013 年跨越到中度协调阶段，但各系统突破到高度协调时间点各不相同。其中，标准—技术创新子系统、质量—技术创新子系统和标准—质量子系统分别在 2017 年、2018 年和 2019 年实现了高度协调。从整体来看，三系统在 2010～2018 年均处于中度协调阶段，到 2019 年才实现高度协调，这表明三系统的优化发展状态长期处于轻微失调状态，实现内部协调的速率要慢于两系统耦合，这是符合现实状态的但需要引起重视。

表 4-5　　　　　　　　技术创新、标准、质量子系统协调度

| 年份 | S-I 系统 | | Q-I 系统 | | S-Q 系统 | | S-Q-I 系统 | |
|------|------|------|------|------|------|------|------|------|
| | T | D | T | D | T | D | T | D |
| 2010 | 0.206 | 0.173 | 0.283 | 0.228 | 0.283 | 0.211 | 0.213 | 0.307 |
| 2011 | 0.292 | 0.237 | 0.234 | 0.197 | 0.285 | 0.235 | 0.221 | 0.327 |
| 2012 | 0.314 | 0.263 | 0.329 | 0.275 | 0.349 | 0.293 | 0.270 | 0.365 |
| 2013 | 0.381 | 0.320 | 0.386 | 0.324 | 0.400 | 0.336 | 0.317 | 0.397 |
| 2014 | 0.435 | 0.366 | 0.467 | 0.391 | 0.476 | 0.398 | 0.374 | 0.431 |
| 2015 | 0.481 | 0.404 | 0.515 | 0.433 | 0.493 | 0.413 | 0.405 | 0.449 |
| 2016 | 0.562 | 0.472 | 0.513 | 0.427 | 0.516 | 0.430 | 0.432 | 0.461 |
| 2017 | 0.604 | 0.508 | 0.558 | 0.463 | 0.552 | 0.460 | 0.465 | 0.479 |
| 2018 | 0.627 | 0.527 | 0.605 | 0.504 | 0.586 | 0.492 | 0.495 | 0.495 |
| 2019 | 0.639 | 0.535 | 0.652 | 0.546 | 0.617 | 0.519 | 0.520 | 0.508 |

## 4.3.4　子系统协调耦合度结果分析

综上所述，如图 4-2 所示，标准—技术创新、质量—技术创新、标准—质量系统间的耦合在逐步优化，从低度耦合向拮抗阶段有序发展，但仍未突破到磨合阶段，需找到影响系统耦合的关键因素并进行促进提升。同时，本

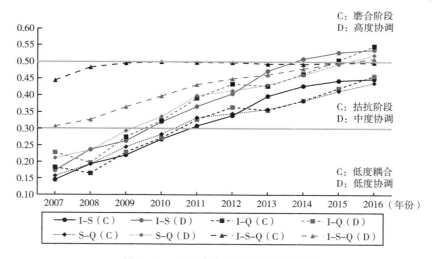

图 4-2　子系统协调耦合度整体情况

书观测到，技术创新对标准的影响呈现从滞后向同步发展，对质量影响则是实现了从滞后到推动的发展，但要注意技术创新的超前程度，技术创新与质量相对发展速度差距一旦过大，将不利于乃至阻碍产业进步。此外，两两子系统的内部协调程度要高于两两子系统间的耦合程度，实现从低度协调到高度协调的跨越式发展，整体呈现螺旋式上升。三系统的耦合协调度是长期处于一般水平状态，急需推动三系统耦合协调再优化，对于我国供给质量的提升有着重大意义。

## 4.4　本章小结

本章在分析标准、质量、技术创新系统相互协调发展的作用机理的基础上，构建了标准—质量—技术创新的耦合指标体系，并引入了耦合评价模型及计算方法，对我国 2010～2019 年标准—技术创新、质量—技术创新、标准—质量、标准—质量—技术创新的耦合协调关系进行了实证研究。研究发现如下所述。

（1）综合评价值方面，技术创新子系统呈现稳定发展的态势，技术创新的发展速度要超前于标准和质量，侧面说明市场匹配效率不高，创新效益有待提高。标准子系统的整体发展态势良好，在 2015～2018 年发生了飞跃式发展，与我国提出相关国家政策，标准化领域得到了重视和良好培育有关。质量子系统在整体上呈现阶段式增长，质量疲态与市场适应度低、公共质量安全事件暴露相关；质量振兴与政府政策、协会引导、企业质量意识、标准化水平相关。

（2）耦合度方面，标准—技术创新、质量—技术创新、标准—质量子系统均呈现有序优化状态，从低水平耦合向拮抗状态发展，表明系统间的交互状态有序化。从相对发展速度来说，2010～2013 年，技术创新发展速度滞后于标准和质量，标准滞后于质量发展，阻碍了标准发展和质量提升。2014～2019 年，技术创新同步于标准发展，影响我国标准化发展进程，从而协助实现标准—技术创新的协同发展。同时，技术创新和标准进度超前于质量，质量水平落后于技术创新和标准化水平，该阶段技术创新和标准推动产品质量提升，技术创新、标准、质量系统得到优化。

（3）协调度方面，系统内协调程度要高于系统间的耦合程度。标准—技术创新子系统、质量—技术创新子系统和标准—质量子系统在 2013 年实现了失调到轻微失调的发展，又分别在 2017 年、2018 年和 2019 年实现了轻微失调到协调的发展。三系统整体处于长期轻微失调状态，到 2019 年才真正实现内部协调。至 2019 年，技术创新、标准、质量在系统内达成高度协调、系统间达到拮抗耦合，到下一阶段，保持协调状态下的磨合耦合，任意系统间都可以实现交互式推进。

上述研究也验证了三系统在逐步向有序协调状态发展，但仍存在耦合程度较低、协调效率不高的问题，相关部门进行政策制定时需要进行多方面协商，携手推进我国质量提升。对于企业，其在进行技术研发时，就可以考虑技术标准制定和产品工艺、质量控制方法设计，协助其实现高质量、低成本的可持续发展。从而为解决我国制造业存在的低端供给过剩和中高端供给不足的结构性矛盾提供方法和路径，对制造业产品质量提升产生一定的思路创新和借鉴作用。

# 第5章 产品质量分级标准设计方法研究

高标准决定高质量。发挥标准对制造业质量提升的引领作用，关键在于保证标准的先进性。合理制定分级标准、广泛推广标准实施，是保证标准先进性的重要前提，也是发挥先进标准引领高质量发展的必要条件。提高标准的先进性水平，首先就要提升企业标准的指标水平。然而，在实际标准制定过程中，高质量标准界限的确定方法还不明确，通常认为产品质量特性只要高于现有标准水平即可，具体高到什么程度却没有具体的要求和界限。由此，本章着重解决先进标准的科学设计问题（Zhang et al.，2019）。

## 5.1 理论基础

田口方法按照系统设计、参数设计、容差设计三个步骤进行标准界限的确定。

（1）参数设计基本步骤：

①确定理想功能，按照计量特性可分为望目特性、望小特性和望大特性；

②利用特性要因图等工具，确定误差因素、可控因素及其对应的水平；

③使用内外表，进行结果测评，计算信噪比；

④进行两步优化，预测优化条件并进行确认实验。

（2）容差设计基本步骤。容差设计可以借助质量损失函数来确定标准允许的偏差范围，分为损失系数确定和标准界限设计两个阶段，实际可以分为望目特性、望小特性和望大特性三种情况。

### 5.1.1　田口质量损失函数

田口博士（2005）将产品质量定义为产品自进入社会时产生的损失。该定义与传统定义不同，涉及成本和美元损失，这意味着产品质量不仅涉及生产时的制造商，还涉及消费者和整个社会。相对应地，田口博士将质量损失函数定义为对由产品功能变化引起的损失的定量评估。虽然这个定义一直存在争议，但波动会导致质量损失，和较小的波动会导致较少质量损失的质量理念仍被认为是质量工程的里程碑。

田口方法以质量经济学为基础，综合产品质量和经济损失。该方法按照系统设计、参数设计、容差设计三个步骤进行标准界限的确定（王爱华和舒克，2018）。其中，参数设计要求确定制造过程中影响产品质量特性的因素及其合理的工艺参数，其核心工具是正交表和信噪比；容差设计则要求确定适宜的公差，以限定产品质量特征的波动范围（杨立文和王永芳，2018；毛婷，2018）。

为改进质量损失函数，众多学者进行了潜心研究。李（Li，2003）考虑到田口质量损失函数不足以描绘服务部门的实用性，且量化服务质量是必不可少的，故而提出了两种改进的质量损失函数来衡量服务质量。阐等（Chan et al.，2005）探索了多元质量特性，以实现多元二次质量损失函数（QQLF）。拉佐维奇和米亚托维奇（Lazovic and Mijatovic，2012）面向三变量响应，对田口 QQLF 进行改进，使得每个响应都具有相应的望目质量特性质量。陈等（Chen et al.，2003）、金和刘（Jin and Liu，2013）面向某些情况下不对称的田口质量损失函数，为确定最佳参数，研究了具有三角形分布的非对称质量损失函数。

由于质量特性的容差极大地影响了产品的制造成本和质量损失，在设计初期阶段产生的误差占生产成本的70%（Feng et al.，1999），所以在许多工业领域，容差设计已成为产品设计过程中的关键要素。大多数现有的容差优化模型要求使用包括数值方法在内的严格优化过程。基于拉格朗日乘子和迭代相对灵敏度分析提出了两种有效的算法，用于在组件之间优化分配容差

（Yang and Naikan，2003）。在非线性统计容差分析中，蒙特卡罗模拟作为一种简单有效的方法，通常被应用于框架构建。马纳斯维和贾斯特（Manarvi and Juster，2004）应用它构建了一个编译可用信息的框架，用于开发集成容差综合模型。吴等（Wu et al.，2009）采用蒙特卡罗模拟和遗传算法解决非线性约束容差分配问题。诗娜等（Shina et al.，2010）通过使用 Lambert W 函数，在不诉诸数值方法的情况下，以封闭形式表达了最优参数公差优化。

此外，田口方法可用于容差设计，且能产生实质性的效果。劳特和米塔尔（Rout and Mittal，2006）采用田口提出的内外部正交阵列来识别重要参数并确定最佳容差范围。许多学者关注质量损失函数在容差设计中的应用并对其进行了改进（Robles，2004；Li，2005；Peng，2008）。简（Jean，1998）提出了总成本最小化的装配公差优化模型，总成本是制造成本、质量损失、返工成本和报废成本的总和，并讨论了在产品质量和加工能力的限制范围内的望目特性、望大特性和望小特性的容差设计模型。

虽然众多学者就质量损失函数和容差设计进行了深入研究，但这些改进都是在田口提出的 QQLF 的基础上进行的。田口博士假定质量特征值与目标值之间的偏差足够微小，所以在高阶项通过使用泰勒展开来近似估计质量损失是可忽略不计的。函数的合理性取决于潜在的假设，在某些实际条件下，由于函数不能完全反映质量损失和质量特征偏差之间的关系，所以该假设并不一定成立。

实际上，基于田口质量损失函数的容差设计，就是一次分级标准设计，即通过容差设计确定判定合格品和不合格品的标准。基于这一认识，本书认为，为增强产品分级标准制定的科学性和合理性，应用基于质量损失函数的容差设计不失为一个有效方法。但目前的质量损失函数还不能应用于分级产品的容差设计，其实际适用性较为有限。

### 5.1.2 望目特性的传统质量损失函数

设产品的质量特性（如长度、宽度、浓度、表面光洁度或平整度）为 $y$，目标值为 $m$，希望质量特征 $y$ 在目标值 $m$ 附近波动且波动性尽可能小，当 $y \neq m$ 时，会造成损失，当 $|y-m|$ 越大时，造成的损失就越大。相应产品

质量特性值 $y$ 的损失为 $L(y)$，若 $L(y)$ 在 $y = m$ 处存在二阶导数，则可以展开为围绕目标值 $m$ 的泰勒公式：

$$L(y) = L(m) + \frac{L'(m)}{1!}(y - m) + \frac{L''(m)}{2!}(y - m)^2 + \cdots \quad (5-1)$$

由于 $L$ 在 $y = m$ 时取到最小值，所以 $L'(m) = 0$。由于 $L(m)$ 是一个常数，随 $L(y)$ 在所有 $y$ 处统一上升或降低，可以忽略，因此，可认为 $L(m) = 0$。此外，$(y - m)^2$ 是上述方程中的主要项（忽略高阶项），因此，可以使用以下等式作为近似值：

$$L(y) = k(y - m)^2 \quad (5-2)$$

其中，$k = \dfrac{L''(m)}{2!}$，是不依赖于 $y$ 的常数。

（1）损失系数确定。

望目特性的质量损失函数模型如图 5-1 所示。

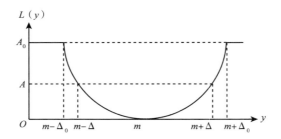

**图 5-1　望目特性的质量损失函数**

从图 5-1 可以看出，对于目标值为 $m$ 的产品，$m + \Delta_0$ 表示产品或组件功能失效的偏差。当产品的质量特征处于任一极端（$m + \Delta_0$ 或 $m - \Delta_0$）时，会产生损失，记为 $A_0$。将其代入公式（5-2）得：

$$A_0 = k \cdot \Delta_0^2 \quad (5-3)$$

则计算可得：

$$k = \frac{A_0}{\Delta_0^2} \quad (5-4)$$

（2）标准界限设计。

由质量损失函数模型可以看出，$(m + \Delta, m - \Delta)$ 是规定限制，当制造的产品质量特征处于任一极端（$m + \Delta$ 或 $m - \Delta$）时，会产生损失，记为 $A$ 元。将其代入公式（5-3）得：

$$A = \frac{A_0}{\Delta_0^2} \cdot \Delta^2 \qquad (5-5)$$

则该质量特性的合格与否的容差 $\Delta$ 为：

$$\Delta = \Delta_0 \cdot \sqrt{\frac{A}{A_0}} \qquad (5-6)$$

所以，该质量特性合格与否的标准界限为：

$$\begin{cases} \lim it_1 = m - \Delta_0 \cdot \sqrt{\frac{A}{A_0}} \\ \lim it_2 = m + \Delta_0 \cdot \sqrt{\frac{A}{A_0}} \end{cases} \qquad (5-7)$$

### 5.1.3　望大特性的传统质量损失函数

设产品的质量特性（例如，长度、宽度、浓度、表面光洁度或平整度）为 $y$，希望质量特征 $y$ 越大越好，且 $y$ 不取负值，理想值为正无穷大。此时可将望大特性的田口质量损失函数看作目标值为正无穷大的望目特性田口质量损失函数。当 $y$ 逐渐减小时，造成的损失随之增大，相应产品质量特性值 $y$ 的损失为 $L(y)$。此时质量损失函数公式为：

$$L(y) = \frac{k}{y^2} \qquad (5-8)$$

（1）损失系数确定。

望大特性的质量损失函数模型如图 5-2 所示。

从图 5-2 可以看出，对于目标值越大越好的产品，$\Delta_0$ 表示产品或组件

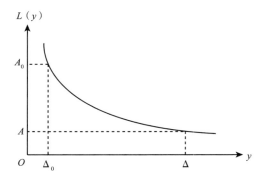

**图 5 - 2  望大特性的质量损失函数**

功能失效的偏差。当产品的质量特征处于极端 $\Delta_0$ 时，会产生损失，记为 $A_0$。此时可得：

$$A_0 = \frac{k}{\Delta_0^2} \qquad (5-9)$$

则计算可得：

$$k = A_0 \cdot \Delta_0^2 \qquad (5-10)$$

（2）标准界限设计。

由质量损失函数模型可以看出，$\Delta$ 是规定限制，当制造的产品质量特征处于极端 $\Delta$ 时，会产生损失 $A$ 元，可得：

$$A = \frac{A_0 \cdot \Delta_0^2}{\Delta^2} \qquad (5-11)$$

则该质量特性的合格与否的容差 $\Delta$ 为：

$$\Delta = \frac{1}{\Delta_0} \cdot \sqrt{\frac{A}{A_0}} \qquad (5-12)$$

所以，该质量特性合格与否的标准界限为：

$$\begin{cases} \lim it_1 = \dfrac{1}{\Delta_0} \cdot \sqrt{\dfrac{A}{A_0}} \\ \lim it_2 = +\infty \end{cases} \qquad (5-13)$$

### 5.1.4　望小特性的传统质量损失函数

设产品的质量特性（例如，长度、宽度、浓度、表面光洁度或平整度）为 $y$，希望质量特征 $y$ 越小越好，且 $y$ 不取负值，理想值为 0。此时可将望小特性的田口质量损失函数看作目标值为 0 的望目特性田口质量损失函数。当 $y$ 逐渐增大时，造成的损失也随之增大，相应产品质量特性值 $y$ 的损失为 $L(y)$。若 $L(y)$ 在 $y = 0$ 处存在二阶导数，可得泰勒公式：

$$L(y) = L(0) + \frac{L'(0)}{1!}y + \frac{L''(0)}{2!}y^2 + \cdots \qquad (5-14)$$

由于 $L$ 在 $y = 0$ 时取到最小值，所以 $L'(0) = 0$。由于 $L(0) = 0$ 是一个常数，随 $L(y)$ 在所有 $y$ 处统一，可以忽略。此外，$y^2$ 是上述方程中的主要项（忽略高阶项），因此，可以使用以下等式作为近似值：

$$L(y) = ky^2 \qquad (5-15)$$

其中，$k = \dfrac{L''(0)}{2!}$，是不依赖于 $y$ 的常数。

（1）损失系数确定。

望小特性的质量损失函数模型如图 5 - 3 所示。

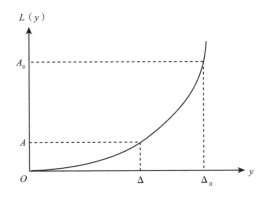

**图 5 - 3　望小特性的质量损失函数**

从图 5 – 3 可以看出，对于目标值越小越好的产品，$\Delta_0$ 表示产品或组件功能失效的偏差。当产品的质量特征处于极端 $\Delta_0$ 时，会产生损失，记为 $A_0$。此时可得：

$$A_0 = k \cdot \Delta_0^2 \tag{5 – 16}$$

则计算可得：

$$k = \frac{A_0}{\Delta_0^2} \tag{5 – 17}$$

（2）标准界限设计。

由质量损失函数模型可以看出，$\Delta$ 是规定限制，当制造的产品质量特征处于极端 $\Delta$ 时，会产生损失 $A$ 元，可得：

$$A = \frac{A_0}{\Delta_0^2} \cdot \Delta^2 \tag{5 – 18}$$

则该质量特性的合格与否的容差 $\Delta$ 为：

$$\Delta = \Delta_0 \cdot \sqrt{\frac{A}{A_0}} \tag{5 – 19}$$

所以，该质量特性合格与否的标准界限为：

$$\begin{cases} \lim it_1 = 0 \\ \lim it_2 = \Delta_0 \cdot \sqrt{\dfrac{A}{A_0}} \end{cases} \tag{5 – 20}$$

## 5.2　基于传统质量损失函数的先进产品标准设计

传统标准设计方法在容差设计上仅考虑了合格品的标准界限，只能将产品分等为合格品与不合格品，若要在合格品中严格划分出优等品和合格品，则需要进一步确定产品质量的分级标准。王雅琦等（2015）、祝虹乔等（2018）都证明了产品质量会对产品的价格产生显著的影响，企业甚至可以利用垂直差异化来抢占市场，谋取更高的收益，这个理论可概括为优质优价策略，基于此理论，为更好地确定优等品的容差设计，严格区分合格产品中的优等品与合格品，本节进一步进行公式推导，构造改进质量损失函数。

　　本节依托田口质量损失函数，借鉴传统标准技术参数设计方法，通过扩展传统的质量损失函数，研究质量分级标准的设计方法，建立分级产品的质量损失函数模型，按照优质优价的原则，将产品划分为与价格相对应的级别，实现标准设计的科学性与合理性，同时突破传统质量损失函数的两级分类，将其延伸为优等品、合格品和不合格品三类，为相关决策部门和标准制定提供理论依据。

### 5.2.1　望目特性情形下的先进标准设计方法

#### 5.2.1.1　望目特性质量损失函数改进

　　假设产品的质量特性为 $y$，目标值为 $m$，希望波动越小越好，当 $y \neq m$ 时，造成损失，$|y - m|$ 越大，损失越大。相应产品质量特性值 $y$ 的损失为 $L(y)$。当功能界限为 $\Delta_0$ 时，其对应的损失为 $A_0$；合格品的容差为 $\Delta_1$，其对应的质量损失函数为 $A_1$；优等品的容差为 $\Delta_2$，企业将合格品的质量特性提升为优等品所付出的成本为 $P$ 元，根据优质优价策略，该产品可以在市场上以高出一般合格品 $Q$ 元的价格进行售卖，即单位产品企业获得的经济效益为（$Q - P$）元，则企业将合格品变为优等品的损失为（$A_1 + P - Q$）元，具体如图 5-4 所示。

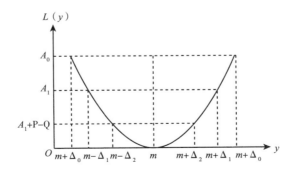

**图 5-4　基于传统质量损失函数的望目特性分级标准设计模型**

从图 5 - 4 可以看出，当质量特性值超出功能界限 $\Delta_0$ 时，产品丧失使用功能，此时造成的损失为 $A_0$，此时：

$$A_0 = k \cdot \Delta_0^2 \qquad (5-21)$$

则计算可得损失系数为：

$$k = \frac{A_0}{\Delta_0^2} \qquad (5-22)$$

### 5.2.1.2 望目特性先进标准设计方法

由质量损失函数模型可以看出，当质量特性值超出规格界限 $m \pm \Delta_1$ 时，造成的损失为 $A_1$ 元，此时可得：

$$A_1 = \frac{A_0}{\Delta_0^2} \cdot \Delta_1^2 \qquad (5-23)$$

则该产品为合格品的容差 $\Delta_1$ 为：

$$\Delta_1 = \Delta_0 \cdot \sqrt{\frac{A_1}{A_0}} \qquad (5-24)$$

所以，该产品合格品与不合格品的标准界限为：

$$\begin{cases} \lim it_1 = m - \Delta_0 \cdot \sqrt{\dfrac{A_1}{A_0}} \\ \\ \lim it_2 = m + \Delta_0 \cdot \sqrt{\dfrac{A_1}{A_0}} \end{cases} \qquad (5-25)$$

由质量损失函数模型可以看出，当质量特性值超出规格界限 $m \pm \Delta_2$ 时，造成的损失为 $(A_1 + P - Q)$ 元，可得：

$$A_1 + P - Q = \frac{A_0}{\Delta_0^2} \cdot \Delta_2^2 \qquad (5-26)$$

则该产品为优等品的容差 $\Delta_2$ 为：

$$\Delta_2 = \Delta_0 \cdot \sqrt{\frac{A_1 + P - Q}{A_0}} \qquad (5-27)$$

所以，该产品为优等品的标准界限为：

$$\begin{cases} \lim it_1 = m - \Delta_0 \cdot \sqrt{\dfrac{A_1 + P - Q}{A_0}} \\[4mm] \lim it_2 = m + \Delta_0 \cdot \sqrt{\dfrac{A_1 + P - Q}{A_0}} \end{cases} \qquad (5-28)$$

### 5.2.2　望大特性情形下的先进标准设计方法

#### 5.2.2.1　望大特性质量损失函数改进

假设产品的质量特性为 $y$，希望波动越小越好，当 $y$ 越小时，造成的损失越大，相应产品质量特性值 $y$ 的损失为 $L(y)$。当功能界限为 $\Delta_0$ 时，其对应的损失为 $A_0$；合格品的容差为 $\Delta_1$，其对应的质量损失函数为 $A_1$；优等品的容差为 $\Delta_2$，企业将合格品的质量特性提升为优等品所付出的成本为 $P$ 元，根据优质优价策略，该产品可以在市场上以高出一般合格品 $Q$ 元的价格进行售卖，即单位产品企业获得的经济效益为 $(Q-P)$ 元，则企业将合格品变为优等品的损失为 $(A_1 + P - Q)$ 元，具体如图 5-5 所示。

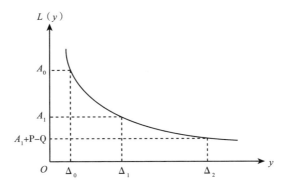

**图 5-5　基于传统质量损失函数的望大特性分级标准设计模型**

从图 5-5 可以看出，当质量特性值超出功能界限 $\Delta_0$ 时，产品丧失使用功能，此时造成的损失为 $A_0$，此时：

$$A_0 = \frac{k}{\Delta_0^2} \qquad (5-29)$$

则计算可得损失系数为：

$$k = A_0 \cdot \Delta_0^2 \qquad (5-30)$$

### 5.2.2.2 望大特性先进标准设计方法

由质量损失函数模型可以看出，当质量特性值超出规格界限 $\Delta_1$ 时，造成的损失为 $A_1$ 元，此时可得：

$$A_1 = \frac{A_0 \cdot \Delta_0^2}{\Delta_1^2} \qquad (5-31)$$

则该产品为合格品的容差 $\Delta_1$ 为：

$$\Delta_1 = \Delta_0 \cdot \sqrt{\frac{A_0}{A_1}} \qquad (5-32)$$

所以，该产品为合格品的标准界限下限为：

$$\lim it_1 = \Delta_0 \cdot \sqrt{\frac{A_0}{A_1}} \qquad (5-33)$$

由质量损失函数模型可以看出，当质量特性值超出规格界限 $\Delta_2$ 时，造成的损失为 $(A_1 + P - Q)$ 元，可得：

$$A_1 + P - Q = \frac{A_0 \cdot \Delta_0^2}{\Delta_2^2} \qquad (5-34)$$

则该产品为优等品的容差 $\Delta_2$ 为：

$$\Delta_2 = \Delta_0 \cdot \sqrt{\frac{A_0}{A_1 + P - Q}} \qquad (5-35)$$

所以，该产品为合格品的标准界限为：

$$\begin{cases} \lim it_1 = \Delta_0 \cdot \sqrt{\dfrac{A_0}{A_1}} \\[4mm] \lim it_2 = \Delta_0 \cdot \sqrt{\dfrac{A_0}{A_1 + P - Q}} \end{cases} \qquad (5-36)$$

该产品为优等品的标准界限为：

$$\begin{cases} \lim it_1 = \Delta_0 \cdot \sqrt{\dfrac{A_0}{A_1 + P - Q}} \\[4mm] \lim it_2 = + \infty \end{cases} \qquad (5-37)$$

### 5.2.3 望小特性情形下的先进标准设计方法

#### 5.2.3.1 望小特性质量损失函数改进

假设产品的质量特性为 $y$，希望波动越小越好，当 $y$ 越大时，造成的损失越大，相应产品质量特性值 $y$ 的损失为 $L(y)$。当功能界限为 $\Delta_0$ 时，其对应的损失为 $A_0$；合格品的容差为 $\Delta_1$，其对应的质量损失函数为 $A_1$；优等品的容差为 $\Delta_2$，企业将合格品的质量特性提升为优等品所付出的成本为 $P$ 元，根据优质优价策略，该产品可以在市场上以高出一般合格品 $Q$ 元的价格进行售卖，即单位产品企业获得的经济效益为 $(Q - P)$ 元，则企业将合格品变为优等品的损失为 $(A_1 + P - Q)$ 元，具体如图 5-6 所示。

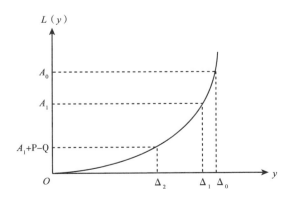

**图 5-6 基于传统质量损失函数的望小特性分级标准设计模型**

从图 5-6 可以看出，当质量特性值超出功能界限 $\Delta_0$ 时，产品丧失使用功能，此时造成的损失为 $A_0$，此时：

$$A_0 = k \cdot \Delta_0^2 \qquad (5-38)$$

则计算可得损失系数为：

$$k = \frac{A_0}{\Delta_0^2} \qquad (5-39)$$

### 5.2.3.2 望大特性先进标准设计方法

由质量损失函数模型可以看出，当质量特性值超出规格界限 $\Delta_1$ 时，造成的损失为 $A_1$ 元，此时可得：

$$A_1 = \frac{A_0 \cdot \Delta_1^2}{\Delta_0^2} \qquad (5-40)$$

则该产品为合格品的容差 $\Delta_1$ 为：

$$\Delta_1 = \Delta_0 \cdot \sqrt{\frac{A_1}{A_0}} \qquad (5-41)$$

所以，该产品为合格品的标准界限上限为：

$$\lim it_1 = \Delta_0 \cdot \sqrt{\frac{A_1}{A_0}} \qquad (5-42)$$

由质量损失函数模型可以看出，当质量特性值超出规格界限 $\Delta_2$ 时，造成的损失为 $(A_1 + P - Q)$ 元，可得：

$$A_1 + P - Q = \frac{A_0 \cdot \Delta_2^2}{\Delta_0^2} \qquad (5-43)$$

则该产品为优等品的容差 $\Delta_2$ 为：

$$\Delta_2 = \Delta_0 \cdot \sqrt{\frac{A_1 + P - Q}{A_0}} \qquad (5-44)$$

所以，该产品为合格品的标准界限为：

$$
\begin{cases}
\lim it_1 = \Delta_0 \cdot \sqrt{\dfrac{A_1 + P - Q}{A_0}} \\[4mm]
\lim it_2 = \Delta_0 \cdot \sqrt{\dfrac{A_1}{A_0}}
\end{cases}
\qquad (5-45)
$$

优等品的标准界限为：

$$
\begin{cases}
\lim it_1 = 0 \\[4mm]
\lim it_2 = \Delta_0 \cdot \sqrt{\dfrac{A_1 + P - Q}{A_0}}
\end{cases}
\qquad (5-46)
$$

### 5.2.4  应用案例

某器材壁厚 $Y$ 的目标值为 $m = 8\text{mm}$，功能界限 $\Delta_0 = 12\text{mm}$，丧失功能的损失为 $A_0 = 316$ 元。不合格的返修费为 $A_1 = 23$ 元。

（1）该品牌阀门壁厚的合格品标准界限确定过程如下。

① 确定损失系数。

$$
k = \frac{A_0}{\Delta_0^2} = \frac{316}{12^2} = 2.19 \qquad (5-47)
$$

则损失函数为：

$$
L(y) = 2.19 \cdot (y - 8)^2 \qquad (5-48)
$$

② 确定合格品的标准界限。

$$
\Delta_1 = \Delta_0 \cdot \sqrt{\frac{A_1}{A_0}} = 12 \cdot \sqrt{\frac{23}{316}} = 3.24\text{mm} \qquad (5-49)
$$

则该品牌阀门壁厚的合格品标准界限为：

$$
\begin{cases}
\lim it_1 = 8 - 3.24 = 4.76\text{mm} \\[2mm]
\lim it_2 = 8 + 3.24 = 11.24\text{mm}
\end{cases}
\qquad (5-50)
$$

经调研，企业将其提升为优等品所付出的成本为 $P = 17$ 元，根据优质优价策略，该产品可以在市场上以高出一般合格品 $Q = 36$ 元进行售卖。

（2）该品牌阀门壁厚的优等品标准界限确定过程如下。

①根据（1）中的参数，已经确定质量损失函数为：

$$L(Y) = 2.19 \cdot (Y - 8)^2 \tag{5-51}$$

②确定优等品的标准界限为：

$$\Delta_2 = \Delta_0 \cdot \sqrt{\frac{A_1 + P - Q}{A_0}} = 12 \cdot \sqrt{\frac{23 - 36 + 17}{316}} = 1.35 \text{mm} \tag{5-52}$$

则该品牌阀门壁厚的优等品标准界限为：

$$\begin{cases} \lim it_1 = 8 - 1.35 = 6.65 \text{mm} \\ \lim it_2 = 8 + 1.35 = 9.35 \text{mm} \end{cases} \tag{5-53}$$

## 5.3　基于改进质量损失函数的产品分级标准设计

为了更好地对分级产品进行容差设计，本书在传统质量损失函数的基础上进一步进行公式推导，构建分级产品质量损失函数，设计产品质量的分级标准。

### 5.3.1　望目特性情形下的分级标准设计方法

#### 5.3.1.1　望目特性分段质量损失函数

令 $y$ 表示产品质量特征，$y$ 的目标值表示为 $m$，当质量特征 $y$ 在目标值 $m$ 附近波动且波动性尽可能小时，$y$ 为望目质量特性。当 $y \neq m$ 时会发生损失，并且该损失随 $|y - m|$ 的增加而增加。质量特性 $y$ 的损失表示为 $L(y)$。假定 $0 < \Delta_1 < \Delta_2 < \Delta_3$，$\Delta_1$，$\Delta_2$，$\Delta_3$ 分别代表质量特征 $y$ 和目标值 $m$ 的三种典型偏差。当 $y = m$ 时，意味着产品质量特征和目标值相等，质量损失最小，可认为为零。当 $|y - m| \leq \Delta_1$ 时，产品为优等品。当 $\Delta_1 \leq |y - m| \leq \Delta_2$ 时，产品为

合格品，损失 $A_1$ 为选择合格品而非优等品造成的额外损失。当 $\Delta_2 \leqslant |y - m| \leqslant \Delta_3$ 时，产品为不合格品，损失为 $A_1 + A_2$，$A_2$ 为选择不合格品而非合格品造成的额外损失。当 $|y - m| > \Delta_3$ 时，产品丧失功能，此时的损失为 $A_3$，如图 5 - 7 所示。

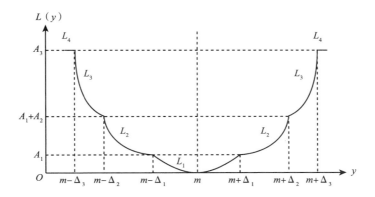

**图 5 - 7  基于分级质量损失函数的望目特性分级标准设计模型**

质量损失函数的公式如下：

$$L_i(y) = L_{0i} + K_i(y - m)^2, i = 1, 2, 3, 4 \qquad (5 - 54)$$

①当 $|y - m| \leqslant \Delta_1$ 时，可得：

$$\begin{cases} 0 = L_{01} + K_1(y - m)^2 \\ A_1 = L_{01} + K_1\Delta_1^2 \end{cases} \qquad (5 - 55)$$

解得：

$$\begin{cases} L_{01} = 0 \\ K_1 = \dfrac{A_1}{\Delta_1^2} \end{cases} \qquad (5 - 56)$$

则优等品的质量损失函数为：

$$L_1(y) = \frac{A_1}{\Delta_1^2}(y - m)^2 \qquad (5 - 57)$$

②当 $\Delta_2 \geqslant |y - m| > \Delta_1$ 时，可得：

$$\begin{cases} A_1 = L_{02} + K_2\Delta_1^2 \\ A_1 + A_2 = L_{02} + K_2\Delta_2^2 \end{cases} \quad (5-58)$$

可得：

$$\begin{cases} L_{02} = A_1 - \dfrac{A_2}{\Delta_2^2 - \Delta_1^2} \cdot \Delta_1^2 \\ K_2 = \dfrac{A_2}{\Delta_2^2 - \Delta_1^2} \end{cases} \quad (5-59)$$

因此，合格品的质量损失函数为：

$$L_2(y) = A_1 + \frac{A_2}{\Delta_2^2 - \Delta_1^2}[(y-m)^2 - \Delta_1^2] \quad (5-60)$$

③当 $\Delta_3 \geqslant |y-m| > \Delta_2$ 时，可得：

$$\begin{cases} A_1 + A_2 = L_{03} + K_3\Delta_2^2 \\ A_3 = L_{03} + K_3\Delta_3^2 \end{cases} \quad (5-61)$$

可得：

$$\begin{cases} L_{03} = (A_1 + A_2) - \dfrac{A_3 - A_1 - A_2}{\Delta_3^2 - \Delta_2^2} \cdot \Delta_2^2 \\ K_3 = \dfrac{A_3 - A_1 - A_2}{\Delta_3^2 - \Delta_2^2} \end{cases} \quad (5-62)$$

所以，不合格品的质量损失函数为：

$$L_3(y) = A_1 + A_2 + \frac{A_3 - A_1 - A_2}{\Delta_3^2 - \Delta_2^2}[(y-m)^2 - \Delta_2^2] \quad (5-63)$$

④当 $|y-m| > \Delta_3$ 时，可得：

$$L_4(y) = A_3 \quad (5-64)$$

这是超过 $A_3$ 的失效产品的质量损失函数。

综上可得产品分级的望目特性损失函数为：

$$L(y) = \begin{cases} \dfrac{A_1}{\Delta_1^2} \cdot (y-m)^2, & |y-m| < \Delta_1 \\[2mm] A_1 + \dfrac{A_2}{\Delta_2^2 - \Delta_1^2} \cdot [(y-m)^2 - \Delta_1^2], & \Delta_2 \geqslant |y-m| > \Delta_1 \\[2mm] (A_1 + A_2) + \dfrac{A_3 - A_1 - A_2}{\Delta_3^2 - \Delta_2^2} \cdot [(y-m)^2 - \Delta_2^2], & \Delta_3 \geqslant |y-m| > \Delta_2 \\[2mm] A_3, & |y-m| > \Delta_3 \end{cases}$$

$$(5-65)$$

#### 5.3.1.2　望目特性分段质量函数的分级标准设计方法

此时易得分级标准为:

$$\begin{cases} |y-m| \leqslant \Delta_1, 优等品 \\ \Delta_2 \geqslant |y-m| > \Delta_1, 合格品 \\ \Delta_3 \geqslant |y-m| > \Delta_2, 不合格品 \\ |y-m| > \Delta_3, 完全丧失功能 \end{cases}$$

$$(5-66)$$

### 5.3.2　望大特性情形下的分级标准设计方法

#### 5.3.2.1　望大特性分段质量损失函数

令 $y$ 表示产品质量特征,假定 $0 < \Delta_3 < \Delta_2 < \Delta_1$,对于望大特性的产品,质量特征越大,质量越好,产品级别越高。当 $y \geqslant \Delta_1$ 时,产品为第一级。当 $\Delta_2 \leqslant y < \Delta_1$ 时,产品位于第二级,且损失为 $A_1$。当 $\Delta_3 \leqslant y < \Delta_2$ 时,产品位于第三级,且损失为 $A_1 + A_2$。当 $y < \Delta_3$ 时,产品失效,且损失为 $A_3$,详见图 5-8。

望大特性的质量损失函数计算如下:

$$L_i(y) = L_{0i} + K_i \cdot \frac{1}{y^2}, i = 1,2,3,4 \qquad (5-67)$$

①当 $y \geqslant \Delta_1$ 时,可得:

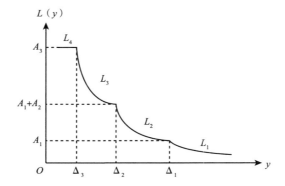

**图 5 - 8　基于分级质量损失函数的望大特性分级标准设计模型**

$$\begin{cases} 0 = L_{01} + K_1 \cdot \lim_{y \to \infty} \dfrac{1}{y^2} \\ A_1 = L_{01} + K_1 \cdot \dfrac{1}{\Delta_1^2} \end{cases} \quad (5-68)$$

解得：

$$\begin{cases} L_{01} = 0 \\ K_1 = A_1 \cdot \Delta_1^2 \end{cases} \quad (5-69)$$

则望大特性的优等品质量损失函数为：

$$L_1(y) = A_1 \Delta_1^2 \cdot \dfrac{1}{y^2} \quad (5-70)$$

②当 $\Delta_2 \leqslant y < \Delta_1$ 时，可得：

$$\begin{cases} A_1 = L_{02} + K_2 \cdot \dfrac{1}{\Delta_1^2} \\ A_1 + A_2 = L_{02} + K_2 \cdot \dfrac{1}{\Delta_2^2} \end{cases} \quad (5-71)$$

此时可得：

$$\begin{cases} L_{02} = A_1 - \dfrac{A_2}{\Delta_1^2 - \Delta_2^2} \cdot \Delta_2^2 \\ K_2 = \dfrac{A_2}{\Delta_1^2 - \Delta_2^2} \cdot \Delta_1^2 \Delta_2^2 \end{cases} \quad (5-72)$$

则合格品的质量损失函数为：

$$L_2(y) = A_1 + \frac{A_2 \cdot \Delta_2^2}{\Delta_1^2 - \Delta_2^2}\left(\frac{\Delta_1^2}{y^2} - 1\right) \tag{5-73}$$

③当 $\Delta_3 \leqslant |y - m| < \Delta_2$ 时，可得：

$$\begin{cases} A_1 + A_2 = L_{03} + K_3 \cdot \dfrac{1}{\Delta_2^2} \\[3mm] A_3 = L_{03} + K_3 \cdot \dfrac{1}{\Delta_3^2} \end{cases} \tag{5-74}$$

可得：

$$\begin{cases} L_{03} = (A_1 + A_2) - \dfrac{A_3 - A_1 - A_2}{\Delta_2^2 - \Delta_3^2} \cdot \Delta_3^2 \\[4mm] K_3 = \dfrac{A_3 - A_1 - A_2}{\Delta_2^2 - \Delta_3^2} \cdot \Delta_2^2 \Delta_3^2 \end{cases} \tag{5-75}$$

所以，不合格品的质量损失函数为：

$$L_3(y) = A_1 + A_2 + \frac{A_3 - A_1 - A_2}{\Delta_2^2 - \Delta_3^2} \cdot \Delta_3^2\left(\frac{\Delta_2^2}{y^2} - 1\right) \tag{5-76}$$

④当 $y < \Delta_3$ 时，可得：

$$L_4(y) = A_3 \tag{5-77}$$

这是失效产品的质量损失函数。

综上可得望大特性的产品分级质量损失函数，表达如下：

$$L(y) = \begin{cases} \dfrac{A_1}{\Delta_1^2} \cdot \dfrac{1}{y^2}, y \geqslant \Delta_1 \\[4mm] A_1 + \dfrac{A_2}{\Delta_1^2 - \Delta_2^2} \cdot \Delta_2^2 \cdot \left(\dfrac{\Delta_1^2}{y^2} - 1\right), \Delta_2 \leqslant y < \Delta_1 \\[4mm] (A_1 + A_2) + \dfrac{A_3 - A_1 - A_2}{\Delta_2^2 - \Delta_3^2} \cdot \Delta_3^2 \cdot \left(\dfrac{\Delta_2^2}{y^2} - 1\right), \Delta_3 \leqslant y < \Delta_2 \\[4mm] A_3, y < \Delta_3 \end{cases}$$

$$\tag{5-78}$$

**5.3.2.2 望大特性分段质量函数的分级标准设计方法**

此时易得分级标准为：

$$\begin{cases} y \geqslant \Delta_1, \text{优等品} \\ \Delta_2 \leqslant y < \Delta_1, \text{合格品} \\ \Delta_3 \leqslant y < \Delta_2, \text{不合格品} \\ y < \Delta_3, \text{完全丧失功能} \end{cases} \quad (5-79)$$

### 5.3.3 望小特性情形下的分级标准设计方法

**5.3.3.1 望小特性分段质量损失函数**

令 $y$ 表示产品质量特征，假定 $0 < \Delta_1 < \Delta_2 < \Delta_3$，对于望小特性的产品，$y = 0$ 时质量损失为零，为最小值。此外，特征值越低，产品质量越好，质量级别越高。当 $y \leqslant \Delta_1$ 时，产品为第一级。当 $\Delta_1 < y \leqslant \Delta_2$ 时，产品位于第二级，且损失为 $A_1$。当 $\Delta_2 < y \leqslant \Delta_3$ 时，产品位于第三级，额外损失为 $A_2$。当 $y > \Delta_3$ 时，产品失效，且损失为 $A_3$，详见图 5-9。

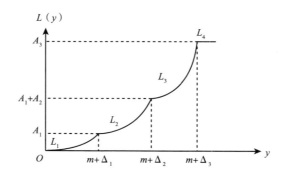

**图 5-9 基于分级质量损失函数的望小特性分级标准设计模型**

望小特性是目标值为零时的特殊望目特性，望小特性质量损失函数的图像是望目特性质量损失函数在目标值为零的情况下图像的右半部分。因此，我们可以通过令目标值为零，利用公式进行推导，可得：

$$L(y) = \begin{cases} \dfrac{A_1}{\Delta_1^2} \cdot y_1^2, & y < \Delta_1 \\[3mm] A_1 + \dfrac{A_2}{\Delta_2^2 - \Delta_1^2} \cdot (y^2 - \Delta_1^2), & \Delta_2 \geqslant y > \Delta_1 \\[3mm] (A_1 + A_2) + \dfrac{A_3 - A_1 - A_2}{\Delta_3^2 - \Delta_2^2} \cdot (y^2 - \Delta_2^2), & \Delta_3 \geqslant y > \Delta_2 \\[3mm] A_3, & y > \Delta_3 \end{cases}$$

$$(5-80)$$

### 5.3.3.2 望小特性分段质量函数的分级标准设计方法

此时易得分级标准为：

$$\begin{cases} y < \Delta_1, 优等品 \\ \Delta_2 \geqslant y > \Delta_1, 合格品 \\ \Delta_3 \geqslant y > \Delta_2, 不合格品 \\ y > \Delta_3, 完全丧失功能 \end{cases}$$

$$(5-81)$$

### 5.3.4 应用案例

考虑一种玻璃纤维 RLG 的情况，其中 $\alpha$ 表示作为其关键特征指标的化学成分的量。当 $\alpha \leqslant 0.40$ 时，认为产品不合格；随着 $\alpha$ 接近 1.00，产品的质量提高。根据类似产品的实际经验，我们确定原材料 A 会显著影响 $\alpha$。三种不同成本投入的 A 用于生产 RLG：低档材料 Al、中档材料 Am 和高档材料 Ah；级别对产品的安全性没有影响。与 Al 相比，Am 每吨 RLG 需要额外投资 800 美元，Ah 每吨需要额外投资 1500 美元。我们将所提出的质量损失函数模型应用于分级产品中选择原材料 A。

使用关键特征指标 $\alpha$ 可以将 RLG 分为三个等级。该产品 $\alpha \geqslant 0.75$ 为一级；$0.50 \leqslant \alpha < 0.75$ 为二级，每吨成本为 4500 美元；$0.40 \leqslant \alpha < 0.50$ 为三级，每吨附加成本为 600 美元。当 $\alpha < 0.40$ 时，产品失效，每吨成本为 9000

美元。

"$\alpha$ 越接近 1.00 表示质量越高" 这句话等同于 "$1-\alpha$ 是望小特性",则对应的质量损失函数表达如下：

$$L(\alpha) = \begin{cases} \dfrac{A_1}{(1-p_1)^2} \cdot (1-\alpha)^2, & 0 < 1-\alpha \leqslant 1-p_1 \\[3mm] A_1 + \dfrac{A_2}{(1-p_2)^2 - (1-p_1)^2} \cdot [(1-\alpha)^2 - (1-p_1)^2], & 1-p_2 \geqslant y > 1-p_1 \\[3mm] (A_1+A_2) + \dfrac{A_3-A_1-A_2}{(1-p_3)^2 - (1-p_2)^2} \cdot [(1-\alpha)^2 - (1-p_2)^2], & 1-p_3 \geqslant y > 1-p_2 \\[3mm] A_3, & 1-\alpha > 1-p_3 \end{cases}$$

$$(5-82)$$

它等同于：

$$L(\alpha) = \begin{cases} \dfrac{A_1}{(1-p_1)^2} \cdot (1-\alpha)^2, & p_1 \leqslant \alpha < 1 \\[3mm] A_1 + A_2 \cdot \dfrac{[2-(p_1+\alpha)](p_1-\alpha)}{[2-(p_1+p_2)](p_1-p_2)}, & p_2 \leqslant \alpha < p_1 \\[3mm] (A_1+A_2) + (A_3-A_1-A_2) \cdot \dfrac{[2-(p_2+\alpha)](p_2-\alpha)}{[2-(p_2+p_3)](p_2-p_3)}, & p_3 \leqslant \alpha < p_2 \\[3mm] A_3, & \alpha < p_3 \end{cases}$$

$$(5-83)$$

其中，$p_1 = 0.75$，$p_2 = 0.50$，$p_3 = 0.40$，$A_1 = 4500$，$A_2 = 600$，$A_3 = 9000$。将这些值代入，质量损失函数为：

$$L(\alpha) = \begin{cases} 72000(1-\alpha)^2, & \alpha \geqslant 0.75 \\[2mm] 4500 + 3200 \cdot (1.25-\alpha)(0.75-\alpha), & 0.50 \leqslant \alpha < 0.75 \\[2mm] 5100 + \dfrac{390000}{11} \cdot (1.50-\alpha)(0.50-\alpha), & 0.40 \leqslant \alpha < 0.50 \\[2mm] 9000, & \alpha < 0.40 \end{cases}$$

$$(5-84)$$

该函数现在可以应用于容差设计，具体如下所述。

（1）对于低等级材料 Al，根据四个独立的实验，本书测量关键质量特性 $\alpha$ 为 0.63、0.61、0.64 和 0.64，很明显，所有的产品都是合格品。因此，当使用 $L(\alpha) = 4500 + 3200(1.25 - \alpha)(0.75 - \alpha)$ 来计算平均质量损失时，可得：

$$
\begin{aligned}
\overline{L}(\alpha_{Al}) &= 4500 + 3200 \times \frac{1}{4} \sum_{i=1}^{4} (1.25 - \alpha_i)(0.75 - \alpha_i) \\
&= 4500 + 238.56 \\
&= 4738.56
\end{aligned}
\tag{5-85}
$$

其中，4500 是产品由优等品降到合格品的损失，238.56 是产品质量波动引起的损失。

（2）为了从四个独立的实验中选择一个中档材料 Am，本书可以测量关键质量特征 $\alpha$ 为 0.81、0.81、0.82 和 0.77，显然，所有产品都是优等品。使用损失函数 $L(\alpha) = 72000(1 - \alpha)^2$，平均质量损失为：

$$
\overline{L}(\alpha_{Am}) = 72000 \times \frac{1}{4} \sum_{i=1}^{4} (1 - \alpha_i)^2 = 2835
\tag{5-86}
$$

由于原材料 A 的质量提高，企业每吨产品必须投资约 800 美元，记为 $\Delta Z_1$。因此，选择 Am 而不是 Al 获得的净利润为：

$$
\begin{aligned}
\Delta L_1 &= \overline{L}(\alpha_{Al}) - \overline{L}(\alpha_{Am}) - \Delta Z_1 \\
&= 4738.56 - 2835 - 800 \\
&= 1103.56
\end{aligned}
\tag{5-87}
$$

结果表明，使用 Al 时 RLG 的质量损失大于使用 Am 时的质量损失。按照尽量减少产品质量损失的原则，Am 优于 Al。

（3）为了从四个独立的实验中选择一种高档材料 Ah，我们可以测量关键质量特性 $\alpha$ 为 0.80、0.81、0.79 和 0.82，所有产品均为优等品。当使用质量损失函数 $L(\alpha) = 72000(1 - \alpha)^2$ 时，平均质量损失为：

$$
\overline{L}(\alpha_{Ah}) = 72000 \times \frac{1}{4} \sum_{i=1}^{4} (1 - \alpha_i)^2 = 2746.8
\tag{5-88}
$$

在此情况下，企业每吨产品必须额外投资 1500 美元，记为 $\Delta Z_2$。因此，选择 Ah 而不是 Am 获得的净利润为：

$$
\begin{aligned}
\Delta L_1 &= \overline{L}(\alpha_{Am}) - \overline{L}(\alpha_{Ah}) - \Delta Z_2 \\
&= 2835 - 2746.8 - 1500 \\
&= -1411.8
\end{aligned} \tag{5-89}
$$

结果表明，对于输入的每吨原料 A，用 Ah 的 RLG 的质量损失比用 Am 的 RLG 的质量损失多 1411.8。遵循尽量减少产品质量损失的原则，Am 优于 Ah。所以，可得出结论，中等级别的材料 Am 是最优选择。

## 5.4 本章小结

标准决定质量，只有高标准才有高质量，高质量离不开高水平标准的支撑与引领，而基于质量损失函数的容差设计则是制定产品分级标准的有效手段。然而，面对工农业生产等行业中普遍存在的产品分级需求，现有的质量损失函数无法满足其对于容差设计的要求。为在工业生产中切实保障消费者利益、促进产品质量提升，必须按照优质优价的原则，将产品划分为与价格相对应的级别。

基于此，本书强调分级产品，在田口二次损失函数的基础上扩展了传统的质量损失函数，提出了基于传统质量损失函数的先进标准设计方法和基于分段质量损失函数的产品分级标准设计方法，分别建立望目、望大、望小特性对应的分级质量损失函数模型和标准设计方法。最后，通过案例来说明分级产品质量损失函数模型在分级产品最优容差设计中的应用；此外，还拓展讨论了在设计过程中选择不同等级材料的相关问题。

与原有的田口质量损失函数相比，改进后的分级产品质量损失函数在质量特征值与目标值的偏差不能小到可以忽略的情况下，克服了前者不充分的缺陷。原始的质量损失函数假设函数是无界的，即在偏差特别大时质量损失趋于无穷大，但与实际情况不符。同样，改进的质量损失函数更正了一致性。

改进后的质量损失函数在评估质量损失方面比原始质量损失函数更准确，这对生产和其他活动至关重要。

尽管在形式上看起来相似，但改进后的质量损失函数与分段质量损失函数有很大的不同。在分段质量损失函数中，为了更接近真实，整条平滑的质量损失曲线被分成许多不同的段，每段看起来都像是原始曲线的一部分。改进后的质量损失函数不仅将不同级别产品的质量损失看成不同的段，还考虑了不同级别之间的关系。

因此，分级质量损失函数可以解决分级产品的质量损失估算问题，这是原始田口质量损失函数和其他现有质量损失函数难以解决的问题。研究结果表明，改进的质量损失函数模型在分级产品的容差设计中表现出良好的可操作性，可以帮助企业通过高质优价的原则追求最优的经济效益。它不仅以科学的方法确定产品质量优等品和合格品的标准界限，减少主观评价的影响，实现定量研究；还有效克服了传统标准设计方法在容差设计上的狭隘性，能够科学合理地将产品分为优等品、合格品和不合格品三个等级，满足先进标准引领质量提升对产品质量分级的需求，推动市场产品质量的提升，提高消费者满意度。本书对于科学合理地制订先进技术标准、提升我国企业技术标准水平具有较强的实践指导意义。

# 第6章 基于"标准＋认证"的区域 公共质量品牌培育研究

标准是提升质量的主要工具，认证是实现品牌价值规范的形式之一。标准和认证在"德国制造""瑞士制造""日本制造"等区域品牌的塑造中发挥了至关重要的作用，高质量的区域品牌为它们赢得了国际竞争的话语权，提升了在全球价值链市场中的地位。借鉴国外成功经验，我国多地积极开展基于"标准＋认证"的区域质量品牌培育工作，如浙江"品字标"、"上海品牌"、山东"泰山品质"、"江苏精品"、内蒙古"蒙"字标等。本章在借鉴国际成功经验的基础上，深入剖析了"品字标浙江制造"区域公共质量品牌建设情况。

## 6.1 发达国家的成功经验

### 6.1.1 "德国制造"创造经济奇迹

在"德国制造"成为优质高端的代名词而被消费者追捧之前，德国制造的产品曾被冠上廉价低质、假冒伪劣的帽子。为保护英国经济免受来自德国的廉价、低质量、假冒产品的冲击，英国引入了"Made in"标签，并规定从德国进口的产品必须贴上"德国制造"的标签，发起对德国产品的抵制。自那以后，德国开始重视产品质量和品牌形象重塑。经过一百多年的努力，"德国制造"成为最受消费者欢迎的区域品牌，德国也成为拥有西门子（Siemens）、博世（Bosch）、拜耳（Bayer）、奔驰（Benz）等知名品牌的制造业强国和品牌大国。

回顾"德国制造"的发展历程，不难发现，其成功的原因是复杂多样的，但不可忽视的是，标准化战略发挥了举足轻重的作用，这也得到了学术界和实务界的广泛认同。德国标准化学会 2002 年的一项对比研究显示，德国的标准化投入和经济效益增长之间存在显著的正相关关系，标准化战略创造了德国国民经济 30% 以上的增长点，标准化使德国国民经济释放了巨大的经济效益。

德国标准化学会（DIN）是德国最具广泛代表性的标准化组织，也是德国最具影响力的标准制定机构，其业务范围覆盖工业生产、环境保护、公共卫生、消防安全、交通运输等与民众生产生活相关的众多领域，每年发布数以千计的行业标准，其中百分之八九十的标准被世界其他地区所采用。1971年德国标准化学会发展了第三方产品认证制度，并注册"DIN 检验和检查标志"，为认证合格的产品颁发证书；同时，该学会成立了联邦德国产品标志协会（DGWK）作为附属机构，主要负责开展符合 DIN 标准产品的第三方认证工作。公正、客观的质量认证和监督体系既保证了"德国制造"产品的高质量属性，又有效协调了国内企业间的不良竞争。完善的标准体系和严谨的认证制度对重塑"德国制造"的品牌形象产生了积极而持续的影响，为德国制造业确立在世界上的领先地位作出了突出贡献。

### 6.1.2 "法国制造"促进工业升级

为增强产品影响力、保障消费品质、促进制造业转型升级，2010 年法国将原产地制度延伸至制造业领域，鼓励法国大型工业企业普遍使用"法国制造"标签，大力推进"法国制造"品牌建设。

"法国制造"区域品牌采取政府推动设立、协会具体运行的组织模式运营，法国成立专门的协会负责"法国制造"区域品牌的运作管理。必维国际检验集团（Bureau Veritas）目前已颁布了大约 3000 张"法国制造"认证证书。"法国制造"认证要求企业在本国消耗一半以上的生产成本，保证生产效益最终归属于本国。"法国制造"还反映了产品的高品质属性，实物产品的设计、加工、装配等重要环节均被要求在法国完成，以确保产品的重要质量属性符合国家要求。

### 6.1.3 "日本制造"助推工业崛起

与德国相似，日本工业的发展也经历了一段从模仿到独创、从粗糙到精致的过程。第二次世界大战前后，"日本制造"是质量低劣的象征，其产品主要出现于世界各国地摊市场，但二战后 30 年左右，日本制造业成功转型，"日本制造"产品广受消费者信赖和喜爱。日本建立了严格的质量规范体系，企业自觉遵守法律法规，执行要求严格的生产和管理标准。根据张重和（2009）的分析，产品品质的提升对于改变"日本制造"的形象起到了关键作用，助推了日本工业的崛起。

综上所述，发达国家的成功经验表明，以"标准 + 认证"为手段的区域品牌培育具有现实的可行性，区域品牌和区域形象的塑造对于促进区域经济转型升级和提升区域竞争力具有重要意义。回顾德国、法国、日本等国的区域品牌发展过程，总结得出以下四点启示：一是区域品牌培育要以特定的产业为依托；二是标准、认证和品牌相互联结，标准和认证对于区域品牌培育有重要意义；三是要充分发挥中小企业在区域经济发展中的重要作用，尤其是龙头企业的引领作用，同时也要积极培育行业"单打冠军"和"隐形冠军"；四是要正确认识政府在区域品牌发展中的地位，科学合理地制定公共政策，有效发挥政府的引导作用。

## 6.2 我国各地的探索实践

通过借鉴和吸收美国、日本、德国等先进制造强国的成功经验，我国多地积极运用"标准 + 认证"的重要评定手段，打造符合当地特色的区域质量品牌。2014 年 9 月，浙江省政府率先在全国构建以"区域品牌、先进标准、

市场认证、国际认同"为核心的品牌建设制度体系，打造"品字标浙江制
造"区域质量品牌；2016 年，为强化标准"硬约束"，深圳对标国际通行做
法，打造城市高质量标准体系，推行"深圳标准"认证，树立先进标准标
杆，引导高品质产品生产和消费；同年，上海探索构建"上海品质"自愿性
认证制度，覆盖服务业、制造业、旅游购物、文化特色四大领域；2017 年，
广东省采用与国际接轨的先进标准作为认证标准，对符合高品质要求的广东
产品和服务进行认证；2018 年，山东省政府按照政府推动、企业自愿、标准
引领、市场运作的原则，积极打造"泰山品质"先进标准体系，实施"泰山
品质"认证，推动"泰山品质"品牌建设；2020 年，江苏探索建设"江苏
精品"标准体系，创新开展"江苏精品"认证，培育形成一批自主创新、品
质高端、服务优质、信誉过硬、市场公认的"江苏精品"品牌群体；同年，
内蒙古通过"高标准＋严认证＋强监管＋优服务"的方式，甄选内蒙古最优
质的农畜产品。此外，武汉等地的研究机构和政府单位也正在摸索构建适应
当地产业发展的标准体系和认证模式，试图创建全新的区域质量品牌。

### 6.2.1 浙江"品字标"

为解决浙江制造业在发展中暴露出的阶段性问题，中共浙江省委、浙江
省政府结合省域经济发展诉求，摸索出了一条具有浙江特色的产业发展改革
创新之路，最终将其凝练为"三强一制造"战略，其重要抓手就是打造"品
字标"区域公共品牌。2013 年，在充分借鉴"德国制造""瑞士制造"等经
验做法的基础上，浙江省提出了以"区域品牌、先进标准、市场认证、国际
认同"为核心的"浙江制造"公共品牌建设构想。2014 年 9 月，浙江省政府
出台《关于打造"浙江制造"品牌的意见》，积极推动以"品字标"为形象
标识的"浙江制造"公共品牌建设，综合发挥标准提档、质量提升、品牌提
效的组合效用，使之成为推动省域质量提升的重要引擎。

"品字标"品牌对引领浙江块状经济转型升级起到了积极的推动作用。
嵊州集成灶、台州智能马桶和泵阀产业、温州皮鞋、湖州木地板等行业经过
对标达标、品牌培育，整体竞争力显著增强，市场效益提升十分明显。

当前，"品字标"品牌建设已融入浙江各级政府产业高质量发展决策要素，省内各级政府将"品字标"标准作为经济发展抓手，不断释放产业高质量发展的改革效能。借助"品字标"品牌驱动，浙江企业的产品品质稳步提升，质量管理持续完善，质量标准人才不断充实，品牌赋能效应逐渐显现。

历经七年多的探索发展，社会各界研标、学标、用标热情高涨。截至2022年3月底，浙江省累计发布"品字标"标准2721项，累计认证"品字标"产品4040个，培育"品字标"企业2651家。其中，2021年新增"浙江制造"证书916张，国际合作证书66张。[①]

### 6.2.2 深圳标准

深圳标准是政府、社会团体、产业联盟和企业制定的有关经济、社会、城市、生态、文化发展和政府服务等各个方面的先进标准及规范的集合，是深圳质量的量化与规范。深圳标准认证是深圳市响应国家供给侧结构性改革要求提出的具体措施，秉持先行先试、勇于创新的精神，采用新型综合评价方法，将与消费体验相关的感官体验类指标作为产品质量评价的关键要素，通过先进性标准推动企业提质增效，为企业发展提供有效借鉴和参考，进一步提升相关行业的整体发展水平，有效提升深圳标准的整体品牌形象（王丽娟，2018）。

2014年，中共深圳市委、深圳市政府提出打造深圳标准，铸造深圳品牌，树立深圳信誉，提升深圳质量。2015年，深圳市政府以1号文发布《关于打造深圳标准构建质量发展新优势的指导意见》及行动计划，构建"大质量、大标准"体系，提出走一条标准先行、创新驱动、内生增长、绿色低碳的质量型发展新路。

深圳标准认证是由认监委批准、深圳市市场监管局主管推进，对高端产品和优质服务进行的认证活动；是借鉴国际通行做法，以"国内领先、国际一流"为标杆，以"创新引领，满足消费者高质量需求"为目标建立的高品

---

① 资料来源：浙江省市场监督管理局官微（https：//mp. weixin. qq. com/s/OLVM_D6HhRnFvG2-DMnGtnw）。

质认证制度（傅江平，2021）。

　　企业通过申请深圳标准认证，有效提升了标准水平，提高了产品和服务质量。深圳标准认证与国际先进标准对标，在不同的产品和服务领域树立标杆，对提升深圳质量起到积极的示范带动作用，同时也是提振消费者信心的质量保证。通过持续不断的探索和实践，"深圳标准"在多个领域的国际标准化方面取得突破，为深圳产业国际化发展提供了有力支撑。

### 6.2.3　"上海品牌"

　　"上海品牌"认证，以先进标准为引领，以合格评定为手段，致力于为全力打响"上海服务、上海制造、上海购物、上海文化"四大品牌以及"上海标准"提供科学的评价方式和有效的技术支撑，服务上海品牌建设。

　　"上海品牌"认证。定位于"国内领先、国际一流"，以海派文化的国际性、包容性、引领性为内涵，以质量、创新、品牌、技术、管理为核心，塑造品质卓越、技术领先、管理科学的自主品牌形象，全力打响"四大品牌"和"上海标准"，持续扩大高品质服务和产品供给，推动高质量发展、创造高品质生活。

　　"上海品牌"认证标准体系，由上海市地方标准《上海品牌评价通用要求》和系列认证技术标准组成。通用要求主要明确"上海品牌"认证的定位、原则、基本要求等内容，用于评价自愿申请认证的各类品牌组织是否为"优秀组织"；技术标准主要用于评价申请认证的产品、服务等项目的标准水平是否达到"国内领先、国际一流"的水平。

　　"上海品牌"认证制度。采用国际通行的合格评定方式，由获得 CNAS 认可的第三方认证机构对产品和服务依据标准进行市场化的评价。目前已有15 家国内外知名认证机构组成上海品牌国际认证联盟，作为"上海品牌"认证体系建设与实施的平台。

### 6.2.4　"广东优质"

　　2017 年 3 月，为提升广东产品和企业的整体品质形象和竞争力，推动广东省由工业大省向工业强省、制造大省向制造强省、品牌大省向品牌强省迈进，广东就开展"广东优质"品牌建设工作提出《关于推进"广东优质"品牌建设的指导意见》。自此，坚持企业自愿原则，以认证和标准为主要手段，广东正式实施"广东优质"品牌培育工程。

"广东优质"是以国际先进质量水平为标杆，对符合高标准、高品质要求的广东产品和服务进行认证，通过持续性和整体化培育，形成集质量、技术、服务、信誉于一体，市场与社会公认的区域综合认证品牌，有助于树立广东产品和服务的整体形象，促进广东经济整体发展质量和微观产品服务质量"双提升"。

在标准体系构建方面，实施"广东优质"标准提升工程，逐步形成"广东优质"高标准体系，并与国外先进标准接轨。具体地，制订"广东优质"管理标准，统一规范"广东优质"在追求卓越、关注绿色、聚焦精品等方面的基本要求；制订一系列国际先进、国内一流、拥有自主知识产权的"广东优质"产品、服务标准；推行企业产品和服务标准自我声明公开和监督制度，提升企业执行标准水平；加大对国际标准和国外先进标准的跟踪、比对、评估和转化力度，同时鼓励获认证企业主导和参与国际、国内先进标准的制（修）订。

在认证开展方面，按照"企业申请＋第三方认证＋政府监管＋社会认可"的思路，建立"广东优质"认证模式，构建区域认证制度，形成市场与社会公认的区域综合品牌，鼓励国内外符合条件的认证机构开展"广东优质"认证，认证结果实现国际互认，推动"广东优质"认证走向世界。

2018年，广东基本建立"企业申请＋第三方认证＋政府监管＋社会认可"的品牌培育、发展和保护机制，"广东优质"标准体系基本完善，"广东优质"认证制度得到市场认可，质量认证的国际互认取得成效。2020年，"广东优质"品牌培育、发展和保护机制进一步健全，100个左右品牌形象突出的产品和服务通过认证；认证产品和服务100%采用国内领先、国际一流标准，100%拥有自主知识产权；自主品牌出口比重大幅提升，市场占有率处于同行业领先水平。

### 6.2.5 "泰山品质"

为促进供给侧结构性改革和推动产品、服务品牌高端化,山东推出"泰山品质"认证,通过联盟认证形式推动"泰山品质"品牌建设工作。打造"泰山品质"先进标准体系,实施"泰山品质"高端认证,推进"泰山品质"质量品牌建设,对于山东的制造业和服务业由山东制造向山东创造转变、山东速度向山东质量转变、山东产品向山东品牌转变具有重要意义。

2018 年 5 月 9 日,经国家认监委批准,由山东省质量技术监督局授权,引入国际通行的第三方认证评价机制,依托认证机构的联盟组织开展认证评价活动的"泰山品质"认证联盟在济南成立。2019 年以来,山东省认真落实《山东省人民政府印发关于加强质量认证体系建设促进全面质量管理的实施方案的通知》精神,以促进质量品牌高端化为核心,大力推动开展"泰山品质"高端特色认证工作。"泰山品质"认证是以对标国际先进标准为基础,在农产品、日用消费品、装备制造、服务等领域开展的自愿性产品认证和服务认证。"泰山品质"认证的对象是能够代表山东诚实守信、品质卓越、具有持续创新和市场竞争力的特色、优势产品和服务。通过"泰山品质"联盟认证的产品和服务,可以在产品和认证证书上同时使用"泰山品质"标志和认证机构的认证标志,获得"泰山品质"认证联盟及成员认证机构双认证,并给予奖励(王明昊等,2019)。

### 6.2.6 "江苏精品"

2020 年江苏省市场监督管理局打造江苏省地方特色的区域公共品牌项目——"江苏精品",在检测、标准、认证等方面探索了区域公共品牌建设工作的创新模式(朱南等,2021)。

"江苏精品"是代表江苏产业特点,质量达到国内领先、国际先进水平,具有较高的品牌引领和示范作用,社会满意度高的产品及服务,是整体反映和综合体现江苏企业和产品先进性形象的区域公共品牌,具有"高端、大气、上档次、很满意"的内在要求，其主要评选范围在制造业和服务业。打造"江苏精品"的核心是提高质量和核心竞争力，适时引入国际通行的合格评定方式，创新开展"江苏精品"认证，培育高端品牌，把"江苏精品"打造成"中国品牌"的标杆，推动江苏经济高质量发展（郭宁，2019）。

近年来，江苏省深入推进国家标准化综合改革试点工作，建设好实体经济特别是先进制造业相关领域的标准体系，主导和参与制定国际标准74项、国家标准5700余项，抢占标准"话语权"，不断提升产业影响力和凝聚力；大力实施"标准化＋"江苏科技、江苏制造、江苏服务等行动，放大"标准化＋"效应，推动标准化工作融入经济社会发展各个领域。

2020年，江苏省出台《关于打造"江苏精品"品牌推动高质量发展的意见》，成立"江苏精品"国际认证联盟，为全面打造、提升、培育"江苏精品"提供有力支撑。2021年9月出炉首批品质卓越、管理先进、服务优良、市场公认的"江苏精品"。

### 6.2.7 内蒙古"蒙"字标

内蒙古在充分借鉴"品字标""深圳制造"等经验做法的基础上，从自治区的特色优质农畜产品入手，策划开展"蒙"字标认证，将质量管控布局到产品的全生命周期中，确保推出各类品牌的产品质量过硬、品质优良，打造内蒙古区域公共品牌。

"蒙"字标以"蒙"字图形为标识，经过"高标准＋严认证＋强监管＋可追溯＋优服务"等系统规范的管控，旨在"打造具有国际竞争力的区域公用品牌"，创新建立"五大体系"，即标准体系、制度体系、产业体系、质量链体系和推广体系，构建全面、系统、科学的"蒙"字标认证平台（严思佳，2020）。

"蒙"字标从设计之初，就建立了"通用地方标准＋认证产品团体标准"的"1＋N"标准模式，以高标准筛选全区最高端农畜产品。截至2020年，内蒙古已选定9家具备国内外认证资质的机构，成立"蒙"字标认证联盟。在综合研究评定的基础上，按照"分步实施、分类指导、试点示范、渐次推进"的原则，优先确定了农、畜、林草 3 个方面 9 类产品为第一批"蒙"字标认证产品。同时，制定了 10 项产品认证团体标准，并选取各行业 18 家优质企业先行先试，开展"蒙"字标认证工作。

## 6.3 "品字标浙江制造"的典型模式解析

2014 年，浙江省在全国率先构建以"区域品牌、先进标准、市场认证、国际认同"为核心的"品字标"品牌建设体系。近年来，浙江省"品字标"公共品牌建设制度日趋完善，累计发布"浙江制造"标准 2700 余项，培育"品字标浙江制造"企业 2600 多家。"标准＋认证"的创新做法被纳入《浙江省国家标准化综合改革试点工作方案》，报国务院领导同意，由国家市场监督管理总局通报推广。江苏、山东、内蒙古、山西等纷纷学习借鉴，"品字标"品牌建设成为浙江省"重要窗口"的典型案例。

本节重点解析浙江如何构建先进的标准体系、创新特色的认证制度以培育"品字标浙江制造"品牌，并围绕产业基础、培育手段、参与主体等要素从品牌形象、品牌培育、品牌运作三个维度对"品字标浙江制造"区域质量品牌的发展模式进行了分析，同时还从信号传递、行为约束、互认互信的角度解读了"品字标浙江制造"的品牌认证机制。

### 6.3.1 "品字标浙江制造"品牌形象分析

浙江是我国的制造业大省，其产业发展呈现"小企业、大集群"的块状经济特点。浙江省相当一批产业和产品的市场占有率、出口规模位于全国前列，但总体来看，浙江的制造业仍处于全球产业链和价值链的中低端，存在着自主创新能力不强、产品同质化竞争严重、质量效益不够理想等诸多现实问题，浙江省的制造业亟待转型升级。事实上，浙江虽属制造业大省，却为品牌"小"省，浙江省以民营企业、中小企业为主，其品牌意识较为薄弱、自主创新能力较弱、创牌难度较大，导致区域内知名品牌不多，区域形象有待提升。在此背景下，浙江省提出打造"浙江制造"区域公共品牌，推动浙江经济转型升级发展。

"品字标"区域质量品牌建设初期阶段围绕制造业开展，设计品牌标识包含"浙江制造"字样。2019年1月18日，浙江省市场监管局发布 DB33/T 944.1–2018《"品字标"品牌管理与评价规范第1部分：管理要求》，将"品字标"品牌进行了产业延伸，设计使用新版"品字标"统一品牌标识。自此，"浙江制造"品牌全面升级为涵盖更多领域的"品字标"品牌，原标识调整为"品字标浙江制造"认证标志，如图6–1所示。

**图6–1 "品字标浙江制造"品牌标识**

资料来源：浙江省品牌建设联合会（http：//www.zhejiangmade.org.cn/Web/About.aspx）。

"品字标浙江制造"区域质量品牌建设是浙江省加快向制造业强省、品牌强省转变，改善浙江制造业整体水平和形象的重要举措，对于提升浙江制造业企业和产品在全球价值链市场中的竞争力有重要意义。"品字标浙江制造"本质为区域性公共品牌，其内核为先进、品质、服务、信誉，以先进标准和创新认证为基础的"品字标浙江制造"品牌企业和产品代表了浙江制造业的先进性。

### 6.3.2 "品字标浙江制造"培育手段分析

"品字标浙江制造"区域质量品牌培育以先进标准和创新认证为主要手段，通过起草发布"国内一流、国际先进"的"品字标浙江制造"产品标准，鼓励企业执行相应标准并通过第三方认证或自我声明的方式获得品牌授权，使得一批高品质、高附加值的浙江产品集聚产生品牌效应。以下各部分将分析浙江如何构建先进的标准体系、创新特色的认证制度来实现"品字标浙江制造"品牌培育。

### 6.3.2.1 先进的标准体系

品质是品牌的核心与灵魂，在质量问题日益受到消费者关注的今天，产品品质更是成为一个品牌争取市场占有率、获得市场认可的重要考量因素。发达国家的成功经验和我国国内的探索实践，都在努力通过制定高要求的标准、实施规范化的认证，不断提升和保障产品及服务质量，为品牌建设奠定坚实的品质基础。

为了满足"品字标浙江制造"高品质的定位和要求，浙江省构建了由三个系列标准组成的标准体系，包括定位为好企业的 A 标准、定位为好产品的 B 标准以及定位为好服务的 C 标准，三种标准的对比见表 6-1。

表 6-1 "品字标浙江制造"标准体系不同标准对比

| 类别 | 标准编号及名称 | 标准构成 | 标准分类 | 主要内容 | 应用场景 |
|---|---|---|---|---|---|
| A 标准 | DB33/T 944.1-2018 品字标品牌管理与评价规范 | 由通用要求、评价要求构成 | 地方标准 | 从质量、创新、产业协同、社会责任等方面提出认证组织所需达到的基本条件 | 用于品牌管理机构开展品牌管理与监督保护；用于企业开展自我评价、自我声明及第三方评价等 |
| B 标准 | T/ZZB XXX-YEAR | 由针对不同产品的一系列标准构成 | 团体标准、技术标准 | 对产品的技术要求、试验方法、检验规则等提出明确的要求和规范 | 用于指导产品研发设计、生产制造、试验检验等；用于企业开展自我评价、自我声明及第三方评价 |
| C 标准 | DB33/T 2221-2019 "品字标浙江制造"品牌服务评价要求 | 由评价要求等构成 | 地方标准 | 从质量、价格、投诉处理等方面提出认证组织的服务要求，旨在提升消费者对品牌的信心和信任 | 用于指导产品服务评价；用于规范 B 标准中"质量承诺"部分的要求；用于企业开展自我评价、自我声明及第三方评价 |

资料来源：浙江省政务服务网（http：//www.hangzhou.gov.cn/art/2019/8/31/art_1228974803_41003611.html）、浙江省标准化研究院（http：//www.zis.org.cn/Item/3235.aspx）。

A标准为面向企业的管理标准，以质量管理体系、环境管理体系、职业健康安全管理体系以及卓越绩效评价准则为主要框架，在质量、创新、产业发展、社会责任等方面对企业提出了严格的要求，所有通过第三方认证的企业均保持质量管理水平、持续创新能力、产业协同发展、社会服务能力的高水准，奠定了"品字标浙江制造"品牌的品质基础。

B标准为面向产品的技术标准，"品字标浙江制造"产品标准全面覆盖国内现行的强制性标准要求，并充分对标国际，产品生产以国内一流、国际先进为定位。"品字标浙江制造"产品对标国际先进标准，对于国际上有同类产品的，充分参考并采用国际标准，要求生产技术达到国际先进水平，对于国际上没有同类产品的，则要求生产技术达到国内一流水平。

"品字标浙江制造"产品标准遵循全生命周期产品品质最优化原则，产品均体现精巧的设计、优质的选材、精密的生产、精细的服务等要求，全方位地保证产品的高品质属性。围绕瞄准国际先进技术水平这一要求，依据产品全生命周期管理理念，"品字标浙江制造"标准对企业的生产技术能力、装备制造水平、服务保障能力等提出了标杆性要求：首先，在产品设计层面，企业必须具备雄厚的技术实力、掌握核心技术的知识产权，能够保障产品的高端设计和优质供给；其次，为保证标准化生产和可持续性运营，企业既要严苛控制关键原材料及零部件的材料要求、规格尺寸、质量指标，又要争取生产工艺、生产装备、过程控制和质量监测等方面的严谨性、先进性和智能化；最后，落实到服务保障上，企业和产品的质量保障、服务承诺也必须承担相应的社会责任，体现品牌的素质。由此，"品字标浙江制造"的高品质先进性不仅体现在狭义的产品质量上，也包含技术自主、服务优质等特征。

C标准为面向企业和产品的服务管理标准，标准进一步明确和细化了B标准中"质量承诺"部分的要求，从企业诚信自律、产品质量安全与承诺、服务资源与过程、消费投诉处理机制等方面对"品字标浙江制造"产品提出了更高的要求，旨在提升消费者对"品字标浙江制造"的认可和信心。

### 6.3.2.2 创新的认证制度

认证是品牌实现价值规范的重要方法和手段，它能够满足四个方面的需要：一是较好地满足企业享受品牌正外部效应的需求，鼓励企业增强品牌建设能力，有助于企业抢占市场、创造利润；二是较好地满足政府规范市场发展秩序的需要，通过认证可以树立市场标杆，营造良性竞争的有序市场环境；三是较好地满足行业自律健康发展、产业竞争力不断提升的需要；四是较好地满足消费者降低多样化市场中选择成本的需要。

浙江省创新性地提出了一种特色的认证制度。"品字标浙江制造"认证既要求企业产品具有先进性，又要求企业管理的先进性和绩效表现的优异性。在产品层面，"品字标浙江制造"认证实施国内一流、国际领先、拥有自主知识产权的先进产品标准；在管理层面，"品字标浙江制造"认证对企业提出管理成熟度要求，而非通常的质量保证能力或质量管理体系要求。此外，认证企业还需具备拥有自主核心技术、具有卓越品质和优质服务、具备突出产业带动能力、具有良好信用和社会责任四个特征。由此，可以发现，"品字标浙江制造"认证有别于通常意义上的产品认证和体系认证，它同时具备产品认证和体系认证的特征；"品字标浙江制造"标识既是产品识别标识，又是企业识别标识。在这个意义上，"品字标浙江制造"认证可以被理解为一种品牌认证。

"品字标浙江制造"认证统一产品目录、认证标准和认证标识，是对企业管理体系成熟程度、产品性能水平高低、生产技术先进程度等的一种评价，企业通过第三方认证或自我声明获取"品字标浙江制造"品牌授权，并接受社会监督，第三方认证流程如图6-2所示。

通过对照"品字标浙江制造"产品标准、《"浙江制造"认证实施细则》及《"品字标"品牌管理与评价规范》等，申请认证的企业先进行自我评价，符合要求后可向认证机构提出书面申请。浙江制造国际认证联盟成员机构依据《"浙江制造"认证实施细则》开展第三方认证，策划安排产品检验和现场审核，其中，产品检验依据为"品字标浙江制造"产品标准，现场审核依据为《"品字标"品牌管理与评价规范》。通过第三方认证后由认证机构向企业颁发认证证书，企业依据《"品字标"品牌标识使用管理办法》《"品字标"品牌标识使用手册》《"品字标"品牌标识使用授权申请及自我声明》等文件要求使用和管理认证证书和品牌标志，并接受第三方和

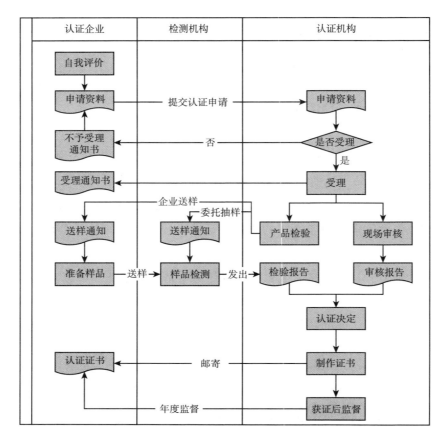

**图 6 - 2  "品字标浙江制造"的第三方认证流程**

资料来源：方圆标志认证集团浙江有限公司. 认证流程 ［EB/OL］. http：// www. cqmzj. com/ zhejiangmade.

政府的监督。

"品字标浙江制造"还积极推进国际认证合作。浙江制造国际认证联盟中有不少成员机构为"一带一路"沿线国家提供认证或检测服务。例如，CVC 威凯是厄瓜多尔政府电磁炉采购项目指定的产品符合性认证机构，是沙特阿拉伯政府认可的 SASO 认证机构，也是海湾国家指定的电源适配器 GC 标志认证机构；德国 TUV NORD 集团在欧洲、亚洲及中东等地区的 70 多个国家设有超过 150 家分支机构；万泰为东南亚、中亚、欧洲等 20 多个国家开展认证服务。此外，为扩大"品字标浙江制造"区域品牌的影响力，浙江致力于增强"品字标浙江制造"认证结果的采信和互认,努力推进"品字标浙江制造"与 3C 认证的深度融合。

在深度推进市场认证的同时,为简化"品字标浙江制造"品牌的授权方式,浙江省允许企业通过"自我声明"的方式获得"品字标浙江制造"品牌的授权。具体地,三年内企业未发生严重违法失信行为的、五年内申报产品未发生严重质量问题的,在承诺履行"品字标浙江制造"品牌服务评价标准并公开声明后,即可申请获得品牌授权。

综上所述,借鉴德国、日本等国家的成功经验,浙江省以先进的标准体系和创新的认证制度为主要手段,创建"品字标浙江制造"品牌并组织开展培育活动。标准通过认证服务于市场;市场通过认证对标准提出新要求,认证推动标准实施、促进标准完善,如图 6 - 3 所示。

**图 6 - 3　以"标准 + 认证"为手段的区域品牌培育**

## 6.3.3　"品字标浙江制造"组织模式分析

### 6.3.3.1　企业居于主体地位

区域品牌的形成有赖于特定的产业集群,而产业集群表现为区域内的众多企业依托某种资源形成地理空间上的集聚。从这个意义上讲,区域品牌的创建既取决于区域内的每一家集群企业,又受集群企业之间相互关系的影响。因此,在区域品牌的发展过程中,必须明确企业的主体地位,充分调动企业参与积极性、激发企业主观能动性。同时,积极协调企业间关系,增强企业间信任,强化企业间协作,促进企业间信息共享和利益分享,减少非必要的过度竞争,提升区域整体竞争优势和品牌影响力。

"品字标浙江制造"品牌建设坚持市场主导，充分发挥市场在资源配置中的决定性作用，强化企业的主体地位，激发企业创牌内生动力。回顾"品字标浙江制造"发展，企业的主体地位突出地反映在以下三个方面。

第一，企业是"品字标浙江制造"标准的制定主体和采纳主体。对于"品字标浙江制造"标准体系而言，企业可以作为起草单位主导或参与"品字标浙江制造"标准的制定和修订，也可以作为标准的采纳方，依据"品字标浙江制造"标准组织和开展管理、生产、服务活动。事实上，就标准体系而言，无论是定位为好企业的 A 标准还是定位为好产品的 B 标准和定位为好服务的 C 标准，实施主体均是区域内的制造业企业。

第二，企业是"品字标浙江制造"认证的执行主体。企业可以对照"品字标浙江制造"产品标准、《"浙江制造"认证实施细则》及《"品字标"品牌管理与评价规范》等，进行自我评价，向浙江制造国际认证联盟成员机构提出申请认证，接受第三方机构的现场审核、评价和监督。

第三，企业是"品字标浙江制造"品牌的使用主体及受益主体。企业是"品字标浙江制造"建设的直接参与者和投入者，同时也是区域品牌的关键代理人和正外部效应的直接受益者。企业可以自愿申请并通过第三方认证或自我声明执行"品字标浙江制造"标准来获取品牌授权，使用"品字标浙江制造"品牌标识宣传企业和产品，为企业创造利润。

### 6.3.3.2 政府发挥引导和扶持作用

自 2013 年起，中共浙江省委、浙江省政府相继出台和发布了多项指导文件，如《关于实施"浙江制造"认证工作的指导意见》《关于扶持"浙江制造"品牌发展的意见》《关于打造"浙江制造"品牌的意见》《"浙江制造"品牌建设三年行动计划（2016～2018 年）》，各有关部门、省内各地级市政府积极联动，全面推进"品字标浙江制造"品牌建设工作。总结政府的战略制定和政策实施，"品字标浙江制造"的政府行为主要包括以下三个方面。

（1）远景规划。

从战略规划上，浙江省政府首先高度重视"品字标浙江制造"品牌建设，"质量强省、标准强省、品牌强省及浙江制造"连续六年被写入省政府工作报告。省政府制定了具体的"品字标浙江制造"品牌建设目标，并将其纳入下辖各级政府的工作考核评价体系。

（2）政策引导。

人才队伍建设方面。一方面，浙江省政府鼓励"品字标浙江制造"品牌企业引进高素质人才，同时给予引进的人才和引进人才的企业相应的政策奖励。另一方面，对"品字标浙江制造"品牌企业的员工教育和培训经费做出规定。

科学技术建设方面。浙江省政府在各类技术平台建设、装备制造提升方面的政策不断向"品字标浙江制造"品牌企业倾斜，旨在推动"品字标浙江制造"品牌企业技术进步。如，对于符合条件的"品字标浙江制造"品牌企业创建省级重点企业研究院、省级企业技术中心的，给予优先考虑；对于符合条件的"品字标浙江制造"品牌企业申报协同制造试点示范方案等创新项目评选的，给予加分考虑；对于通过"品字标浙江制造"认证或自我声明执行"品字标浙江制造"标准的产品，在省优秀工业新产品（新技术）、省装备制造业首台（套）产品评价中给予加分。

（3）政策扶持。

品牌培育方面。浙江省政府各部门对积极开展"品字标浙江制造"建设工作且取得显著成绩的地区给予更高额度的专项资金支持，鼓励各地大力开展"品字标浙江制造"品牌企业、产品培育；对于满足要求的"品字标浙江制造"品牌企业，优先考虑将其纳入"培育知名企业、知名品牌、知名企业家"的"三名"培育工程试点行列。

市场拓展方面。浙江省政府大力支持"品字标浙江制造"品牌企业对接知名零售终端企业和运营平台，积极推进"浙江名品进名店"示范工程建设工作，并在天猫、政府采购云平台等开设"品字标浙江制造"精品展销馆，拓宽品牌产品销售渠道；在中国义乌国际小商品（标准）博览会、中国—中东欧国家博览会暨国际消费品博览会等国内外知名展会上设置"品字标浙江制造"主题展区，加大"品字标浙江制造"品牌产品推介力度，并鼓励支持"品字标浙江制造"品牌企业参加展会，在展位布置和安排方面给予优先保障和资助，拓宽企业贸易洽谈渠道。

金融信贷方面。浙江省政府支持银行等为符合条件的"品字标浙江制造"品牌企业扩大借贷款授信额度，鼓励金融机构创新金融产品和服务，推进商标权质押贷款等新型信贷业务，拓宽"品字标浙江制造"品牌企业的融资渠道；鼓励"品字标浙江制造"品牌企业参保首台（套）重大技术装备质量保证保险、产品责任保险等专属性质保险，提升企业风险防范和化解能力。同时，浙江省政府在"品字标浙江制造"品牌企业并购、上市等方面也给予大力扶持，如：优先考虑"品字标浙江制造"品牌企业列入上市后备企业名单，对于开展兼并重组、对外并购的"品字标浙江制造"品牌企业给予相应的优惠政策，支持"品字标浙江制造"品牌企业通过借壳上市、并购上市等方式实现上市。

政府采购方面。将"品字标浙江制造"认证产品和自我声明执行"品字标浙江制造"标准产品列入"浙江制造精品"名单，将"品字标浙江制造"认证产品和自我声明执行"品字标浙江制造"标准产品纳入政府采购、政府及国有企业投资优先考虑名单，扩大"品字标浙江制造"品牌产品在公共采购和工程建设项目中的应用。

总结可知，政府对"品字标浙江制造"区域品牌发展的作用可以概括为引导和扶持两个方面。所谓引导，是指政府通过各种手段直接影响区域品牌发展。政府通过制度、政策、法规等工具和手段创建良好的政策环境、制度环境，规范及保护区域品牌；通过区域治理战略制定、品牌发展远景规划、市场主体培育等引导区域品牌发展；通过基础设施建设、公共服务供给等营造有利的产业环境。扶持则是指政府通过政策等形式影响其他主体行为从而间接影响区域品牌发展。政府通过专项基金、金融信贷优惠、政府采购营销、创奖及奖励制度等形式和方式积极扶持地方、产业和企业开展及参与区域品牌建设。

### 6.3.3.3　协会发挥沟通和管理作用

自 2014 年国家认监委同意并支持浙江采信第三方认证结果以来，浙江积极开展"品字标浙江制造"品牌产品认证工作。浙江省吸纳、联合美国 UL、德国 TÜV、瑞士 SGS、法国 BV、中国方圆标志等十四家国内外权威认证机构成立浙江制造国际认证联盟组织开展 "品字标浙江制造" 认证活动。认证联盟以实现 "一次认证、多国证书" 为目标积极开展国际认证合作与沟通，致力于 "品字标浙江制造" 品牌的国际认可。截至 2018 年 5 月底，浙江制造国际认证联盟已帮助近 200 家 "品字标浙江制造" 企业获得 300 余张认证证书，其中包括近 60 张国际合作认证证书。① 由此，"品字标浙江制造" 产品可快速进入印度、韩国、马来西亚、俄罗斯等 20 余个 "一带一路" 国家和地区的市场，大大降低了 "品字标浙江制造" 产品出口海外的技术风险。

2016 年，由浙江省标准化研究院牵头，联合浙江大学、浙江省质量技术审查评价中心等单位共同发起成立浙江制造品牌建设促进会（现更名为浙江省品牌建设联合会），联合会属于非营利性第三方社会组织，主要负责推进 "品字标浙江制造" 品牌建设管理工作，研究机构、高等院校、检验检测和认证机构、企业等均可自愿申请成为会员单位。浙江省品牌建设联合会具体开展 "品字标浙江制造" 标准的起草与发布、"品字标浙江制造" 产品的认证与监督、"品字标浙江制造" 品牌的培育与保护等工作，旨在通过制标准、提质量、施认证等方式建立制造业品牌化发展标杆、树立 "品字标浙江制造" 品牌、促进浙江制造业转型升级。

综上所述，影响 "品字标浙江制造" 区域品牌发展最关键的利益主体主要有三类——企业、政府和协会，三类主体对于区域品牌发展的职责和作用各有侧重。根据吴水龙等（2010）提出的区域品牌创建模式，"品字标浙江制造" 的组织模式为以企业为主导的轮轴式，该模式下三大关键利益主体对于品牌发展的责任划分如图 6 - 4 所示。

### 6.3.4 "品字标浙江制造" 认证机制分析

"品字标浙江制造" 是以浙江省制造业为产业基础，以标准和认证为培育手段，以企业为主体、政府发挥引导和扶持作用、协会发挥沟通和管理作

---

① 资料来源：佚名. 浙江颁发 "品字标" "一带一路" 认证证书［J］. 上海质量，2018（6）：1.

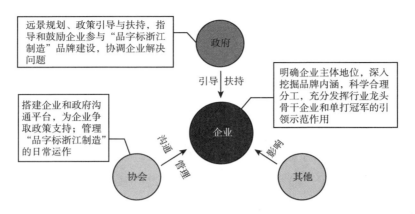

图 6 - 4　以企业为中心的轮轴式区域品牌运作模式

用的一个区域公共品牌。从认证的角度看，可以从以下三个方面理解"品字
标浙江制造"区域质量品牌。

### 6.3.4.1　质量信号传递机制

"品字标浙江制造"认证是一种质量信号传递机制，有助于促进品牌识
别。菲尔斯等（Fares et al.，2018）研究表明，品牌与认证标签信号策略之
间存在着明显的互动效应。认证提供了特定品牌产品的可见证据，这种可见
性赋予了认证信号属性，有助于直接促进品牌的识别（Nelson，1970）。同
时，认证也为信息过多的客户带来好处，降低了消费者的搜索成本，减轻了
决策的认知负担（Starr and Brodie，2016），间接促进品牌识别。

"品字标浙江制造"认证实现价值的基本路径是区域内企业采用高要求
的标准，通过第三方认证机构的合格评定后获得相应的认证授权，并在包装
或产品上展现认证标识，最终这些标识成为消费者对比和衡量产品质量属性
的重要线索。在这一过程中，认证以质量信号的身份，促进了区域品牌的
识别。

### 6.3.4.2　企业行为约束机制

"品字标浙江制造"认证是一种约束机制，能够有效规范市场中的企业

行为。对公共品牌的管理而言，"搭便车"、机会主义等是常见的风险（王兴元和朱强，2017；马向阳等，2014），原因之一在于企业缺乏一种内在的约束力以及公共市场难以形成有效的引导机制（王彦勇和胡宁，2017）。

"品字标浙江制造"的认证制度形成了相对有效的自我约束和第三方监督，有助于区域品牌的维护与管理。首先，就"品字标浙江制造"认证而言，认证依据的标准从质量、创新、产业协同、社会责任等方面对企业提出了具体明确的管理要求，以严格的标准条款规范企业的生产和管理，限制不符合条件的企业申报，鼓励行业龙头企业和隐形冠军积极参与认证，以准入门槛的形式来约束。而更重要的，在"品字标浙江制造"的认证制度中，还设置了一种退出机制——认证机构对其认证的"品字标浙江制造"品牌产品会进行跟踪监督检查，对于不能持续符合认证要求的企业和产品，要求暂停使用认证标志直至撤销认证证书并予公布。由此，认证的权威性和有效性形成了对企业的强有力约束，不给予企业任何冒机会主义风险的机会。同时，公开的认证退出名单，也警示企业规范生产和管理，出于维护正面的企业形象的需要，企业往往也会加强内在约束。

此外，当第三方认证作为一种被普遍接受的形式受到关注时，企业自我声明在"品字标浙江制造"的实践中也正在被推广和应用。相较于传统的第三方认证，自我声明的形式更灵活简便，也对企业的自我约束和社会监督提出了更高的要求。

### 6.3.4.3 国际互认信任机制

"品字标浙江制造"认证是一种信任机制，是品牌产品拓展海外市场的通行证。出于保护本国企业和消费者的立场，认证往往以技术性贸易壁垒的形式活跃在国际舞台，相对地，对认证的有效利用也可以使之成为一种贸易便利化的工具。"品字标浙江制造"以标准国际互认拓展海外市场，有助于打开品牌的国际知名度，提升全球影响力。"品字标浙江制造"品牌的国际化认证为国外用户提供信任，减少了产品出口的技术风险和市场壁垒，打通了国际、国内两个市场，有助于提升浙江产品在全球供应链中的价值地位。

## 6.4　本章小结

　　本章在总结德国、日本等制造强国的成功经验和我国深圳、江苏、山东等地的探索实践的基础上，重点对基于"标准＋认证"的"品字标浙江制造"区域质量品牌的发展模式进行了解析。

　　"品字标浙江制造"是以浙江省制造业为产业基础，以标准和认证为培育手段，以企业为主体、政府发挥引导和扶持作用、协会发挥沟通和管理作用的一个区域公共品牌，其发展模式总结如图6-5所示。

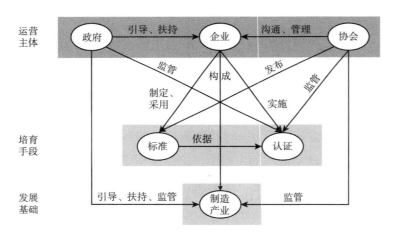

**图6-5　"品字标浙江制造"品牌的发展模式**

　　开展"品字标浙江制造"区域质量品牌培育是实现浙江省向制造业强省、品牌强省转变的重要举措。"标准＋认证"是"品字标浙江制造"品牌的重要抓手。浙江省通过构建"好产品＋好企业＋好服务"的先进标准体系，塑造高品质的产业形象和区域形象；通过"第三方认证/企业自我声明＋政府监管"的创新认证模式和公共品牌授权方式促进区域质量品牌价值的实现；通过"一次认证、多国证书"的认证结果采信和互认打通国际、国内两个市场，提升浙江产品在全球供应链中的价值地位。

　　"品字标浙江制造"区域质量品牌是创新质量治理、推进质量全民共建的深刻实践。企业、政府和协会是影响"品字标浙江制造"区域质量品牌发展最关键的利益相关方。"品字标浙江制造"的品牌组织模式为以企业为中心的轮轴式，企业在区域质量品牌培育过程中居于绝对主体地位，具体表现为：企业是"品字标浙江制造"标准的制定主体和采纳主体，是"品字标浙江制造"认证（或企业自我声明）的实施主体，是"品字标浙江制造"品牌的使用主体和受益主体；政府以远景规划、金融信贷优惠、政府采购示范等形式在"品字标浙江制造"品牌发展中发挥引导和扶持作用；浙江制造国际认证联盟和浙江品牌建设联合会在"品字标浙江制造"品牌发展中发挥沟通和管理作用。

# 第7章 区域公共质量品牌建设的企业 参与意愿及决策行为研究

企业是区域公共质量品牌的关键代理人，承担着将品牌的外部影响转化为企业内部行为的重要职能，企业的主观能动性对于区域质量品牌的成功至关重要。因此，研究如何提高企业参与区域质量品牌培育的积极性十分必要（张月义等，2020）。

本章在计划行为理论的基础上提出一个影响企业参与基于"标准＋认证"的区域质量品牌培育的意愿与决策行为的模型，并阐述两个基本研究问题：（1）哪些因素对企业参与区域质量品牌培育的意愿产生影响；（2）这些因素如何进一步影响企业决策行为。具体地，以计划行为理论为分析框架，从行为态度、主观规范、知觉行为控制、政府支持等方面分析企业参与动机，构建影响企业参与区域质量品牌培育的决策行为的假设和预测模型，并随机抽取"品字标浙江制造"的相关企业为样本进行实证研究，运用 PLS – SEM 方法对其进行检验，并就相关结果展开讨论。

## 7.1 计划行为理论

计划行为理论（TPB）是社会心理学领域关于态度行为关系研究最广为接受和认可的理论之一，它为研究个体的参与意愿和决策行为的关系提供了清晰的逻辑思路。根据计划行为理论的观点，意愿直接影响行为，同时意愿也受态度、主观规范和知觉行为控制等其他因素的影响。积极的态度、高水平的主观规范、高强度的知觉行为控制有助于形成强烈的意愿。在阿耶兹（Ajzen）提出计划行为理论后的 20 多年里，该理论得到了广泛应用，并为大多数研究结果所支持，证实它确实具有较好的解释力与预测力。因而，计划行为理论广受学者们的青睐，并被广泛地应用于多个学科领域，如环境科学（万亚胜等，2017；张文彬和李国平，2017）、企业经济（林叶，2016；谷丽等，2018）、市场营销（徐敬俊，2018）等。

在计划行为理论以往的研究中，学者们多以消费者（Paul et al.，2016；甄杰等，2017）、农户（侯博等，2015；陈丽华等，2016；汪文雄等，2017）、用户（杨翾等，2016）等作为研究对象。虽然 TPB 理论是基于个体态度与行为关系的研究而提出的，但企业作为行为主体，其行为的内在逻辑与个体应当具有相似性（林英晖等，2016），故计划行为理论也可作为企业层面行为研究的理论依据。大量研究也证实，计划行为理论不仅在个人意愿与行为的预测中有较好的效果，在企业行为的解释中也具有适用性（王玉龙和丁文锋，2011；吴林海等，2011；李柏洲等，2014）。在计划行为理论的应用中，也曾有不少学者质疑行为态度、主观规范和知觉行为控制是否足以充分说明行为主体的意愿，并尝试在理论模型中增加新的变量以期增强模型的解释力，如考虑过去行为对当前意愿和实际行为变化的作用（梅强等，2013），补充预期后悔等变量对意愿的预测（王良秋等，2015）。当然，理论模型的扩展会因选取研究对象的不同而有所差异。

基于以上认识，本章在计划行为理论的基础上提出影响企业参与基于"标准 + 认证"的区域质量品牌培育的意愿与决策行为的模型，并阐述两个基本研究问题：（1）哪些因素对企业参与区域质量品牌培育的意愿产生影响；（2）这些因素如何进一步影响企业决策行为。

## 7.2　研 究 模 型 与 假 设

### 7.2.1　参 与 意 愿 和 决 策 行 为

计划行为理论认为，行为意向是决定和预测行为的重要因素。徐建中和曲小瑜（2014）研究证实，企业的行为意愿对企业决策行为有直接驱动作用。此外，冯长利等（2013）关于意愿影响供应链企业间知识共享的研究，也表明意愿对企业的行为具有正向作用，这与计划行为理论的观点一致。由此判断，企业的参与意愿确实会影响企业的决策行为。

区域质量品牌培育的企业参与涉及参与意愿与参与行为两个层次。企业的参与意愿反映企业决策群体对参与区域质量品牌培育作出理性判断后表现出的行为意向。企业的参与行为包括企业的参与决策行为、资源利用行为、管理运作行为等，其中，参与决策行为是资源利用行为和管理运作行为的先行动作，指决策群体评估企业内外部环境后作出的参与与否的决策。

在基于"标准＋认证"的区域质量品牌培育过程中，标准起草与采用及认证申请与实施是企业参与区域质量品牌培育最关键的两个环节。因此，就企业参与基于"标准＋认证"的区域质量品牌培育而言，企业的参与意愿表现为企业参与标准起草、标准采用、标准认证的动机，基于企业参与意愿对其决策行为的导向性作用，企业的动机性越强，其支持标准制定的可能性和发挥标准认证影响力的倾向性越强，参与区域质量品牌培育的可能性就越大。据此提出以下假设。

H7 - 1：企业参与区域质量品牌培育的意愿越强烈，其采取参与决策的可能性越大。

## 7.2.2  行为态度和参与意愿、决策行为

根据计划行为理论，行为态度是行为意愿的重要预测变量，行为主体对某项活动的态度越积极，其行为意愿越强烈。行为主体对行为结果发生可能性的期望以及对行为结果积极或消极属性的预期共同构成其对某一行为的总体态度。当行为主体对行为活动及结果产生正面期望和预期时，将产生积极的行为态度，当形成负面期望和预期时则产生消极的行为态度。

从经济理性的角度看，追求利益最大化是企业行动的最终目的。一方面，当企业预期区域质量品牌在整合区域资源、促进区域产业发展等方面能够发挥正面作用时，企业对区域质量品牌的认知会更积极；另一方面，当企业认为参与区域质量品牌培育能够促进企业共享区域优势资源和品牌效应、提高企业经

营绩效和市场增收时，其对参与本身的态度也会更积极。由此，进一步地，其参与区域质量品牌培育的意向和决策倾向越明确，参与行为发生的概率越大。

在基于"标准 + 认证"的区域质量品牌培育的情境下，企业的行为态度表现为对采用先进标准和实施品牌认证的积极或消极评价以及参与该区域质量品牌培育可能给企业带来的效益的期望。企业评价越积极、期望价值越高，其参与区域质量品牌培育的积极性越强烈。基于上述分析提出以下假设。

H7 – 2a：企业对区域质量品牌培育的态度越积极，其参与意愿越强烈；

H7 – 2b：企业对区域质量品牌培育的态度越积极，其采取参与决策的可能性越强烈；

H7 – 2c：企业参与区域质量品牌培育的意愿在其态度对决策行为的影响中起中介作用。

### 7.2.3　主观规范和参与意愿、决策行为

主观规范反映的是于行为主体有重要意义的他人或团体对行为主体决策的影响，表现为执行某一特定行为时行为主体主观感知到的社会压力。区域质量品牌的形成和发展是一个众多利益相关方参与的管理过程。消费者、同行竞争者、政府等利益相关方的行为都是影响企业参与区域质量品牌培育的规范压力来源。

消费者通过消费偏好对企业的选择决策施加影响，以买方市场优势使企业迫于压力而做出某些决定，如消费者对产品质量提出的更高要求倒逼企业采用更先进的标准以满足市场需求。

在包含市场共性的竞争环境中，市场重叠程度较高的竞争双方，若一方率先执行某种行为并取得成功，竞争的另一方存在采取"跟随策略"的可能性，因此，从企业的压力感知来看，其决策行为也会受到竞争者参与的影响。

企业的生存兴旺与政府组织有着莫大的联系，地方政府在区域经济发展中占据绝对强势地位，政府凭借资源优势使企业对其产生依赖性，这种依赖性常常使企业为获得认可和支持而不得不遵从来自政府的正式或非正式压力。

可见，企业感知的市场压力、竞争压力、资源依赖压力越大，主观规范

水平越高，对其决策的影响越大。根据上述观点及推断作出以下假设。

H7 - 3a：企业的主观规范水平越高，其参与区域质量品牌培育的意愿越强烈；

H7 - 3b：企业的主观规范水平越高，其采取参与区域质量品牌培育决策的可能性越大；

H7 - 3c：企业参与区域质量品牌培育的意愿在其主观规范对决策行为的影响中起中介作用。

### 7.2.4 知觉行为控制和参与意愿、决策行为

知觉行为控制又称感知行为控制，是行为主体感知到的采取某种特定行为的难易程度，反映了行为主体预期从事某行为可能面临的阻碍或促进因素以及行为主体对阻碍或促进因素的控制能力。徐建中和曲小瑜（2015）对装备制造企业技术创新行为影响因素的研究结果表明，技术创新知觉行为对技术创新意愿有正向作用，且技术创新知觉行为对技术创新行为也有直接的正向影响。该研究结论也证实了在企业层面上，知觉行为控制对意愿和决策行为的影响。

由此推衍，在基于"标准 + 认证"的区域质量品牌培育的情境下，企业对内部资源、能力等是否足以支撑其起草和采用先进标准及实行品牌认证的评估很大程度上决定企业的参与积极性和决策倾向性。企业对自身控制能力的感知越积极意味着其知觉行为控制越强，则其积极参与区域质量品牌培育的倾向性越强。由此提出以下假设。

H7 - 4a：企业的知觉行为控制越强，其参与区域质量品牌培育的意愿越强烈；

H7 - 4b：企业的知觉行为控制越强，其采取参与区域质量品牌培育决策的可能性越大；

H7 - 4c：企业参与区域质量品牌培育的意愿在其知觉行为控制对决策行为的影响中起中介作用。

### 7.2.5 政府支持和参与意愿、决策行为

区域品牌发展是区域内不同的利益主体共同传播一致的区域信息、共同

支持一致的区域目标、共同履行一致的区域承诺的过程，这离不开政府的引导和协调。对于区域质量品牌培育而言，政府的外在作用显著大于市场内生力量，政府的主观偏好与政策导向对区域品牌的发展方向、发展速度和持续水平有重要的影响。战略制定、政策引导、规范约束是区域品牌发展中政府施加影响的重要渠道，政府在为企业提供政策扶持、资金支持以及营造良好市场环境、驱动服务升级等方面发挥着不可替代的作用。

企业参与区域质量品牌培育，为公共品牌发展提供资源势必增加企业自身的运营成本，而积极的政府政策如奖励补贴、金融信贷优惠等可从其他方面为企业提供补偿，降低企业参与成本，进而增强企业参与区域品牌建设的积极性。区别于主观规范中提到的政府认可，这里提出的政府支持主要指政府在企业参与区域品牌建设过程中提供的培育、奖励、扶持等助力性活动，于企业而言，更强调的是一种机会可获得性。综上所述，提出以下假设。

H7 - 5a：企业获得的政府支持越多，其参与区域质量品牌培育的意愿越强烈；

H7 - 5b：企业获得的政府支持越多，其采取参与区域质量品牌培育的决策可能性越大；

H7 - 5c：企业参与区域质量品牌培育的意愿在政府支持对决策行为的影响中起中介作用。

根据以上理论分析，本书以计划行为理论为基本框架，提出影响企业参与基于"标准+认证"区域质量品牌培育的意愿与决策行为的研究模型，如图 7 - 1 所示。

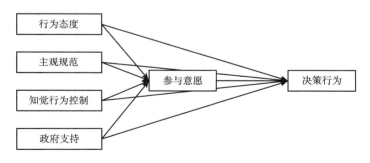

**图 7 - 1 影响企业参与意愿与决策行为的理论模型**

# 7.3　研究设计与方法

## 7.3.1　样本收集

自 2014 年以来，经过六年左右的发展，"品字标浙江制造"区域质量品牌建设已经取得了阶段性成效。截至 2021 年 9 月，浙江已有 1596 家企业获得"品字标"认证证书 2396 张，获得国际认证证书 265 张。[①] 为了解浙江省制造企业参与"品字标浙江制造"的意愿与决策行为，本书设计了相关调查问卷并实施了调研，具体问卷见附录 A。

在正式调查前，本书作者在第十三届义乌小商品（标准）博览会上对部分参与"品字标浙江制造"建设的企业进行了预调查，并根据预调查实际效果对问卷进行了完善。为了确保问卷的填写质量、提高问卷调查的有效性，最终调查委托浙江省品牌建设联合会展开，且全程跟踪每个地区的问卷收集情况。调查累计回收问卷 313 份，其中有效问卷 260 份，有效样本涉及杭州、宁波、舟山、金华等全省 11 个行政区域的 260 家企业。调查样本的描述性统计结果见表 7 - 1。

## 7.3.2　变量测量

本章的研究模型是基于计划行为理论的分析框架提出的，对于观测变量的理解和测量题项的设计主要参考阿耶兹（Ajzen）发表的《TPB 测量：概念和方法上的考虑》。测量形式主要采用李克特五级量表。自变量包括行为态度、主观规范、政府支持以及知觉行为控制，前面 3 个自变量分别采用了 4 个题项进行测量，知觉行为控制变量由 3 个题项进行测量；参与意愿为中介变量，由 3 个题项完成测量；决策行为为因变量，由 3 个题项进行测量。

---

① 资料来源：浙江省市场监督管理局官微（https：//mp. weixin. qq. com/s/oNjM34Oi5ksUnsdOp9 UR7Q）。

表 7 − 1　　　　　　　　　　　　　　　样本的描述性统计结果

| 样本特征 | 特征类别 | 数量（家） | 比例（％） | 样本特征 | 特征类别 | 数量（家） | 比例（％） |
|---|---|---|---|---|---|---|---|
| 行政区域 | 杭州 | 68 | 26.2 | 企业性质 | 个人独资 | 83 | 31.9 |
| | 宁波 | 9 | 3.5 | | 国有 | 12 | 4.6 |
| | 温州 | 8 | 3.1 | | 合伙 | 51 | 19.6 |
| | 嘉兴 | 16 | 6.2 | | 外资 | 8 | 3.1 |
| | 湖州 | 10 | 3.8 | | 其他 | 106 | 40.8 |
| | 绍兴 | 25 | 9.6 | 行业领域 | 设备制造业 | 46 | 17.7 |
| | 金华 | 34 | 13.1 | | 计算机、通信和其他电子设备制造业 | 19 | 7.3 |
| | 衢州 | 9 | 3.5 | | 仪器仪表制造业 | 9 | 3.5 |
| | 舟山 | 40 | 15.4 | | 汽车制造业 | 17 | 6.5 |
| | 台州 | 33 | 12.7 | | 电气机械和器材制造业 | 21 | 8.1 |
| | 丽水 | 8 | 3.1 | | 医药制造业 | 9 | 3.5 |
| 企业规模 | 大型 | 82 | 31.5 | | 纺织、服装业 | 14 | 5.4 |
| | 中型 | 98 | 37.7 | | 橡胶和塑料制品业 | 15 | 5.7 |
| | 小型 | 70 | 26.9 | | 家具制造业 | 15 | 5.8 |
| | 微型 | 10 | 3.8 | | 其他 | 95 | 36.5 |

### 7.3.3　数据处理

　　结构方程模型在分析潜变量之间的复杂关系方面具有较大优势，因此在管理学、社会学等社会科学领域的研究中有着广泛的应用面。本章探讨的行为态度、参与意愿等变量均属于不可观测变量，故数据处理采用结构方程模型方法。

　　与基于协方差矩阵的结构方程模型（CB – SEM）相比，基于偏最小二乘的方法（PLS – SEM）在处理问题建模方面更具优势，故在社会科学的研究中为越来越多的学者所关注。出于有效问卷的数量及数据的正态性等考虑，本章采用 PLS – SEM 分析变量间关系，使用的统计软件为 SmartPLS 3.0。

# 7.4　实证结果与讨论

## 7.4.1　测量模型评价

测量模型主要用于描述观测变量及其相应构面之间的关系。本章的测量模型由反映型指标构成，其信效度评价指标为组合信度、收敛效度和区别效度。与传统的克隆巴赫系数相比，组合信度更符合 PLS – SEM 算法的基本原理，它反映了观测变量间的内在一致性，C. R. 值大于 0.7 而小于 0.9 表示测量模型较可靠。收敛效度通过外部载荷和平均方差变异量进行评估，外部载荷大于 0.7 或平均方差变异量大于 0.5 时，表明测量模型具有较好的收敛效度。区别效度用以描述某构面与其他构面的差异性，在 PLS – SEM 中，弗奈尔 – 拉克准则和交叉载荷验证是区别效度的主要评价方法，本章采用弗奈尔 – 拉克准则进行分析，平均方差变异量大于构面相关系数的平方则表明潜变量之间存在区别。测量模型的评价结果见表 7 – 2 和表 7 – 3，表明该测量模型具有较好的信度和效度。

表 7 – 2　　　　　　　　　　信度和效度评价结果

| 变量 | 测量题项 | 因子载荷 | Cronbach's alpha | C. R. | AVE |
|---|---|---|---|---|---|
| 行为态度 | BA1 | 0.79 | 0.842 | 0.894 | 0.678 |
| | BA2 | 0.816 | | | |
| | BA3 | 0.848 | | | |
| | BA4 | 0.839 | | | |
| 主观规范 | SN1 | 0.855 | 0.874 | 0.914 | 0.726 |
| | SN2 | 0.836 | | | |
| | SN3 | 0.87 | | | |
| | SN4 | 0.846 | | | |
| 知觉行为控制 | PBC1 | 0.864 | 0.767 | 0.865 | 0.682 |
| | PBC2 | 0.863 | | | |
| | PBC3 | 0.745 | | | |

续表

| 变量 | 测量题项 | 因子载荷 | Cronbach's alpha | C. R. | AVE |
|------|----------|----------|------------------|-------|-----|
| 政府支持 | GS1 | 0.787 | 0.807 | 0.874 | 0.634 |
| | GS2 | 0.795 | | | |
| | GS3 | 0.765 | | | |
| | GS4 | 0.835 | | | |
| 参与意愿 | Inv1 | 0.822 | 0.787 | 0.876 | 0.701 |
| | Inv2 | 0.843 | | | |
| | Inv3 | 0.847 | | | |
| 决策行为 | Perf1 | 0.836 | 0.737 | 0.851 | 0.656 |
| | Perf2 | 0.791 | | | |
| | Perf3 | 0.802 | | | |

注：C. R. 表示组合信度，AVE 指平均方差变异量。

表 7 - 3　　　　　　　　　　弗奈尔 - 拉克准则依据

| 变量 | 行为态度 | 主观规范 | 知觉行为控制 | 政府支持 | 参与意愿 | 决策行为 |
|------|----------|----------|--------------|----------|----------|----------|
| 行为态度 | *0.824* | | | | | |
| 主观规范 | 0.782 | *0.852* | | | | |
| 知觉行为控制 | 0.411 | 0.444 | *0.826* | | | |
| 政府支持 | 0.626 | 0.668 | 0.493 | *0.796* | | |
| 参与意愿 | 0.701 | 0.763 | 0.587 | 0.678 | *0.837* | |
| 决策行为 | 0.587 | 0.647 | 0.583 | 0.689 | 0.716 | *0.810* |

注：加粗的斜体字为平均方差变异量 AVE 的平方根。

## 7.4.2　结构模型估计

结构模型估计是通过回归分析得到的，如果变量之间存在高度相关性，它们的值和显著性将受到偏差的影响。当方差膨胀因子大于 5 时，认为模型存在共线性，表 7 - 4 的方差膨胀因子计算结果表明该结构模型中不存在共线性问题。

表 7 – 4　　　　　　　　　　　　共线性检验结果

| 测量题项 | VIF | 测量题项 | VIF |
|---|---|---|---|
| BA1 | 1.646 | PBC1 | 1.702 |
| BA2 | 1.928 | PBC2 | 1.725 |
| BA3 | 2.168 | PBC3 | 1.406 |
| BA4 | 2.052 | Inv1 | 1.539 |
| GS1 | 1.609 | Inv2 | 1.790 |
| GS2 | 1.644 | Inv3 | 1.685 |
| GS3 | 1.569 | SN1 | 2.179 |
| GS4 | 1.831 | SN2 | 2.107 |
| Perf1 | 1.550 | SN3 | 2.326 |
| Perf2 | 1.373 | SN4 | 2.129 |
| Perf3 | 1.506 | | |

注：VIF 表示方差膨胀因子。

首先分析模型的间接效应，检验结果见表 7 – 5。行为态度（$\beta = 0.085$，$p = 0.010$）、政府支持（$\beta = 0.085$，$p = 0.002$）、知觉行为控制（$\beta = 0.159$，$p = 0.000$）对决策行为的间接效应显著，认为参与意愿在上述变量对决策行为的影响中发挥中介作用，假设 H7 – 2c、H7 – 4c、H7 – 5c 成立；主观规范（$\beta = 0.080$，$p = 0.247$）对决策行为的间接效应不显著，认为不存在中介效应，假设 H7 – 3c 不成立，即参与意愿在主观规范对决策行为的影响中不显著。

表 7 – 5　　　　　企业参与意愿及决策行为研究的显著性检验结果

| 效应类型 | 系数（$\beta$） | 标准误 | $T$ 值 | $p$ 值 | 结果 |
|---|---|---|---|---|---|
| 间接效应 | | | | | |
| 行为态度→参与意愿→决策行为 | 0.085 | 0.033 | 2.579 | 0.010 ** | 支持 |
| 主观规范→参与意愿→决策行为 | 0.054 | 0.032 | 1.675 | 0.095 | 不支持 |
| 知觉行为控制→参与意愿→决策行为 | 0.159 | 0.034 | 4.675 | 0.000 *** | 支持 |
| 政府支持→参与意愿→决策行为 | 0.085 | 0.027 | 3.118 | 0.002 ** | 支持 |
| 直接效应 | | | | | |
| 行为态度→决策行为 | 0.081 | 0.064 | 0.062 | 0.951 | 不支持 |
| 行为态度→参与意愿 | 0.210 | 0.077 | 2.738 | 0.006 ** | 支持 |

| 效应类型 | 系数（$\beta$） | 标准误 | $T$ 值 | $p$ 值 | 结果 |
|---|---|---|---|---|---|
| 政府支持→决策行为 | 0.206 | 0.062 | 1.940 | 0.053 | 不支持 |
| 政府支持→参与意愿 | 0.210 | 0.058 | 3.651 | 0.000 *** | 支持 |
| 参与意愿→决策行为 | 0.405 | 0.069 | 5.842 | 0.000 *** | 支持 |
| 知觉行为控制→决策行为 | 0.501 | 0.058 | 5.885 | 0.000 *** | 支持 |
| 知觉行为控制→参与意愿 | 0.393 | 0.048 | 8.159 | 0.000 *** | 支持 |
| 主观规范→决策行为 | 0.080 | 0.064 | 0.406 | 0.685 | 不支持 |
| 主观规范→参与意愿 | 0.134 | 0.072 | 1.853 | 0.064 | 不支持 |

注：* 表示 $p < 0.05$，** 表示 $p < 0.01$，*** 表示 $p < 0.001$。

根据该中介效应分析程序，当直接效应显著时，参与意愿起部分中介作用，反之属完全中介。由表 7 – 5 所示的直接效应检验结果可以判断，知觉行为控制（$\beta = 0.501$，$p = 0.000$）所在的路径为部分中介，政府支持（$\beta = 0.206$，$p = 0.053$）、行为态度（$\beta = 0.081$，$p = 0.273$）所在的路径为完全中介。

此外，表 7 – 5 的检验结果还显示，主观规范对参与意愿的影响不显著，但行为态度、政府支持、知觉行为控制对参与意愿以及参与意愿对决策行为有正向影响，因此假设 H7 – 3a 不成立，假设 H7 – 2a、H7 – 4a、H7 – 5a 及 H7 – 1 得到验证。

# 7.5  本章小结

## 7.5.1  结论分析

本章以浙江省制造业企业为调研对象，对企业参与基于"标准 + 认证"的区域质量品牌培育的意愿与行为进行了分析。研究提出，行为态度、主观规范、知觉行为控制和政府支持会影响企业的参与意愿和决策行为，同时参与意愿在以上因素对决策行为的影响中存在中介效应。

PLS – SEM 实证结果表明：（1）计划行为理论在区域质量品牌培育的企

业参与意愿和决策行为方面具有一定的解释力。行为态度、知觉行为控制等通过参与意愿的正向中介作用影响企业的决策行为。(2) 主观规范对于决策行为的作用不是绝对的。在"品字标浙江制造"的区域质量品牌发展实践中，主观规范对企业决策行为的影响不显著，消费者、同行竞争者等造成的规范压力对企业参与的驱动作用较小，这也验证了邓新明等（2021）的研究，竞争者只有在从感知到行动，有反击的动机，并且有回应的能力时才会做出对应选择。(3) 政府支持对企业参与意愿有显著影响。就浙江企业参与"品字标浙江制造"区域质量品牌培育而言，相比市场驱动，政府的利益让渡和优惠政策对企业的引导作用更为显著，这与大多数区域品牌发展的研究结果具有相似性。

### 7.5.2 管理启示

企业是区域质量品牌的关键代理人，承担着将品牌的外部影响转化为企业内部行为的重要职能，企业的主观能动性对于区域质量品牌培育的成功至关重要。从现实层面看，本章研究为如何有效驱动企业积极参与基于"标准 + 认证"的区域质量品牌培育尤其是"品字标浙江制造"区域品牌建设提供了实践启示。

我国区域品牌建设的企业参与，并非完全的经济理性行为，相比于市场驱动，政府引导发挥着更重要的作用。因此，要想提高企业参与基于"标准 + 认证"的区域质量品牌培育的积极性，政府部门应合理发挥其资源优势，完善奖励补贴、减租降税等政策。政府在资助奖补、学习培训、政府采购等方面提供的诸多支持，可以从资金、技术等层面为企业解决后顾之忧，有助于降低企业参与风险与成本。

企业既是区域品牌的主要构建者，也是区域品牌发挥市场效益时最大的受益者，企业的参与受到其预期和期望的影响。政府部门可以通过宣传培训等手段加强对先进标准和品牌认证有用性及区域品牌参与价值的推介，帮助企业克服认知和大局观上的局限，引导企业的参与决策。

区域质量品牌发展的过程是社会网络中的众多利益相关方相互影响、相互制约的过程，企业参与受到来自消费者、政府、同行竞争者的压力约束。政府部门一方面可以通过强化消费者对认证标识的识别和对区域品牌的信任，引导消费者的偏好选择，进而倒逼企业参与基于"标准＋认证"的区域质量品牌培育；另一方面可以发挥政府的政策导向作用，通过构建愿景、营造氛围等手段培育行业规范，以政府公信力和影响力吸引企业参与基于"标准＋认证"的区域质量品牌培育。

# 第8章 "品字标浙江制造"企业绩效水平评价

为了了解和把握"品字标浙江制造"绩效水平，本书围绕经济效益、市场绩效、持续创新、质量水平、社会效益五个维度构建了"品字标浙江制造"企业绩效评价指标体系，具体包括资产总额、主导产品/服务全国市场占有率、R&D 经费投入占比、顾客满意度、财政税收等十余个正向指标和万元产值综合能耗等负向指标。进一步地，依据专家打分和层次分析法确定各指标的权重，根据功能系数法分别对各指标作无量纲化处理；同时通过加权平均求得综合绩效指数从整体角度对"品字标浙江制造"企业的综合绩效指数进行比较评价。绩效指数分析结果表明，总体上看，"品字标浙江制造"企业综合绩效指数趋势向好发展，经济效益不断凸显，市场绩效有序提升，创新活力逐步激发，质量水平显著增强，社会效益稳中有升。

## 8.1 绩效评价体系构建

为最大限度地客观评价"品字标浙江制造"企业绩效表现，本书遵循科学系统性、可操作性、定量定性相结合、层次性和独立性等原则设计企业绩效评价指标，并咨询主管政府部门领导和专家的意见以进一步完善指标体系与模型，为后续的绩效评价奠定坚实基础。多层次的指标体系表征了企业不同层面的状态，因此还邀请专家为各指标的重要度赋权，通过层次分析法明确问题、建立层次模型、构造判断矩阵、一致性检验、层次单层排序和层次总排序的流程计算确定指标权重。为了使得评价结果具有可比性，采用绩效评价中应用最为广泛的功能系数法消除各指标间不同量纲的影响并计算指数得分以进行综合评价和对比分析。

指标和指标体系是进行绩效评价的必要条件，需具备贴近评价对象的客观表现，同时还需兼顾企业填写的便利性，本书在指标的设计和选择上应遵循如下原则。

（1）科学系统性原则。在大质量理念、卓越绩效管理模式、科学发展观等先进理论基础之上构建逻辑严谨的指标体系，并且指标体系应最大限度提取质量与经济的综合管理情况，根据不同的目标方向将指标分成若干层次。同时，指标内涵及外延要求清晰明确，指标数据来源要求权威可靠。

（2）可操作性原则。指标成分应分解到能以数据形式呈现，从而便于对数据模型进行分析。因此，为了确保指标体系有意义，在设置指标的时候要兼顾数据的可获得性与可操作性，避免复杂与残缺数据的出现和主观因素的干扰。

（3）定量定性相结合的原则。直接绩效的评价选取定量指标进行衡量，定量数据给出的绩效评价结果更为直观，能够直接反映"品字标浙江制造"企业绩效的变化趋势。相比于定量评价，定性分析在深入了解企业发展的内在动机等方面有更大的优势，通过定性的方式发掘企业对"品字标浙江制造"培育与企业绩效关系的认知，可以进一步判断企业的行为动机，分析"品字标浙江制造"区域质量品牌对企业经营绩效的影响方式。

（4）层次性和独立性原则。在指标的选择上尽量做到涵盖全面并层次分明，以更好地描述企业质量发展的整体现状。各指标之间是有机结合在一起的，每个指标与总目标或上一级目标须高度一致，而同一层次中各个指标之间应该是独立的，这样才能避免同一个目标的重复计算，故在设定指标时，应尽量减少指标之间的相关程度。

在遵循上述评价指标设计原则的前提下，根据文献研究和专家论证相结合的方法，本书构建了"品字标浙江制造"企业绩效评价指标体系，主要包括经济效益、市场绩效、持续创新、质量水平、社会效益五个维度，各维度指标内容及数据来源见表 8-1。

表 8 – 1 "品字标浙江制造"企业绩效评价指标体系及数据来源

| 评价维度 | 指标内容 | 数据来源 |
|---|---|---|
| 经济效益 | 资产总额（万元） | 调查表、统计年鉴 |
| | 主营业务收入（万元） | 调查表、统计年鉴 |
| | 利润总额（万元） | 调查表、统计年鉴、国泰安经济数据库 |
| | "品字标"收入占比（%） | 调查表、统计年鉴 |
| | 净利润（万元） | 调查表、统计年鉴、国泰安经济数据库 |
| | 资产负债率（%） | 调查表、统计年鉴、国泰安经济数据库 |
| 市场绩效 | 主导产品/服务全国市场占有率（%） | 调查表 |
| | 国际市场销售占比（%） | 调查表 |
| | 商标注册数量（个） | 调查表 |
| 持续创新 | R&D 经费投入占比（%） | 调查表、统计年鉴、国泰安经济数据库 |
| | 新产品产值率（%） | 调查表 |
| | 新增"品字标"产品认证或自我声明数（项） | 调查表 |
| | 新增参与主导标准数（项） | 调查表 |
| 质量水平 | 顾客满意度（%） | 调查表 |
| | 产品一次交检合格率（%） | 调查表 |
| | 服务满意度（%） | 调查表 |
| 社会效益 | 财政税收（万元） | 调查表 |
| | 公益捐款金额（万元） | 调查表 |
| | 万元产值综合能耗（吨/万元） | 调查表 |

# 8.2 绩效指数综合评价

## 8.2.1 各级评价指标权重分析

经过专家多次评审论证，确定评价指标体系后，本书又邀请专家为各指标的重要度赋权，并以专家打分结果为基础，根据层次分析法（AHP）进行指标权重的确定，权重计算结果见表 8 – 2。

表 8 - 2                                    绩效评价指数的指标权重体系

| 一级指标 | 权重 | 二级指标 | 权重 |
|---|---|---|---|
| 经济效益 | 0.2946 | 资产总额 | 0.1977 |
| | | 主营业务收入 | 0.2321 |
| | | 利润总额 | 0.1786 |
| | | "品字标"收入占比 | 0.1938 |
| | | 净利润 | 0.0494 |
| | | 资产负债率 | 0.1484 |
| 市场绩效 | 0.2504 | 主导产品/服务全国市场占有率 | 0.4126 |
| | | 国际市场销售占比 | 0.3275 |
| | | 商标注册数量 | 0.2599 |
| 持续创新 | 0.1743 | R&D 经费投入占比 | 0.3853 |
| | | 新产品产值率 | 0.2793 |
| | | 新增"品字标"产品认证或自我声明数 | 0.1534 |
| | | 新增参与主导标准数 | 0.1820 |
| 质量水平 | 0.1662 | 顾客满意度 | 0.4934 |
| | | 产品一次交检合格率 | 0.3108 |
| | | 服务满意度 | 0.1958 |
| 社会效益 | 0.1145 | 财政税收 | 0.388 |
| | | 公益捐款金额 | 0.294 |
| | | 万元产值综合能耗 | 0.318 |

## 8.2.2 绩效指数计算模型

在对"品字标浙江制造"企业绩效进行指数评价时,指标体系中涉及的每个指标都是从特定角度展开评价,不同的指标带有不同的计量单位,为了使得评价结果具有可比性,必须对原始数据作无量纲化处理。"功能系数法"是一种以满意值为上限,以不允许值为下限的综合评价方法,在绩效评价中应用最为广泛,故这里也采用"功能系数法"消除不同量纲的影响并计算指数得分。正向指标和负向指标的计算公式分别为:

正向指标:某个指标的单项得分 = 60 + (该指标实际值 - 该指标最小值)/

（该指标最大值 – 该指标最小值）×40；

负向指标：某个指标的单项得分 = 60 +（该指标最大值 – 该指标实际值）/（该指标最大值 – 该指标最小值）×40；

经过处理后的标准化指标分值居于 60 ~ 100，将各指标的单项得分乘以其权重并加总，即可得出各维度绩效指数的综合得分，计算模型为：

$$x_i = \sum_{j=1}^{k} \alpha_{ij} x_{ij}$$

其中，$\alpha_{ij}$ 为第 $i$ 个维度的第 $j$ 个指标的权重，$x_{ij}$ 为第 $i$ 个维度的第 $j$ 个指标的得分，$x_i$ 即为第 $i$ 个维度的绩效指数。

分维度的绩效指数确定后，就可以得出综合绩效指数，计算模型为：

$$x = \sum_{i=1}^{n} \alpha_i x_i$$

其中，$\alpha_i$ 为第 $i$ 个维度相对综合绩效的权重，$x_i$ 为第 $i$ 个维度的绩效指数，$x$ 即为综合绩效指数。

### 8.2.3  绩效指数综合评价

本书首先对"品字标浙江制造"企业的绩效指数进行综合性评价，分析 2017 ~ 2021 年"品字标浙江制造"企业综合绩效水平的变化走向。研究表明，五年来"品字标浙江制造"企业的综合绩效指数整体呈现出增长趋势。

具体地，"品字标浙江制造"企业的综合绩效指数、经济效益指数、市场绩效指数、持续创新指数、质量水平指数、社会效益指数得分均逐年增长，质量水平指数最高，增长趋势也最明显。

结合层次分析法确定的权重，分别计算 2017 ~ 2021 年"品字标浙江制造"企业的经济效益、市场绩效、持续创新、质量水平、社会效益五个评价维度的绩效指数，计算结果见表 8 – 3，各维度绩效指数增长趋势如图 8 – 1 所示。整体来看，全省"品字标浙江制造"企业的综合绩效指数、经济效益指数、市场绩效指数、持续创新指数、质量水平指数、社会效益指数得分均逐年增长，质量水平指数得分和增长趋势均明显优于其他五个维度的绩效指数, 可见, 通过"品字标浙江制造"制度的引导, "品字标浙江制造"企业的质量水平提升最明显。

表 8-3    全省"品字标浙江制造"企业的绩效指数得分情况

| 项目 | 2017 年 | 2018 年 | 2019 年 | 2020 年 | 2021 年 |
|---|---|---|---|---|---|
| 综合绩效指数 | 70.90 | 71.08 | 71.28 | 71.68 | 72.13 |
| 经济效益指数 | 61.87 | 61.90 | 61.94 | 61.97 | 61.98 |
| 市场绩效指数 | 68.64 | 68.87 | 69.21 | 69.51 | 69.75 |
| 持续创新指数 | 65.96 | 66.18 | 66.18 | 66.36 | 66.47 |
| 质量水平指数 | 86.32 | 87.36 | 88.27 | 88.87 | 89.59 |
| 社会效益指数 | 67.65 | 67.67 | 67.67 | 67.71 | 67.73 |

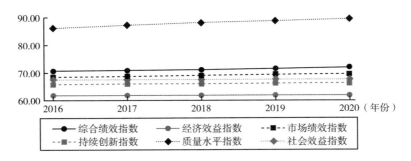

图 8-1  全省"品字标浙江制造"企业的绩效指数趋势

# 8.3    "品字标"品牌建设绩效评价

## 8.3.1    纵向评价分析

为充分了解"品字标浙江制造"在带动、引领、促进企业经营发展方面的实际效果, 本书对"品字标浙江制造"企业在 2017~2021 年的发展绩效进行趋势分析研究。本书对"品字标浙江制造"企业绩效进行了总览性分析, 明晰"品字标浙江制造"企业在经济效益、市场绩效、持续创新、质量水平和社会效益方面的成效并进行了 2017~2021 年这五年的持续跟踪比较,形成横向、纵向的网状分析。研究结果表明，"品字标浙江制造"企业总体绩效趋势向好发展，"品字标浙江制造"企业经济效益大幅提升、市场竞争优势显著增强、持续创新活力进一步释放、质量水平阶跃式提高、社会效益引领发展。总体来说，"品字标浙江制造"区域质量品牌培育在企业提质增效、促进技术创新、增强市场竞争优势、激发企业社会贡献意识等方面发挥了积极的作用。

具体地：（1）经济效益方面，资产总额、主营业务收入、"品字标"收入占比、利润总额、净利润整体呈现显著上升态势，"品字标浙江制造"对企业提质增效成效显著。（2）市场绩效方面，主导产品/服务全国市场占有率和国际市场销售占比、商标注册数量逐年提升，市场竞争优势显著提升。（3）持续创新方面，R&D经费投入占比、新产品产值率、新增品字标产品认证或自我声明数、新增主导或参与各类标准数均呈现稳步提升态势，R&D经费投入能带来技术创新，实现技术产品化、产品市场化，提高企业竞争力并提供持续发展动力。（4）质量水平方面，产品一次交检合格率、顾客满意度和服务满意度处于较高水平并且稳中向好，"品字标浙江制造"企业产品能够符合技术标准要求，产品质量和服务质量满足消费者的产品质量需求，质量声誉良好。（5）社会效益方面，财政税收持续稳定上升、万元产值综合能耗稳步下降，这与产业类型、产业规模相关，总体实现了财税贡献率提高、节能减排和绿色制造并举的目的。

### 8.3.1.1 经济效益水平大幅提升

浙江省"品字标浙江制造"企业的资产总额、主营业务收入、"品字标"收入占比、利润总额、净利润等5项经济指标均实现较大幅度增加，资产负债率呈波动变化，具体见表8-4。

表8-4 　　　　　"品字标浙江制造"企业的平均经济效益

| 主要指标 | 2017年 | 2018年 | 2019年 | 2020年 | 2021年 |
|---|---|---|---|---|---|
| 资产总额（亿元） | 10.17 | 11.96 | 13.62 | 15.83 | 16.99 |
| 主营业务收入（亿元） | 6.96 | 8.48 | 10.09 | 10.84 | 11.38 |

续表

| 主要指标 | 2017 年 | 2018 年 | 2019 年 | 2020 年 | 2021 年 |
|---|---|---|---|---|---|
| "品字标"收入占比（%） | 15.97 | 17.70 | 22.11 | 24.80 | 27.74 |
| 利润总额（亿元） | 0.92 | 1.07 | 1.06 | 1.39 | 1.67 |
| 净利润（亿元） | 0.81 | 0.93 | 1.01 | 1.25 | 1.49 |
| 资产负债率（%） | 47.47 | 47.29 | 48.55 | 47.15 | 46.99 |

资料来源：通过本书问卷调查获得。

如表 8-4 所示，从资产总额来看，浙江省"品字标浙江制造"企业的平均资产总额在 2017～2021 年呈上升趋势，合计增长 6.82 亿元，五年复合增长率为 10.80%，整体增长趋势较平稳。从主营业务收入来看，"品字标浙江制造"企业的平均主营业务收入在五年内呈上升趋势，增长了 4.42 亿元，其五年复合增长率为 10.32%，其中 2017～2019 年增长较迅速，2019～2021年增长速度有所放缓。从"品字标"收入占比来看，"品字标"平均收入占比在五年内呈上升趋势，增长了 11.77 个百分点，五年复合增长率为 21.66%，整体增长趋势较平稳。从利润总额来看，"品字标浙江制造"企业的平均利润总额在五年内呈上升趋势，增长了 0.75 亿元，其五年复合增长率为 12.65%，增长趋势整体较平稳。从净利润来看，"品字标浙江制造"企业的平均净利润在五年内呈上升趋势，增长了 0.68 亿元，就五年整体来看，复合增长率为 13.08%。

### 8.3.1.2 市场竞争优势更加明显

2017～2021 年，"品字标浙江制造"企业的平均主导产品/服务全国市场占有率和平均商标注册数量持续增长，"品字标浙江制造"企业的市场竞争优势更加明显，具体见表 8-5。

表 8-5　　　　"品字标浙江制造"企业的市场发展

| 主要指标 | 2017 年 | 2018 年 | 2019 年 | 2020 年 | 2021 年 |
|---|---|---|---|---|---|
| 主导产品/服务全国市场占有率（%） | 18.58 | 19.23 | 19.68 | 20.33 | 21.26 |
| 国际市场销售占比（%） | 17.85 | 18.29 | 17.87 | 18.20 | 17.84 |
| 商标注册数量（个） | 1132 | 1476 | 1996 | 2668 | 3835 |

资料来源：通过本书问卷调查获得。

如表 8 – 5 所示，"品字标浙江制造"企业平均主导产品/服务全国市场占有率在 2017 ~ 2021 年呈上升趋势，合计增长 2.68 个百分点，五年复合增长率为 2.73%，其中又以 2020 ~ 2021 年的增长速度最快；"品字标浙江制造"企业的平均国际市场销售占比在五年间呈波动变化；"品字标浙江制造"企业的平均商标注册数量在五年间呈平稳上升趋势，五年合计增长 2703 个，五年复合增长率为 27.64%。

### 8.3.1.3  持续创新活力逐步释放

"品字标浙江制造"企业持续创新能力得到进一步提升，具体表现为平均 R&D 经费投入占比平稳增长，平均新产品产值率平稳增长，累计新增"品字标"产品认证或自我声明数呈现大幅度增长，累计新增参与主导标准数平稳增长，具体见表 8 – 6。

表 8 – 6　　　　　　"品字标浙江制造"企业的创新发展

| 主要指标 | 2017 年 | 2018 年 | 2019 年 | 2020 年 | 2021 年 |
|---|---|---|---|---|---|
| R&D 经费投入占比（%） | 5.51 | 5.88 | 5.94 | 6.32 | 6.65 |
| 新产品产值率（%） | 42.15 | 45.08 | 49.50 | 50.65 | 52.03 |
| 新增"品字标"产品认证或自我声明数（项） | 1 | 16 | 33 | 78 | 104 |
| 新增参与主导标准（个） | 624 | 699 | 908 | 1381 | 1775 |

资料来源：通过本书问卷调查获得。

如表 8 – 6 所示，"品字标浙江制造"企业的 R&D 经费投入占比整体呈稳定上升趋势，五年复合增长率为 3.84%。"品字标浙江制造"企业的平均新产品产值率在 2017 ~ 2021 年呈上升趋势，五年复合增长率为 4.3%，又以 2017 ~ 2018 年和 2018 ~ 2019 年的增长幅度最大。"品字标浙江制造"企业的累计新增"品字标"产品认证或自我声明数在五年内呈上升趋势，2017 年仅累计新增 1 项，而 2021 年已达 104 项，增加了 103 项，其中又以 2019 ~ 2020 年增长幅度最大。"品字标浙江制造"企业的累计新增参与主导标准数在五年内呈上升趋势，五年复合增长率为 23.25%。

### 8.3.1.4 质量水平趋势稳定增长

2017~2021 年,"品字标浙江制造"企业产品一次交检合格率、顾客满意度和服务满意度等质量水平的绩效指标均实现较为稳定的增长,具体见表 8 - 7。

表 8 - 7 　　　　　　　　"品字标浙江制造"企业的质量发展

| 主要指标 | 2017 年 | 2018 年 | 2019 年 | 2020 年 | 2021 年 |
| --- | --- | --- | --- | --- | --- |
| 产品一次交检合格率(%) | 96.97 | 97.33 | 97.75 | 98.08 | 98.34 |
| 顾客满意度(%) | 92.98 | 93.66 | 94.19 | 94.87 | 95.66 |
| 服务满意度(%) | 94.93 | 95.57 | 95.79 | 96.59 | 97.10 |

资料来源:通过本书问卷调查获得。

由表 8 - 7 可知,"品字标浙江制造"企业的平均产品一次交检合格率在 2017~2021 年呈平稳上升趋势。其中 2017 年产品一次交检合格率为 96.97%,2021 年为 98.34%,增长了个 1.37 百分点,五年复合增长率为 0.28%。"品字标浙江制造"企业的顾客满意度逐年稳步上升,2017 年顾客满意度为 92.98%,2021 年为 95.66%,增长了 2.68 个百分点,复合增长率为 0.57%。"品字标浙江制造"企业的服务满意度逐年稳步上升,2017 年顾客满意度为 94.93%,2021 年为 97.10%,增长了 2.17 个百分点,复合增长率为 0.45%。

### 8.3.1.5 社会效益水平持续增强

2017~2021 年,"品字标浙江制造"企业平均财政税收呈现出一定幅度的增长,平均万元产值综合能耗则呈波动变化,表明"品字标浙江制造"企业社会责任水平进一步增加,具体见表 8 - 8。

表 8 - 8 　　　　　　　　"品字标浙江制造"企业的社会效益

| 主要指标 | 2017 年 | 2018 年 | 2019 年 | 2020 年 | 2021 年 |
| --- | --- | --- | --- | --- | --- |
| 财政税收(亿元) | 0.43 | 0.49 | 0.61 | 0.65 | 0.62 |
| 万元产值综合能耗(吨标准煤/万元) | 0.22 | 0.16 | 0.21 | 0.19 | 0.19 |

资料来源:通过本书问卷调查获得。

"品字标浙江制造"企业的平均财政税收在 2017～2021 年呈上升趋势，2021 年较 2020 年有所减少但相差不大，整体增长速度较平稳。

### 8.3.2 横向评价分析

为进一步对比分析浙江省"品字标浙江制造"企业与规上企业、上市公司的绩效发展水平，本书收集了同期浙江省规上企业、上市公司的绩效数据，并且对绩效数据及其增长趋势进行了对比分析。结果表明：（1）"品字标浙江制造"企业的平均主营业务收入和利润总额复合增长率显著高于规上企业。（2）"品字标浙江制造"企业平均主营业务收入、平均利润总额和平均净利润的复合增长率明显高于上市公司，且平均利润总额增长率是上市公司的 1.66 倍。总体来说，"品字标浙江制造"企业的整体绩效显著优于规上企业和上市公司。

#### 8.3.2.1 与规上企业的对比分析

规上企业数据主要来源于《浙江省统计年鉴》，主要对比指标有资产总额、主营业务收入、利润总额、资产负债率等，比较对象包括浙江省"品字标浙江制造"企业与浙江省规上企业。

本书首先进行整体绩效对比分析，针对本次调查和统计年鉴都包括的资产总额、主营业务收入、利润总额和资产负债率等绩效指标，对比了浙江省"品字标浙江制造"企业与规上企业的同期绩效数据及其增长趋势。研究表明：（1）"品字标浙江制造"企业的平均资产总额复合增长率约为规上企业的 0.65 倍。（2）"品字标浙江制造"企业的平均主营业务收入复合增长率约为规上企业的 1.03 倍。（3）"品字标浙江制造"企业的平均利润总额复合增长率显著高于规上企业，是规上企业的 1.63 倍。主要绩效数据对比见表 8－9。

#### 8.3.2.2 与上市公司的对比分析

到 2021 年，浙江省共有上市公司 143 家。上市公司数据来自国泰安经济数据库，与本次绩效评价相关的上市公司绩效指标主要有利润总额、净利润、R&D 经费投入占比等。

表 8-9 "品字标浙江制造" 企业和规上工业企业的主要绩效数据对比

| 指标内容 | 研究对象 | 2017 年 | 2018 年 | 2019 年 | 2020 年 | 2021 年 |
|---|---|---|---|---|---|---|
| 资产总额<br>（亿元） | 规上企业 | 0.34 | 0.40 | 0.46 | 0.51 | 0.59 |
| | "品字标浙江制造" 企业 | 11.96 | 13.62 | 15.83 | 16.99 | 17.31 |
| 主营业务收入<br>（亿元） | 规上企业 | 0.31 | 0.37 | 0.40 | 0.41 | 0.42 |
| | "品字标浙江制造" 企业 | 8.48 | 10.09 | 10.84 | 11.38 | 11.57 |
| 利润总额<br>（亿元） | 规上企业 | 0.02 | 0.02 | 0.03 | 0.03 | 0.03 |
| | "品字标浙江制造" 企业 | 1.07 | 1.06 | 1.39 | 1.67 | 2.03 |
| 资产负债率<br>（%） | 规上企业 | 54.66 | 55.00 | 55.02 | 54.26 | 54.17 |
| | "品字标浙江制造" 企业 | 47.29 | 48.25 | 47.15 | 46.99 | 45.21 |

资料来源："品字标浙江制造" 企业数据通过本书问卷调查获得，规上企业数据来自《浙江省统计年鉴》。

本书首先进行整体绩效对比分析，针对本次调查和上市公司数据都包括的主营业务收入、利润总额、净利润、R&D 经费投入占比等绩效指标，对比了浙江省 "品字标浙江制造" 企业与上市公司的同期绩效数据及其增长趋势。研究表明：（1）"品字标浙江制造" 企业的平均主营业务收入复合增长率明显高于上市公司，是上市公司的 1.45 倍。（2）"品字标浙江制造" 企业的平均利润总额复合增长率明显高于上市公司，是上市公司的 1.66 倍。（3）"品字标浙江制造" 企业的平均净利润复合增长率显著高于上市公司，是上市公司的 1.53 倍。（4）"品字标浙江制造" 企业的平均 R&D 经费投入占比复合增长率显著高于上市公司，是上市公司的 1.38 倍。主要绩效数据对比见表 8-10。

表 8-10 "品字标浙江制造" 企业和上市公司的主要绩效数据对比

| 指标内容 | 研究对象 | 2017 年 | 2018 年 | 2019 年 | 2020 年 | 2021 年 |
|---|---|---|---|---|---|---|
| 主营业务收入<br>（亿元） | 上市公司 | 47.01 | 52.31 | 54.03 | 56.53 | 58.31 |
| | "品字标浙江制造" 企业 | 8.48 | 10.09 | 10.84 | 11.38 | 11.57 |
| 利润总额<br>（亿元） | 上市公司 | 4.20 | 4.37 | 4.80 | 5.74 | 6.23 |
| | "品字标浙江制造" 企业 | 1.07 | 1.06 | 1.39 | 1.67 | 2.03 |
| 净利润<br>（亿元） | 上市公司 | 3.52 | 3.65 | 4.03 | 4.83 | 5.12 |
| | "品字标浙江制造" 企业 | 0.93 | 1.01 | 1.25 | 1.49 | 1.63 |

续表

| 指标内容 | 研究对象 | 2017 年 | 2018 年 | 2019 年 | 2020 年 | 2021 年 |
|---|---|---|---|---|---|---|
| R&D 经费投入占比（%） | 上市公司 | 2.38 | 3.23 | 2.65 | 2.74 | 2.79 |
| | "品字标浙江制造"企业 | 5.88 | 5.94 | 6.32 | 6.65 | 7.32 |

资料来源："品字标浙江制造"企业数据通过本书问卷调查获得，上市公司数据来自国泰安数据库。

## 8.4　本章小结

"品字标"让浙江制造更有"品"，"品字标"团体标准坚持按照"国内一流，国际先进"的要求，即"国际上没有同类产品标准的，应达到国内一流水平；国际上有同类产品的，则应达到国际先进水平"。让高标准引领企业高质量发展，带动浙江省制造业整体实现转型升级，是"品字标浙江制造"的初衷。

本书为探究先进标准对质量提升的引领效果，以"品字标"这一先进标准为例，对"品字标浙江制造"企业的绩效水平进行了评价。首先，从经济效益、市场绩效、持续创新、质量水平、社会效益五个方面出发，构建了"品字标浙江制造"企业绩效评价指标体系；其次，基于专家打分，使用层次分析的方法，确立绩效指数综合评价模型。进一步地，通过纵向对比和横向对比，对"品字标浙江制造"企业的绩效进行比较分析。纵向对比结果表明，近五年来，"品字标浙江制造"企业总体绩效趋势向好发展，具体表现为，企业经济效益大幅提升、市场竞争优势显著增强、持续创新活力进一步释放、质量水平阶跃式提高和社会效益引领发展。横向比较结果表明，"品字标浙江制造"企业的整体绩效显著优于规上企业和上市公司。总的来说，"品字标浙江制造"区域质量品牌培育在企业提质增效、促进技术创新、增强市场竞争优势、激发企业社会贡献意识等方面发挥了积极的作用。

# 第9章 浙江省各级政府质量奖获奖企业绩效水平评价

## 9.1 评价目的

政府质量奖是一种非常具有代表性的先进标准引领质量提升实践活动，设立政府质量奖制度是我国政府推进企业质量进步，实现质量强国、制造强国的重要举措。中共浙江省委、浙江省政府历来高度重视质量工作，早在2009年便在全国率先设立省政府质量奖，引导广大企业推行卓越绩效管理模式，树立各行各业的质量标杆，促进整体质量水平的提升，为全省经济高质量发展筑牢坚实基础。

尽管浙江省政府质量奖越来越受到广大企业和社会的认可，但其实际效果尚未可知。为此，本书对质量奖获奖企业的绩效展开调查，考虑到获得省政府质量奖的企业数量较少，调查范围包括自设立政府质量奖以来的获奖企业，其中，省政府质量奖包括提名奖，市级及以下政府质量奖不包括提名奖。本次调查以制造业和服务业获奖企业为重点，不包括建筑业获奖企业、团队奖和个人奖。通过这种大样本调查，探究制造业企业标准引领质量提升的实际效果，并从不同层次、不同区域、不同业务类型的角度展开分析。

# 9.2 浙江省政府质量奖基本情况

## 9.2.1 制度体系不断优化

自 2009 年设立省政府质量奖以来，质量奖评审管理办法和实施细则经过多次修订。为树立中小企业质量标杆，2012 年修订中为中小企业单列 1 个奖额，极大地调动了中小企业创奖的积极性，带动一大批中小企业"质量健身"。2015 年修订增设"提名奖"和"贡献奖"，完善评委会成员组成结构和产生方式，进一步增强评审工作的科学公正性。为落实 2018 年浙江省全省质量大会和浙江省《2019 年政府工作报告》关于"提升政府质量奖"要求，助力数字经济、生命健康等新兴产业高质量发展，按照"突出导向、扩面提质、标杆引领、扩大影响"原则，2019 年修订出台了《浙江省人民政府质量奖管理办法（2019 年修订）》和《浙江省人民政府质量奖组织奖评分细则》，调整"创新奖"，增设"组织奖"，获奖组织覆盖数字经济、生命健康等新兴产业，工业企业向新材料、高端装备等制造业倾斜，数量增加到最多不超过 10 家，全面提升质量奖的广度和深度。在 2019 年浙江省政府质量奖评审中，将"评审过程就是专家会诊服务过程"的理念贯穿始终，得到受评组织的充分肯定。邀请中国质量奖评审专家全程参与资料评审、现场评审和陈述答辩，与中国质量奖有序衔接，初步建立国家、省、市、县四级联动体系。

## 9.2.2 政策杠杆效应不断放大

自 2009 年省政府质量奖制度建立以来，各级政府奖励资金累计超过 1 亿元，引导实施卓越绩效管理的组织达 12000 余家，是 2009 年前总数的 17 倍。截至 2019 年底，各级政府质量奖获奖组织共计 2683 家次，其中省级 46 家次，市级 474 家次，县级 2147 家次，16 家次组织获"中国质量奖提名奖"，方太电器和杭州汽轮机股份各 2 次获得提名奖。① 许多企业连续多次申报，将每一次申报视为企业质量提升的最佳学习机会，通过创奖不断提升自我，始终走追求卓越之路。

### 9.2.3　质量效益不断提升

各级政府质量奖获奖企业综合绩效高速增长，先进质量管理模式与方法持续优化，在全省经济发展中充分发挥产业提质增效、战略方向引领、标杆示范带动等方面作用。据调查统计，2015～2019 年，全省各级政府质量奖获奖企业平均主营业务收入年复合增长率为 10.83%，是同期规上企业的 5.24 倍，是上市公司的 1.5 倍；平均利润总额年复合增长率为 11.51%，是同期规上企业的 2.52 倍、上市公司的 1.44 倍。② 质量奖获奖企业通过"大企带小企""先进质量管理方法孵化信息平台"等渠道帮扶中小企业成长，省质量奖获奖企业方太电器创建华夏六西格玛俱乐部，正泰电器设立供应商扶优办公室，有力带动了行业上下游高质量发展。

## 9.3　获奖企业绩效概述

本书首先对获奖企业绩效进行总览性分析，明晰获奖企业在经济效益、市场绩效、持续创新、质量水平和社会效益方面的成效并进行了 2015～2019 年这五年的持续跟踪比较，形成横向、纵向的网状分析。研究表明，政府质量奖在帮助企业提质增效、提升技术创新能力、增强市场竞争优势等方面发挥了积极的作用。

具体来看：（1）经济效益方面，资产总额、主营业务收入、利润总额、

---

① 资料来源：浙江市场监督管理局（http://zjamr.zj.gov.cn/art/2020/9/29/art_1229003085_58825065.html）。

② 资料来源：获奖企业数据通过本书问卷调查获得，规上企业数据来源于《浙江省统计年鉴》，上市公司数据来源于国泰安数据库。

净利润、亩均税收、亩均增加值和全员劳动生产率整体呈现显著上升态势，政府质量奖对企业提质增效成效显著。（2）市场绩效方面，主导产品/服务全国市场占有率和国际市场销售占比逐年提升，市场竞争优势显著提升。（3）持续创新方面，R&D经费投入占比、新产品产值率、新增省部级以上科技奖数和研发平台数、新增授权专利数、新增主导或参与各类标准数均呈现稳步提升态势，R&D经费投入能带来技术创新，实现技术产品化、产品市场化，提高企业竞争力并提供持续发展动力。（4）质量水平方面，产品一次交检合格率、顾客满意度和服务满意度处于较高水平并且稳中向好，获奖企业产品能够符合技术标准要求，产品质量和服务质量满足消费者的产品质量需求，质量声誉良好。（5）社会效益方面，财政税收持续稳定上升、万元产值综合能耗稳步下降，万元产值用水量有小幅增加，这与产业类型、产业规模相关，总体实现了财税贡献率提高、节能减排和绿色制造并举的目的。

通过调查结果可知，政府主导下开展的政府质量奖这种标准引领质量提升的实际效果良好，政府质量奖作为政府引导企业运用标准引领质量提升的重要手段，可以提高企业的经营管理水平，从而促进企业发展。这些企业经过严格的评审，获得政府质量奖，最终成为标杆，进而带动其他企业积极参与实施标准引领质量提升，实现自身企业的发展。政府可以通过各种激励手段引导企业通过采用先进的管理标准实现质量提升，越来越多的企业发展又会带动区域的发展，提升区域竞争力。

## 9.4　本章小结

十多年来，政府质量奖在促进浙江省经济高质量发展方面发挥了重要作用，为努力建设"新时代全面展示中国特色社会主义制度优越性重要窗口"提供了坚实的质量支撑，进一步发挥质量奖获奖企业标杆引领示范效应，可以从以下四个方面开展行动。

（1）加大政策支持力度，增强获奖企业的获得感。进一步加大政策扶持，放大政府质量奖的政策效应，营造更多企业追求卓越、崇尚质量的氛围。

将"质量第一"的理念落实在政府采购、政府投资项目的招投标中，优先采购获奖企业的产品和服务，在招投标评标中对获奖企业给予充分支持。鼓励政府质量奖获奖企业孵化带动中小企业提升质量管理水平，各级政府对承担孵化企业的给予适当奖励。加大对政府质量奖获奖企业在融资、信贷等方面的支持。

（2）强化行业示范引领，增强获奖企业的责任感。政府质量奖获奖企业是行业的"质量标杆"，行业主管部门、行业协会要通过有效载体，最大限度地激发和放大获奖企业的标杆引领示范作用。定期开展典型企业经验分享，架通获奖企业与中小企业的"桥梁"，促进"大企带小企"发展，特别要支持"隐形冠军""单打冠军"的中小企业发展，扩大政府质量奖示范引领作用，形成规模效应。建立先进质量管理方法孵化信息平台，组织获奖企业开展"一对多"的质量帮扶，引导全省各行各业加强质量管理、追求卓越绩效。

（3）保持质量标杆形象，增强获奖企业的使命感。获奖企业要始终保持"质量标杆"良好形象，百尺竿头更进一步，不断加强对卓越绩效管理等先进质量管理模式的学习和应用，总结提炼具有先进性、独特性、可推广性的质量管理模式，积极争创中国质量奖，为浙江省实现"中国质量奖"零的突破做出更大贡献。

（4）大力宣传获奖企业经验，提升全社会质量意识。新闻媒体要开设专栏，大力宣传报道获奖企业的成功经验、典型案例，通过电视访谈、专题采访等形式宣传获奖企业质量理念、方法，讲好浙江"质量故事"，让质量第一成为全社会的价值追求和时代精神。

详细调研报告见本书附录C。

# 第 10 章　先进标准引领质量提升推动制造强国建设的政策建议

　　本书就标准与质量互相影响的关系进行了较为全面的研究，并引入技术创新对其作用过程进行深入剖析。研究表明，我国标准化进程和质量提升的总体趋势向好，但仍存在不协调、效率低的问题。为进一步推动我国标准实践活动，形成质量竞争新优势，本书对影响标准发展、质量提升的重要因素进行探究。鉴于浙江省是首个开展国家标准化综合改革试点的省份，是展示中国标准化成果的一扇"重要窗口"，本书将其作为典型展开研究，总结提炼可推广的经验，并提出以下政策建议，以期实现全面建成制造强国的目标。

## 10.1　完善"对标、定标、用标、贯标"业务链，充分发挥先进标准引领作用

### 10.1.1　建立对标达标提标机制，探索以标准化推动产业转型升级路径

　　围绕传统产业改造提升，围绕关键环节、关键领域、关键产品，研究制订对标技术方案和对标标准清单，针对产品或服务的关键技术指标开展与国际标准和国内外先进标准进行比对，找出短板与差距，提升标准设计水平。开展产品检验、标准检验、比对检验等，并形成检测验证报告、对标评价报告，推动行业协会、产业联盟、企业及时修订相关标准，提升企业标准与国

内外先进标准的一致性。

### 10.1.2 激发市场标准创新活力，促进有效标准供给多元化

一是搞活企业标准。鼓励企业建立规范的企业标准化工作机制，建立完整、高效的内部标准化部门，引进培养专业专职的标准化工作人员。建立企业标准培优库，鼓励有能力的企业制定更高水准的企业标准，并实施企业产品标准自我声明公开制度和监督检查制度，提升公开标准的质量。组织开展企业标准"领跑者"活动，发挥标杆企业的示范作用；制定企业标准"领跑者"评价管理办法，实施"领跑者"评价，推动市场形成以先进标准为核心的质量竞争力。

二是壮大团体标准。以提高标准供给质量为目标，促进团体标准化开放合作，广泛吸纳生产、管理、消费、监测、检测、认证等不同利益相关方的参与，研制以需求为导向的团体标准制定，填补各行业各领域标准空白。将团体标准的制标、采标、认证与区域质量品牌的培育结合起来，拓宽团体标准的推广应用渠道。健全团体标准化良好行为评价机制，强化行业自律和社会监督，发挥市场对团体标准的优胜劣汰作用。

### 10.1.3 广泛推广标准应用实施，推动标准引领质量提升作用落到实处

加强标准宣传贯彻，充分利用会议、论坛、新媒体等多种形式，开展标准宣传、解读、培训等工作，增强社会面对标准的认识，促进各类标准推广和实施，引导企业积极采纳、引用、实施先进标准，将先进标准引领质量提升的作用落到实处。推行标准应用实施，把标准应用融入行业管理、市场准入和质量监管。推进标准公开，实行重点领域、特殊行业制定地方标准听证制度，广泛听取相关方意见建议，提高标准的可行性、科学性。落实新批准发布地方标准公开制度，为企业和相关方了解、参与、应用新发布标准畅通渠道，提供方便。实行企业标准自我声明公开和监督制度，全面接受社会监

督。抓好标准评估，建立重要公共标准实施效果第三方评估机制，形成效果评估共性指标体系，通过定期评估发布，竖起标杆，辐射带动，扩大标准应用覆盖率。

### 10.1.4 建立标准化统计监测制度，提升标准化管理以数字说话工作水平

构建标准化统计监测指标体系，建立标准化统计监测数据模型，开展制造业企业标准化数据统计，强化数据建模分析，评价标准化对经济发展的贡献程度，提升以数字说话、凭数据决策的标准化工作水平。

## 10.2 健全质量分级和梯度培育长效机制，打造多维度、多梯度增长极体系

### 10.2.1 建立质量标准分级制度体系，探索重点工业产品精准分类施策

构建质量分级制度体系，探索分级标准设计方法，提升标准设计水平，完善产品分级分类管理。基于不同特性产品的要素禀赋差异，细化产品技术标准设计，研制质量分级标准。围绕生产、管理、流通、消费各环节，完善基础标准、产品标准、工艺标准、检测试验方法标准分级分类，探索重点工业产品精准分类施策。

### 10.2.2 构建优质企业梯度培育体系，搭建不同发展阶段企业成长金字塔

产业竞争不仅是龙头企业的竞争，也是大中小企业协调发展的竞争；产业竞争也不仅仅是产品的竞争，更是背后产业链供应链的竞争，是处在产业

链供应链不同环节的企业实力的竞争。现实地看，处在不同成长阶段的企业，遇到的发展瓶颈和困难各有不同，应开展梯队培育，通过分级分类、精准施策让政策供给更加有的放矢。

一是以构建优质企业梯度培育格局为抓手，加快培育发展以专精特新"小巨人"企业、制造业"单项冠军"企业、产业链领航企业为代表的优质企业，形成优质创新企业方阵，做大做强领军企业。充分发挥大企业在技术、标准、市场等方面的生态主导力，带动提升中小企业在各自产品领域形成独特优势和产业地位，实现大中小企业融通发展、相互补位、共同做强的格局。鼓励大中小企业资源开放和共享，促进制造业创新和技术的聚集与转化；鼓励建设制造共性技术平台，鼓励支持各类企业，如平台企业、服务企业、制造企业进行跨界合作，开展联合技术攻关和技术创新。

二是健全企业全生命周期梯度培育链条，完善不同发展阶段企业成长金字塔。加快建立企业培育大数据库，跟踪监测创新企业、领军企业、"小巨人"企业的发展，为不同发展阶段企业提供各类专业化服务。要推动领军企业的股份制改造和多渠道上市，支持重点企业依托产业链关键环节和核心技术，实施高端并购，强强联合，优化整合产业链上的关键资源，提高企业的发展层次。具体地，既可以以"专精特新"为方向，沿着"初创小微企业→临规企业→专精特新'小巨人'企业→行业领军企业"的成长链条，遴选培育一批业态新颖、专业突出、行业领先、市场前景好的"单打冠军""配套专家"；也可以"创新驱动"为动力、目标，沿着"科技型中小企业→高新技术企业→高成长性企业→独角兽企业"的成长链条，重点在新一代信息技术、高端装备制造、生命健康、新材料等战略性新兴产业领域发掘一批具有培育潜力的高成长性科技型企业。

三是针对不同企业发展的不同阶段提供多梯次多分类的政策支持。坚持市场化、精准化、精细化方向，从企业认定和政策扶持、金融支撑、人才赋能、专业服务等方面着力，针对每个企业的痛点和瓶颈，精准匹配要素资源，注重政策的阶梯性、连续性，灵活多变地为中小企业发展提供含金量高的实质帮助。例如，帮助初创小微企业解决好办公场地、启动资金等基础资源，帮助临规企业解决好产业链帮扶、拓展市场、再融资等问题，帮助领军企业解决好重大技术研发、品牌推广、跨区域发展、上市重组等问题。

## 10.3  用好标准和认证工具抓手，全力打造具有地方特色的区域质量品牌

### 10.3.1  完善标准化体系建设，增强有效标准供给水平和质量提升

一是加快标准提档升级，破除质量提升瓶颈。以标准提升为引领，加快国内消费品质量安全标准与国际标准或出口标准并轨，促进内外销产品"同线同标同质"，倒逼企业技术进步，开发适销对路产品，开展个性化定制、柔性化生产，增加高质量、高水平有效供给。二是推进"标准化＋"模式，全面提升质量。围绕产品、管理、服务，深入推进"标准化＋"模式，将标准化范围扩展至产品设计、生产、营销的全生命周期。三是大力发展自愿性标准，实现标准多元化。适当调整标准类型中的强制性和推荐性标准比重，大力发展自愿性标准，调动社会参与标准制定的主动性；加快发展团体标准，丰富产业标准化的供给。

### 10.3.2  创新认证制度和形式，推动认证模式和评价方式多元化发展

一是实现认证管理方式多元化，促进认证制度友好化运行。进一步完善自我声明评价体系，拓展企业自我声明评价方式由强制性产品认证向管理认证、服务认证延伸，引导企业强化质量管理主体责任、主动承担质量管理成本、自发提升质量诚信意识，引导企业自主创新，激发市场活力。明确企业分类和差异化管理机制，进一步简化认证流程，提高办事效率，减少"合法守规"企业的认证成本。同时，提升认证机构对认证主体责任的认识和对认证风险的控制和把握意识，加强认证后的监督力度。

二是创新品牌认证新形式，凸显"传递信任""服贸惠民"作用。创新

发展认证制度和体系，在产品认证、管理体系认证、服务认证等现行认证制度基础上创新品牌认证新形式。健全标识使用和管理制度，制定《品牌标识使用手册》，加强认证标识应用与管理，引导和鼓励企业承诺达标、产品贴标、厂区亮标、宣传植标。充分发挥认证的信任传递作用，降低消费者的感知风险和信息搜寻成本，提高消费者的信任感和满意度，创造品牌认证需求新的增长点。

三是开创国际协调互认新思路，促进地区经济贸易发展。未来 5～10 年，我国仍将是全球重要的制造基地，出口需求大，通过推进国际协调互认拓展海外市场，是有效促进我国经济和贸易发展的一项重要手段。紧跟国家"一带一路"倡议，深化"一带一路"认证认可国际合作机制，借助行业联络机制和地方协作平台，推动合格评定政策沟通、标准协调、制度对接、技术合作和人才交流。支持国内机构拓展国际业务，推动更多机构加入国际互认体系，在食品、农产品、消费品、装备制造等领域深化双多边合作互认成果。

### 10.3.3　推动政府、企业、行业协会联动，形成区域质量品牌共建共治局面

#### 10.3.3.1　发挥政府引导作用，放大政策杠杆效应

一是各级政府应加强组织领导，切实发挥政策导向效应。各级政府可以通过将培育区域质量品牌纳入政府工作报告、列入重点改革任务清单、纳入年度目标责任专项考核体系等形式，形成纵横上下联动的推进体制，确保区域质量品牌培育工作落到实处。各质量基础设施主管部门应认真履行标准与认证体系建设、标准制修订、标准与认证（或自我声明）实施监督、质量基础设施人才培养等工作职责。

二是各级政府应加大资金奖助力度，增强企业对政策的获得感。将区域质量品牌培育工作经费列入各级财政预算，完善区域质量品牌培育资金多元筹集和保障机制。

三是各级政府应加大政策倾斜力度，加大对参与区域质量品牌培育企业

的融资支持，优先将品牌认证企业列入上市后备企业队伍。支持区域质量品牌及相关产品推广应用，将"区域质量品牌共建共治"的理念落实在政府采购、政府投资项目的招投标中，在政府采购、政府性投资及补助、国有企业投资等项目中，同等条件下优先采购品牌认证产品，促进抽象的品牌形象力向具象的品牌渠道力、市场力的高效转化。

### 10.3.3.2 发挥企业主体作用，调动企业主观能动性

一是严格企业质量主体责任。鼓励企业设立首席质量官，引导企业建立健全质量管理和质量追溯体系，加强全员、全过程、全方位质量管理。推动企业对提供的产品和服务进行公开质量承诺，严格履行缺陷召回、质量担保责任和消费者权益保护等法定义务。

二是激发企业质量管理活力。进一步加强质量管理模式创新、方法创新，推广先进质量管理模式与方法应用。

同时，应优先聚焦重点行业，特别是在关系国家战略和国计民生、产业链较长、示范作用显著的领域开展领航企业的创建和培育，充分发挥示范作用，激发创先争优的发展氛围。

### 10.3.3.3 发挥协会多元功能，提升标杆引领示范作用

一是充分发挥行业协会的"桥梁"功能，定期开展典型企业经验分享，以电视访谈、巡回报告等形式宣传优秀企业标准化与质量管理案例，架通领跑企业与中小企业的"桥梁"，促进"大企带小企"发展，扩大示范引领效应，尤其支持"隐形冠军""单打冠军"的中小企业发展，形成规模效应。

二是充分发挥行业协会的"平台"功能，建立先进质量管理方法孵化信息平台、技术信息平台，引导和激励各行各业加强质量管理、追求卓越绩效，走高质量发展之路。

三是充分发挥行业协会的"窗口"功能，强化质量社会监督和舆论监督，积极开展产品质量综合评价、体验式调查等，提供消费者了解产品质量的"窗口"，并成为消费者能反映质量问题的"窗口"，增强消费者的"质量获得感"，引导理性消费选择，形成以质取胜、质量第一的社会风尚。

### 10.3.4　强化品牌推广与宣传，扩大品牌影响力

牢固树立"赶超意识"，加快品牌培育效率和培育质量的"双提升"。加强新闻宣传和舆论引导，营造人人关心、参与、推动品牌建设和质量提升的良好氛围。全力做好品牌宣传推介工作，以"质量月"等重要时间节点为抓手，努力推动形成政府、企业、行业协会联动，传统媒体、新兴媒体融动的品牌宣传大格局，并借助展销会、博览会、电商平台等各种载体，积极开展品牌推广活动。

## 10.4　加强技术攻关和成果转化，发挥"标准、创新、质量"的协同效应

一是建立知识产权成果、技术标准的协同转化机制，开展知识产权与标准化融合创新活动。加强技术与知识产权相结合，建立具有自主知识产权的专利池，强化知识产权保护倒逼制造业创新驱动发展。加强技术与标准相结合，以技术促标准、再以标准促技术，形成技术与标准的良性互动，通过对接融合，将知识产权和专利技术转化为标准，实现资源创新集聚。

二是建立技术创新、质量管理紧密结合工作机制，开创技术创新与质量管理融合发展新局面。加大科技研发计划对质量提升的支持力度，以突破行业关键核心技术以及先进技术落地应用为目标，重点面向影响制约产业发展的质量短板问题开展质量关键共性技术研究。推动大数据、区块链、云计算等与质量管理融合发展，提升质量精准化控制和在线实时检测能力。

三是建立标准认证与质量提升融合发展机制，打造质量基础设施建设新平台。加快各级质量标准实验室建设与发展，加强技术标准创新基地建设，打造检验检测协同创新平台，积极开展质量基础设施"一站式"服务。创新标准和质量监管，加快建设跨部门、跨行业的产品质量信息公共服务平台，建立检验认证机构对产品质量承担连带责任制度。

# 附录 A 浙江省制造业标准引领质量提升实施情况调查表

## 一、企业基本情况

填表人：_____ 岗位及职务：_____ 联系电话：_____

| 统一社会信用代码 | | 企业详细名称 | |
|---|---|---|---|
| 所在地区及区划 | _____市 _____县（市、区） | | |
| 企业规模 | □ 大型（从业人员≥1000人且营业收入≥4亿元）<br>□ 小型（从业人员≥20人且营业收入≥300万元） | □ 中型（从业人员≥300人且营业收入≥2000万元）<br>□ 微型（从业人员＜20人或营业收入＜300万元） | |
| 行业类别 | □ 纺织、服装业 □ 家具制造业 □ 造纸和纸制品业 □ 橡胶和塑料制品业 □ 化工和冶金业 □ 汽车制造及零部件<br>□ 电子电气制造及零部件 □ 机械设备及零部件 □ 装备制造业 □ 仪器仪表制造业 □ 计算机、通信和其他电子设备制造业<br>□ 医药制造业 □ 其他 | | |
| 企业性质 | | | □ 国有企业 □ 私营企业<br>□ 三资企业 □ 其他 |

## 二、标准化管理状况

| | | | |
|---|---|---|---|
| 标准化管理基础 | 是否设置标准化部门 | □ 是 □ 否 | 具有标准化专业职称人员 (人) |
| | 标准化专职人员 (人) | | 标准化兼职人员 (人) |
| | 标准化经费投入 (万元) | | 其中：标准化专职人员经费投入 (万元) |
| | | | 标准化项目经费投入 (万元) |
| | | | 检验检测及认证经费投入 (万元) |
| 参与标准化活动情况 | 参加标准化技术组织情况 | □ 国际标准化技术组织注册专家，_____项 | □ 全国标准化技术委员会委员，_____人 |
| | 主导或参与标准制定 (项) | □ 主导国际标准，_____项<br>□ 主导国家标准，_____项<br>□ 主导地方标准，_____项<br>□ 主导行业标准，_____项<br>□ 主导与"品字标浙江制造"标准，_____项 | □ 参与国际标准，_____项<br>□ 参与国家标准，_____项<br>□ 参与国际标准，_____项<br>□ 参与国际标准，_____项<br>□ 参与"品字标浙江制造"标准，_____项 |

| 标准实施情况 | 标准类型 | 标准代号 | 标准名称 | 产品名称 |
|---|---|---|---|---|
| | 国际标准 | | | |
| | 国家标准 | | | |
| | 地方标准 | | | |
| | 行业标准 | | | |
| | "品字标浙江制造"标准 | | | |

## 三、质量管理状况

| 质量管理基础 | 是否设置质量管理部门 | □是 □否 | | |
| --- | --- | --- | --- | --- |
| | 质量奖评审专家（人） | | | |
| | 质量管理专职人员（人） | 其中：六西格玛绿带以上人员（人） 质量管理兼职人员（人） | | |
| | 质量管理经费投入（万元） | 其中：质量管理专职人员经费投入（万元） 质量管理项目经费投入（万元） | | |
| 产品质量水平 | 主导产品 | 主要技术指标 | 本企业水平 | 国内先进水平 | 国际领先水平 |
| | 产品一次交检合格率（%） | | 产品监督抽查合格率（%） | |
| 质量管理成熟度 | 管理体系认证情况 | □ ISO9001 □ ISO14001 □ OHSAS18001 □ ISO22000 □ ISO/TS 16949 □ HACCP □ TL 9000 □ 其他 | | |
| | QC 小组获奖情况 | □ 市级优秀 QC 成果奖＿＿项 □ 省级优秀 QC 成果奖＿＿项 □ 国家级优秀 QC 成果奖＿＿项，其中一等奖＿＿项，二等奖＿＿项，三等奖＿＿项 | | |
| | 政府质量奖获奖情况 | □ 区（县）政府质量奖，获奖时间：＿＿年 □ 市政府质量奖，获奖时间：＿＿年 □ 省政府质量奖，获奖时间：＿＿年 □ 省政府质量奖提名奖，获奖时间：＿＿年 □ 中国质量奖，获奖时间：＿＿年 □ 中国质量奖提名奖，获奖时间：＿＿年 | | |
| | 先进质量管理模式（方法）应用情况 | □ 卓越绩效模式 □ 六西格玛 □ 精益生产 □ QC 小组 □ 零缺陷管理 □ 质量功能展开（QFD） □ 统计过程控制（SPC） □ 实验设计（DOE） □ 失效模式和效果分析（FMEA） □ 测量系统分析（MSA） | | |
| 质量影响力 | 名牌产品 | □ 市级名牌产品＿＿项 □ 省级名牌产品＿＿项 □ 国家级名牌产品＿＿项 | 驰名商标 | □ 市级驰名商标＿＿项 □ 省级驰名商标＿＿项 □ 国家级驰名商标＿＿项 |

## 四、"品字标浙江制造"参与情况

请根据贵企业实际情况对以下观点和看法作出判断，并在相应的数值下打√。数值大小代表对该观点的同意程度：1表示完全不同意，2表示有点不同意，3表示一般，4表示有点同意，5表示完全同意。

| 题号 | 问题 | 题项 | | | | |
|------|------|------|---|---|---|---|
| | | 1 | 2 | 3 | 4 | 5 |
| 1 | 贵企业高度关注"品字标浙江制造"标准与认证开展及品牌培育情况 | | | | | |
| 2 | 贵企业认为"品字标浙江制造"品牌培育对区域经济社会发展有重要意义 | | | | | |
| 3 | 贵企业认为"品字标浙江制造"品牌培育对浙江省制造业转型升级有重要意义 | | | | | |
| 4 | 贵企业认为"品字标浙江制造"标准与认证有助于提升企业综合绩效 | | | | | |
| 5 | 贵企业认为参与"品字标浙江制造"有助于得到政府部门的认可 | | | | | |
| 6 | 贵企业认为"品字标浙江制造"产品会受到消费者的好评和追捧 | | | | | |
| 7 | 贵企业参与"品字标浙江制造"是出于企业高层持续成长远发展的战略眼光 | | | | | |
| 8 | 贵企业的竞争对手目前积极参与"品字标浙江制造"并受益良多 | | | | | |
| 9 | 对于贵企业而言，参与"品字标浙江制造"没有技术层面的阻碍 | | | | | |
| 10 | 对于贵企业而言，参与"品字标浙江制造"没有管理层面的阻碍 | | | | | |
| 11 | 对于贵企业而言，完全有能力系без参与"品字标浙江制造"带来的风险 | | | | | |
| 12 | 过去5年来，政府部门实施了有利于贵企业开展"品字标浙江制造"的政策和项目 | | | | | |
| 13 | 过去5年来，政府部门提供了贵企业开展"品字标浙江制造"标准研制与认证所需的资金支持 | | | | | |
| 14 | 过去5年来，政府部门提供了贵企业开展"品字标浙江制造"标准研制与认证所需的信息服务 | | | | | |
| 15 | 过去5年来，政府部门提供了贵企业开展"品字标浙江制造"标准研制与认证所需的人才资源 | | | | | |
| 16 | 贵企业对于"品字标浙江制造"有积极参与意愿 | | | | | |

续表

| 题号 | 问题 | 题项 | | | | |
|---|---|---|---|---|---|---|
| | | 1 | 2 | 3 | 4 | 5 |
| 17 | 贵企业制定了参与"品字标浙江制造"的积极策略 | | | | | |
| 18 | 贵企业实施了参与"品字标浙江制造"的具体行动 | | | | | |
| 19 | 贵企业参与了多项"品字标浙江制造"标准制定 | | | | | |
| 20 | 贵企业通过了"品字标浙江制造"认证或自我声明并积极亮标 | | | | | |
| 21 | 贵企业"品字标浙江制造"产品的市场绩效大幅提升 | | | | | |

## 五、绩效数据

| 绩效维度 | 具体指标 | 2017 年 | 2018 年 | 2019 年 | 2020 年 | 2021 年 | 备注 |
|---|---|---|---|---|---|---|---|
| 经济效益 | 资产总额（万元） | | | | | | |
| | 主营业务收入（万元） | | | | | | |
| | 利润总额（万元） | | | | | | |
| | 净利润（万元） | | | | | | |
| | 资产负债率（%） | | | | | | |
| | 亩均税收（万元/亩） | | | | | | |
| | 全员劳动生产率（万元/人） | | | | | | |
| | 亩均增加值（万元/亩） | | | | | | |
| 市场绩效 | 主导产品/服务全国市场占有率（%） | | | | | | |
| | 国际市场占有率（%） | | | | | | |
| | 品字标产品销售占比（%） | | | | | | |

续表

| 绩效维度 | 具体指标 | 2017 年 | 2018 年 | 2019 年 | 2020 年 | 2021 年 | 备注 |
|---|---|---|---|---|---|---|---|
| 持续创新 | R&D 经费投入占比（%） | | | | | | |
| | 新产品产值率（%） | | | | | | |
| | 新增国家级科技奖数（项） | | | | | | |
| | 新增省级科技奖数（项） | | | | | | |
| | 新增国家级研发平台数（个） | | | | | | |
| | 新增省级研发平台数（个） | | | | | | |
| | 新增授权发明专利数（件） | | | | | | |
| | 新增授权实用新型专利数（件） | | | | | | |
| | 新增主导国际标准数（项） | | | | | | |
| | 新增参与国际标准数（项） | | | | | | |
| | 新增主导国家标准数（项） | | | | | | |
| | 新增参与国家标准数（项） | | | | | | |
| | 新增主导行业标准数（项） | | | | | | |
| | 新增参与行业标准数（项） | | | | | | |
| | 新增主导"品字标浙江制造"标准数（项） | | | | | | |
| | 新增参与"品字标浙江制造"标准数（项） | | | | | | |
| | 新增"品字标浙江制造"认证或自我声明数（项） | | | | | | |
| 质量水平 | 顾客满意度（%） | | | | | | |
| | 产品一次交检合格率（%） | | | | | | |
| | 服务满意度（%） | | | | | | |

续表

| 绩效维度 | 具体指标 | 2017 年 | 2018 年 | 2019 年 | 2020 年 | 2021 年 | 备注 |
|---|---|---|---|---|---|---|---|
| 社会效益 | 财政税收（万元） | | | | | | |
| | 公益捐款金额（万元） | | | | | | |
| | 万元产值综合能耗（吨/万元） | | | | | | |
| | 万元产值用水量（立方米/万元） | | | | | | |
| | 新增中小企业帮扶数（家） | | | | | | |

# 附录 B　浙江省政府质量奖绩效评价调查表

## 一、组织情况

| 组织名称 | | 法定代表人 | | | |
|---|---|---|---|---|---|
| 业务类型 | □ 数字经济　□ 生命健康　□ 新材料　□ 传统制造业　□ 服务业 | | | | |
| 联系人 | 联系人手机 | | 联系人邮箱 | | |
| 政府质量奖获奖情况 | □ 区（县）政府质量奖，获奖时间为____年　□ 市政府质量奖，获奖时间为____年<br>□ 省政府质量奖，获奖时间为____年　□ 省政府质量奖提名奖，获奖时间为____年 | | | | |
| 先进质量管理模式（方法）应用情况 | □ 卓越绩效模式　□ 实验设计（DOE）　□ 六西格玛　□ 统计过程控制（SPC）<br>□ 失效模式和效果分析（FMEA）　□ 质量功能展开（QFD）　□ 测量系统分析（MSA）<br>□ QC 小组　□ 精益生产　□ 零缺陷管理 | | | | |
| 政府质量奖对企业的影响情况 | 请获奖企业依据实际情况打"√"（说明：1—完全不同意；2—不同意；3—一般；4—同意；5—完全同意） | | | | |

| 序号 | 题目 | 1 | 2 | 3 | 4 | 5 |
|---|---|---|---|---|---|---|
| 1 | 创奖促进了企业整体管理水平的提升 | | | | | |
| 2 | 创奖促进了企业经济效益水平的提升 | | | | | |
| 3 | 创奖促进了企业市场竞争能力的提升 | | | | | |
| 4 | 创奖促进了企业技术创新能力的提升 | | | | | |
| 5 | 创奖促进了企业产品质量水平的提升 | | | | | |
| 6 | 创奖促进了企业社会效益水平的提升 | | | | | |

## 二、绩效数据

### （一）经济效益

| 序号 | 具体指标 | 说明 | 2015 年 | 2016 年 | 2017 年 | 2018 年 | 2019 年 | 备注 |
|---|---|---|---|---|---|---|---|---|
| 1 | 资产总额（万元） | | | | | | | |
| 2 | 主营业务收入（万元） | | | | | | | |
| 3 | 利润总额（万元） | | | | | | | |
| 4 | 净利润（万元） | 均需填写 | | | | | | |
| 5 | 资产负债率（%） | | | | | | | |
| 6 | 亩均税收（万元/亩） | | | | | | | |
| 7 | 全员劳动生产率（万元/人） | | | | | | | |
| 8 | 亩均增加值（万元/亩） | | | | | | | |

### （二）市场绩效

| 序号 | 具体指标 | 说明 | 2015 年 | 2016 年 | 2017 年 | 2018 年 | 2019 年 | 备注 |
|---|---|---|---|---|---|---|---|---|
| 1 | 主导产品/服务全国市场占有率（%） | 均需填写 | | | | | | |
| 2 | 国际市场销售占比（%） | | | | | | | |
| 3 | "品字标"产品销售占比（%） | 制造业选填 | | | | | | |

（三）持续创新

| 序号 | 具体指标 | 说明 | 2015 年 | 2016 年 | 2017 年 | 2018 年 | 2019 年 | 备注 |
|---|---|---|---|---|---|---|---|---|
| 1 | R&D 经费投入占比（%） | 均需填写 | | | | | | |
| 2 | 新产品产值率（%） | | | | | | | |
| 3 | 新增国家级科技奖数（项） | | | | | | | |
| 4 | 新增省级科技奖数（项） | | | | | | | |
| 5 | 新增国家级研发平台数（个） | | | | | | | |
| 6 | 新增省级研发平台数（个） | | | | | | | |
| 7 | 新增授权发明专利数（件） | 均需填写 | | | | | | |
| 8 | 新增授权实用新型专利数（件） | | | | | | | |
| 9 | 新增主导国际标准数（项） | | | | | | | |
| 10 | 新增参与国际标准数（项） | | | | | | | |
| 11 | 新增主导国家标准数（项） | | | | | | | |
| 12 | 新增参与国家标准数（项） | | | | | | | |
| 13 | 新增主导行业标准数（项） | | | | | | | |
| 14 | 新增参与行业标准数（项） | | | | | | | |
| 15 | 新增主导浙江制造标准数（项） | 制造业选填 | | | | | | |
| 16 | 新增参与浙江制造标准数（项） | | | | | | | |
| 17 | 新增"品字标"产品认证或自我声明数（项） | | | | | | | |

（四）质量水平

| 序号 | 具体指标 | 说明 | 2015年 | 2016年 | 2017年 | 2018年 | 2019年 | 备注 |
|---|---|---|---|---|---|---|---|---|
| 1 | 顾客满意度（%） | 制造业选填 |  |  |  |  |  |  |
| 2 | 产品一次交检合格率（%） |  |  |  |  |  |  |  |
| 3 | 服务满意度（%） | 服务业选填 |  |  |  |  |  |  |

（五）社会效益

| 序号 | 具体指标 | 说明 | 2015年 | 2016年 | 2017年 | 2018年 | 2019年 | 备注 |
|---|---|---|---|---|---|---|---|---|
| 1 | 财政税收（万元） | 均需填写 |  |  |  |  |  |  |
| 2 | 公益捐款金额（万元） |  |  |  |  |  |  |  |
| 3 | 万元产值综合能耗（吨/万元） |  |  |  |  |  |  |  |
| 4 | 万元产值用水量（立方米/万元） |  |  |  |  |  |  |  |
| 5 | 新增中小企业帮扶数（家） |  |  |  |  |  |  |  |

### 三、填表说明

1. 本次调查的业务类型主要针对制造业和服务业，制造业又分为数字经济、生命健康、新材料、传统制造业，对于制造业选填的指标所有制造业细分行业均需填写。

2. 专利、标准、工法、工程奖、研发平台等请填写年度新增数，没有新增数打"/"，其中研发平台包括企业技术中心、工程技术研究中心、院士工作站、博士后工作站。

3. 国际市场销售占比等指标，如企业未涉及的指标请打"/"。

# 附录 C　浙江省各级政府质量奖绩效调研报告

政府质量奖是一种非常具有代表性的先进标准引领质量提升实践活动，设立政府质量奖制度是我国政府推进企业质量进步，实现质量强国、制造强国的重要举措。中共浙江省委、浙江省政府历来高度重视质量工作，早在2009 年便在全国率先设立省政府质量奖，引导广大企业推行卓越绩效管理模式，树立各行各业的质量标杆，促进整体质量水平的提升，为全省经济高质量发展筑牢坚实基础。尽管浙江省政府质量奖越来越受到广大企业和社会的认可，但其实际效果尚未可知。为此，本书对质量奖获奖企业的绩效展开调查，考虑到获省政府质量奖的企业数量较少，调查范围包括自设立政府质量奖以来的获奖企业，其中，省政府质量奖包括提名奖，市级及以下政府质量奖不包括提名奖。本次调查以制造业和服务业获奖企业为重点，不包括建筑业获奖企业、团队奖和个人奖。通过这种大样本调查，探究制造业企业标准引领质量提升的实际效果，并从不同层次、不同区域、不同业务类型的角度展开分析。

## 第1章　浙江省获奖企业调查情况

基于文献研究和实践评价经验，本次调查经多次研讨后确定《浙江省政府质量奖绩效评价调查表》（以下简称调查表），并经咨询评审办领导和省政府质量奖评审专家磋商讨论，修改完善了调查表。调查表兼顾了理论基础和实践经验，具备协调性以适应发展需求，可进行持续跟踪调研。

本次调查覆盖了省、市、县三级政府质量奖获奖企业，在全省 11 个地级市共收回调查表 1514 份，经整理得到有效样本数 1216 份，包含浙江省人民政府质量奖（含提名奖）获奖企业 36 家，市政府质量奖获奖企业 269 家，县（市、区）政府质量奖获奖企业 911 家（以下简称：省奖、市奖、县奖获奖企业）。

本次问卷整理原则和方法如下。

（1）调查范围精准性原则。针对问卷重复性问题，删除多次提交问卷，同质问卷仅保留一份；针对调查范围问题，对含建筑、建设、市政工程、工程设计、园林设计等内容企业，甄别确认经营范围，删除建筑业企业问卷；针对获奖层次问题，删除县奖和市奖提名奖的企业问卷。

（2）获奖层次就高性原则。由于政府质量奖配合政府行政层次推荐，因此存在多层次获质量奖的企业，经讨论确认该企业的获奖最高层次来确认归属样本。例如，某家企业兼备浙江省政府质量奖和杭州市人民政府质量奖荣誉，遵从获奖层次就高性原则，认定该企业归属于浙江省政府质量奖样本。

（3）获奖时间就近原则。为跟踪探寻政府质量奖对企业组织绩效的影响，需确认企业获奖时间。在实际调研中，本书作者发现存在多次申报且获奖的企业，经讨论确认该企业最近获奖时间作为检验绩效的时间点。例如，某企业在 2013 年和 2017 年分别获得浙江省人民政府质量奖提名奖，遵从获奖时间就近原则，认定其获奖时间为 2017 年。

（4）绩效数据连续性原则。针对绩效数据部分缺失问题，本书为保证绩效跟踪评价的连续性，对于经济指标信息严重缺失的直接剔除该企业样本；对于有其他指标信息缺失的，若缺失不影响绩效结果的采用插值法补充数据；若缺失严重且影响评价结果的，清空该企业样本。

（5）绩效数据真实性原则。针对经济效益相关指标违背认知的问题，本书经讨论采取直接剔除该企业样本的方法，例如，利润总额大于主营业务收入、净利润大于利润总额、亩均税收小于 0、全员劳动生产率小于 0、亩均增加值小于 0 等情况。此外，对于其他指标有违科学原则的，本书结合企业的业务类型、经营范围、生产和服务特点等视情况而定，如顾客满意度、服务满意度、产品一次交检合格率等填写数据小于 1 的，经确认是由于忽略单位造成的，将结果乘以 100 处理，提高数据的信效度，为后续分析奠定良好基础。

在上述工作的基础上，本书从区域分布、获奖层次、业务类型以及质量管理方法使用四个方面对获奖企业进行了分析。

## 1.1 获奖企业存在区域差异性

（1）地级市获奖企业存在地域分布差异，与产业结构和经济发展存在一定关联性。经统计，温州、宁波、杭州地区的获奖企业数量位列前三，分别有 155 家、154 家和 143 家。相比较，衢州、丽水、舟山的获奖企业数量偏少，均不足 100 家，需加快政府质量奖推进工作。

（2）各地区获奖企业获奖层次呈现不均衡分布，与经济发展程度密切相关。杭州市的省奖获奖企业数量最多，其次是绍兴、宁波和温州，衢州目前暂未出现省奖获奖企业。绍兴虽然不是获奖企业数量最多的地区，但省奖获奖企业不在少数，获奖企业综合实力较强，市政府对市奖企业培育力度较大，具体见附表 1－1。

附表 1－1　　　　　　　**获奖企业的区域分布情况**　　　　　　单位：家

| 地级市 | 省奖获奖企业数量 | 市奖获奖企业数量 | 县奖获奖企业数量 | 合计 |
|---|---|---|---|---|
| 杭州 | 11 | 11 | 121 | 143 |
| 宁波 | 5 | 17 | 132 | 154 |
| 温州 | 5 | 28 | 122 | 155 |
| 绍兴 | 7 | 30 | 85 | 122 |
| 湖州 | 1 | 43 | 75 | 119 |
| 嘉兴 | 2 | 26 | 99 | 127 |
| 金华 | 2 | 37 | 98 | 137 |
| 衢州 | 0 | 28 | 32 | 60 |
| 台州 | 1 | 33 | 77 | 111 |
| 丽水 | 1 | 14 | 42 | 57 |
| 舟山 | 1 | 2 | 28 | 31 |
| 总计 | 36 | 269 | 911 | 1216 |

## 1.2 获奖企业存在层次差异性

据统计，企业所获奖项层次以县（区）奖为主，共有 911 家，占获奖企业总数的 74.92%；其次是市奖，共 269 项，占获奖企业总数的 22.12%；省奖 36 项，占获奖企业总数的 2.96%，如附图 1－1 所示。县奖获奖企业数目较多，一方面表明各区县都加大了引进和设立奖项的力度，另一方面通过深入推进卓越绩效模式也为下一步申报市政府和省政府质量奖提供了良好的基础。

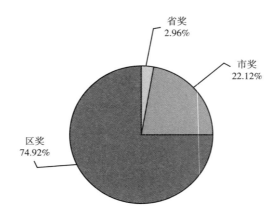

**附图 1 −1　获奖企业的获奖层次分布情况**

自 2010 年以来，浙江省共颁发省政府质量奖（含提名奖）42 项次，获奖企业 38 家，包括两家建筑业企业，历年获奖名单见附件。不难发现，2015 年和 2017 年省奖获奖企业偏少，奖项名额限制性较大，不少企业在获得正奖前经历了多轮申报，例如双环传动获两次提名奖，巨石集团获三次提名奖，开元酒店获三次提名奖。奖项数量限制在一定程度上削减了优秀企业参评省政府质量奖的积极性，不利于质量强省工作推进。与此形成鲜明对比的是，江苏省 2012 年才开始启动省政府质量奖，从开始每年不超过 5 家调整到每年不超过 10 家，至 2019 年已经评出 57 家质量奖、30 家提名奖和 3 个个人奖。虽然江苏比浙江晚 2 年启动质量奖，但评选出的企业数量基本是浙江省的 2 倍，获奖企业数量较少一方面影响到部分优秀企业申报的积极性，同时也与浙江省经济发展水平并不相符。需要特别指出，2019 年浙江省政府质量奖评奖名额的增加无疑是对以往评奖名额偏少的一种修正。

**1.3　获奖数量呈现业务类型偏好**

为明晰获奖企业是否存在业务类型差异，本书对数字经济、生命健康、新材料、传统制造业以及服务业五种业务类型企业的获奖数量进行了统计，见附表 1 −2。整体来看，2015 年以前传统制造业获奖企业数量最多，近年来数字经济、生命健康、新材料等战略性新兴产业以及服务业企业的获奖数量占比增长较快。这从侧面证明了 2019 年单设数字经济、生命健康省政府质量奖决策的正确性。

附表 1 - 2　　　　　　　获奖企业的业务类型分布情况

| 获奖时间 | 数字经济 | | 生命健康 | | 新材料 | | 传统制造业 | | 服务业 | |
|---|---|---|---|---|---|---|---|---|---|---|
| | 数量（家） | 占比（%） | 数量（家） | 占比（%） | 数量（家） | 占比（%） | 数量（家） | 占比（%） | 数量（家） | 占比（%） |
| 2010 年前 | 1 | 1.35 | 1 | 1.35 | 4 | 5.41 | 68 | 91.89 | 0 | 0.00 |
| 2010 年 | 0 | 0.00 | 3 | 7.32 | 4 | 9.76 | 34 | 82.93 | 0 | 0.00 |
| 2011 年 | 2 | 2.86 | 0 | 0.00 | 10 | 14.29 | 56 | 80.00 | 2 | 2.86 |
| 2012 年 | 1 | 1.15 | 1 | 1.15 | 11 | 12.64 | 69 | 79.31 | 5 | 5.75 |
| 2013 年 | 3 | 2.91 | 5 | 4.85 | 8 | 7.77 | 79 | 76.70 | 8 | 7.77 |
| 2014 年 | 1 | 0.96 | 2 | 1.92 | 10 | 9.62 | 86 | 82.69 | 5 | 4.81 |
| 2015 年 | 3 | 2.44 | 3 | 2.44 | 10 | 8.13 | 102 | 82.93 | 5 | 4.07 |
| 2016 年 | 3 | 2.21 | 4 | 2.94 | 11 | 8.09 | 111 | 81.62 | 7 | 5.15 |
| 2017 年 | 5 | 3.47 | 6 | 4.17 | 10 | 6.94 | 114 | 79.17 | 9 | 6.25 |
| 2018 年 | 7 | 4.43 | 8 | 5.06 | 17 | 10.76 | 117 | 74.05 | 9 | 5.70 |
| 2019 年 | 8 | 4.55 | 8 | 4.55 | 29 | 16.48 | 121 | 68.75 | 10 | 5.68 |

## 1.4　获奖企业存在先进质量管理模式滞后性

（1）先进质量管理模式滞后性与层次差异性并存。整体来看，浙江省获奖企业应用 QC 小组、精益生产、失效模式和效果分析等传统质量管理模式与方法的比例超过半数，尤其是 QC 小组、精益生产方法的适应性和采纳率在各层次企业中均较好。对于六西格玛、DOE、QFD 等先进质量管理模式与方法应用情况不够理想，并且省奖获奖企业的质量管理模式或方法应用比例明显高于市奖和县奖获奖企业，呈现获奖层次差异性，具体见附表 1 - 3。

附表 1 - 3　　　不同获奖层次企业的质量管理模式（方法）应用情况

| 模式（方法） | 省奖 | | 市奖 | | 县奖 | |
|---|---|---|---|---|---|---|
| | 数量（家） | 占比（%） | 数量（家） | 占比（%） | 数量（家） | 占比（%） |
| 试验设计 DOE | 16 | 44.44 | 33 | 12.27 | 72 | 7.90 |
| 六西格玛 | 17 | 47.22 | 56 | 20.82 | 100 | 10.98 |
| 统计过程控制 SPC | 22 | 61.11 | 97 | 36.06 | 227 | 24.92 |
| 失效模式和效果分析 FMEA | 24 | 66.67 | 83 | 30.86 | 214 | 23.49 |

| 模式（方法） | 省奖 | | 市奖 | | 县奖 | |
|---|---|---|---|---|---|---|
| | 数量（家） | 占比（%） | 数量（家） | 占比（%） | 数量（家） | 占比（%） |
| 质量功能展开 QFD | 18 | 50.00 | 50 | 18.59 | 115 | 12.62 |
| 测量系统分析 MSA | 21 | 58.33 | 85 | 31.60 | 186 | 20.42 |
| QC 小组 | 31 | 86.11 | 165 | 61.34 | 403 | 44.24 |
| 精益生产 | 31 | 86.11 | 151 | 56.13 | 227 | 24.92 |
| 零缺陷管理 | 12 | 33.33 | 47 | 17.47 | 92 | 10.10 |

（2）先进质量管理模式滞后性与业务类型差异性并存。整体来看，数字经济、生命健康、新材料等战略性新兴产业获奖企业的质量管理模式与方法应用情况较传统制造业更理想。其中，数字经济获奖企业对先进质量管理模式与方法的应用比例最高，获奖的 34 家数字经济企业中，应用 DOE 的企业占 29.41%，应用六西格玛的占 26.47%，应用 QFD 的企业占 29.41%，具体见附表 1 −4。

附表 1 −4　不同业务类型获奖企业的质量管理模式（方法）应用情况

| 模式（方法） | 数字经济 | | 生命健康 | | 新材料 | | 传统制造业 | |
|---|---|---|---|---|---|---|---|---|
| | 数量（家） | 占比（%） | 数量（家） | 占比（%） | 数量（家） | 占比（%） | 数量（家） | 占比（%） |
| 试验设计 DOE | 10 | 29.41 | 3 | 7.32 | 10 | 8.06 | 102 | 10.66 |
| 六西格玛 | 9 | 26.47 | 4 | 9.76 | 18 | 14.52 | 139 | 14.52 |
| 统计过程控制 SPC | 15 | 44.12 | 3 | 7.32 | 30 | 24.19 | 299 | 31.24 |
| 失效模式和效果分析 FMEA | 18 | 52.94 | 5 | 12.20 | 28 | 22.58 | 275 | 28.74 |
| 质量功能展开 QFD | 10 | 29.41 | 3 | 7.32 | 15 | 12.10 | 152 | 15.88 |
| 测量系统分析 MSA | 8 | 23.53 | 3 | 7.32 | 23 | 18.55 | 251 | 26.23 |
| QC 小组 | 20 | 58.82 | 12 | 29.27 | 68 | 54.84 | 514 | 53.71 |
| 精益生产 | 11 | 32.35 | 10 | 24.39 | 56 | 45.16 | 501 | 52.35 |
| 零缺陷管理 | 2 | 5.88 | 2 | 4.88 | 11 | 8.87 | 134 | 14.00 |

## 第 2 章　获奖企业的绩效趋势分析

为了充分了解政府质量奖在带动、引领、促进企业经营发展方面的实际效果，本书从总体、不同层次、不同业务类型、分区域等维度对获奖企业发展绩效进行趋势分析，通过多维度、全方位的对比分析，以综合评价政府质量奖实施绩效。

### 2.1　总体绩效趋势分析

本书首先对获奖企业绩效进行总览性分析，明晰获奖企业在经济效益、市场绩效、持续创新、质量水平和社会效益方面的成效并进行了 2015～2019 年这五年的持续跟踪比较，形成横向、纵向的网状分析。研究表明，政府质量奖在帮助企业提质增效、提升技术创新能力、增强市场竞争优势等方面发挥了积极的作用。

#### 2.1.1　经济效益水平大幅提升

浙江省全省获奖企业的资产总额、主营业务收入、利润总额、净利润等 4 项经济指标均实现较大幅度增加，资产负债率逐年下降，亩均税收、亩均增加值、全员劳动生产率逐年平稳增长。

##### 2.1.1.1　资产总额

全省获奖企业的平均资产总额在 2015～2019 年呈上升趋势。其中，2015 年平均资产总额为 12.68 亿元，2019 年为 21.58 亿元，增长了 8.9 亿元，五年复合增长率为 11.22%；整体增长趋势较平稳，具体如附图 2-1 所示。

##### 2.1.1.2　主营业务收入

全省获奖企业的平均主营业务收入在 2015～2019 年呈上升趋势，其中 2015 年平均主营业务收入为 9.88 亿元，2019 年平均主营业务收入为 16.52 亿元，增长了 6.64 亿元，其五年复合增长率为 10.83%；2016～2018 年增长较迅速，2018～2019 年增长速度有所下降，具体如附图 2-2 所示。

##### 2.1.1.3　利润总额

全省获奖企业的平均利润总额在 2015～2019 年呈上升趋势，其中 2015 年平均利润总额为 0.94 亿元，2019 年平均利润总额为 1.62 亿元，增长了

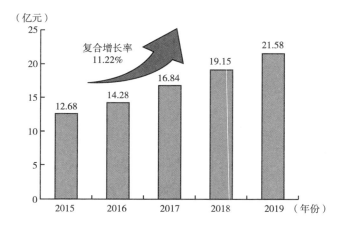

**附图 2 - 1　全省获奖企业的平均资产总额变化趋势**

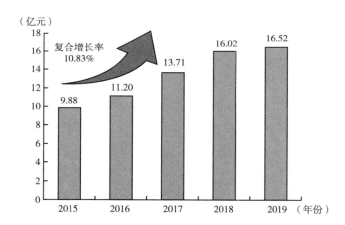

**附图 2 - 2　全省获奖企业的平均主营业务收入变化趋势**

0.68 亿元，其五年复合增长率为 11.51%，增长趋势整体较平稳，具体如附图 2 - 3 所示。

### 2.1.1.4　净利润

全省获奖企业的平均净利润在 2015～2019 年呈上升趋势，其中，2015 年平均净利润为 0.78 亿元，2019 年平均净利润为 1.33 亿元，增长了 0.55 亿元；2015～2016 年增长最迅速，增长率达 24.36%，就五年整体来看，复合增长率为 11.41%，具体如附图 2 - 4 所示。

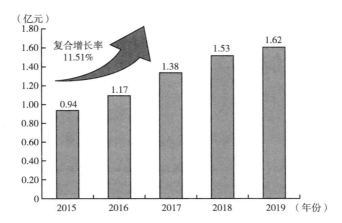

**附图 2 - 3  全省获奖企业的平均利润总额变化趋势**

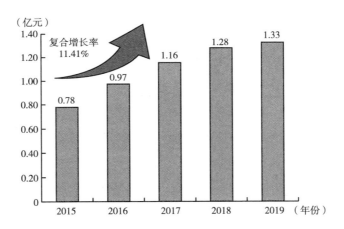

**附图 2 - 4  全省获奖企业的平均净利润变化趋势**

### 2.1.1.5  资产负债率

全省获奖企业的平均资产负债率在 2015～2019 年呈稳定下降趋势，其中，2015 年平均资产负债率为 53.40%，2019 年平均资产负债率为 47.08%，下降了 6.32 个百分点，具体如附图 2 - 5 所示。

### 2.1.1.6  亩均税收

全省获奖企业的平均亩均税收在 2015～2019 年呈平稳上升趋势，其中，2015 年平均亩均税收为 31.49 万元/亩，2019 年为 39.26 万元/亩，增长了 7.77 万元/亩，五年复合增长率为 4.51%，具体如附图 2 - 6 所示。

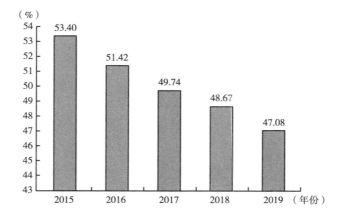

附图 2−5　全省获奖企业的平均资产负债率变化趋势

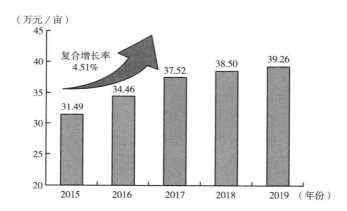

附图 2−6　全省获奖企业的平均亩均税收变化趋势

### 2.1.1.7　亩均增加值

全省获奖企业的平均亩均增加值在 2015～2019 年呈上升趋势，其中，2015 年平均亩均增加值为 139.63 万元/亩，2019 年为 190.27 万元/亩，增长了 50.64 万元/亩，五年复合增长率为 6.38%，具体如附图 2−7 所示。

### 2.1.1.8　全员劳动生产率

全省获奖企业的平均全员劳动生产率在 2015～2019 年呈平稳上升趋势，其中，2015 年平均全员劳动生产率为 46.87 万元/人，2019 年为 60.72 万元/人，增长了 13.85 万元/人，五年复合增长率为 5.31%，具体如附图 2−8 所示。

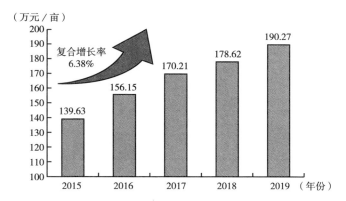

附图 2 - 7 全省获奖企业的平均亩均增加值变化趋势

附图 2 - 8 全省获奖企业的平均全员劳动生产率变化趋势

### 2.1.2 市场竞争优势更加明显

五年来,浙江省全省获奖企业的平均主导产品/服务全国市场占有率和平均国际市场销售占比持续增长,获奖企业的市场竞争优势更加明显。

### 2.1.2.1 主导产品/服务全国市场占有率

全省获奖企业平均主导产品/服务全国市场占有率在 2015～2019 年呈上升趋势,其中,2015 年平均主导产品/服务全国市场占有率为 19.05%,2019 年为 22.60%,增长了 3.55 个百分点,五年复合增长率为 3.48%,又以 2016～2017 年的增长速度最快,具体如附图 2 - 9 所示。

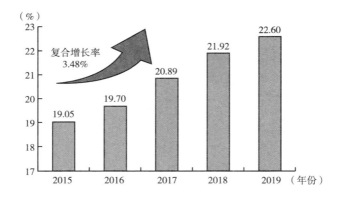

附图 2-9　全省获奖企业的平均主导产品/服务全国市场占有率变化趋势

#### 2.1.2.2　国际市场销售占比

全省获奖企业的平均国际市场销售占比在 2015～2019 年呈平稳上升趋势，其中，2015 年占比为 25.33%，2019 年为 26.80%，增长了 1.47 个百分点，五年复合增长率为 1.13%，具体如附图 2-10 所示。

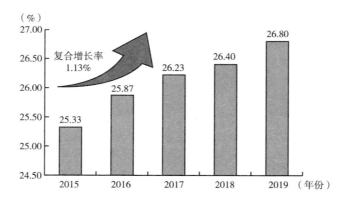

附图 2-10　全省获奖企业的平均国际市场销售占比趋势

### 2.1.3　持续创新活力逐步释放

全省获奖企业持续创新能力得到进一步提升，具体表现为平均 R&D 经费投入占比平稳增长，平均新产品产值率平稳增长，累计新增省部级以上科技奖数大幅度增长，累计新增省部级以上研发平台数呈波动变化，累计新增授权专利数和累计新增授权发明专利数呈现大幅度增长，累计新增主导或参与国际标准数及国家标准数平稳增长，累计新增主导或参与行业标准数平稳增长，累计新增主导或参与"浙江制造"标准数大幅度增长。

### 2.1.3.1　R&D 经费投入占比

全省获奖企业的 R&D 经费投入占比整体稳定上升。2015 年全省获奖企业 R&D 经费投入占比为 4.02%，2019 年为 4.34%，五年复合增长率为 1.55%，其中 2017 年有小幅回落，但次年立即回升且有较大幅度增长，具体如附图 2 – 11 所示。

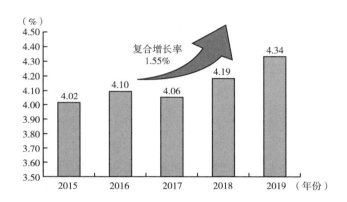

**附图 2 – 11　全省获奖企业的平均 R&D 经费投入占比变化趋势**

### 2.1.3.2　新产品产值率

全省获奖企业的平均新产品产值率在 2015~2019 年呈上升趋势，其中 2015 年为 53.60%，2019 年为 57.18%，五年复合增长率为 1.81%，又以 2015~2016 年和 2018~2019 年增长幅度最大，具体如附图 2 – 12 所示。

**附图 2 – 12　全省获奖企业的平均新产品产值率变化趋势**

### 2.1.3.3 新增省部级及以上科技奖数

全省获奖企业的累计新增省部级及以上科技奖数在 2015~2019 年呈上升趋势，其中 2015 年为 225 项，2019 年为 432 项，增加了 207 项，五年复合增长率为 13.94%，又以 2015~2016 年增长幅度最大，具体如附图 2-13 所示。

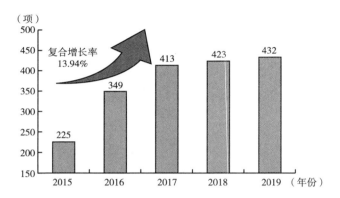

**附图 2-13 全省获奖企业的累计新增省部级及以上科技奖数变化趋势**

### 2.1.3.4 新增省部级及以上研发平台数

全省获奖企业的累计新增省部级及以上研发平台数在 2015~2019 年呈波动变化，2015 年累计新增 257 个，2016 年累计新增略有下降，为 234 个，2017~2018 年呈上升趋势，2019 年较 2018 年有所下降，具体如附图 2-14 所示。

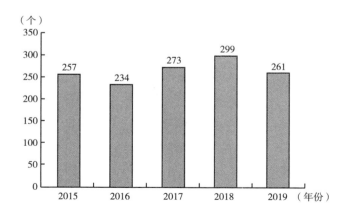

**附图 2-14 全省获奖企业的累计新增省部级及以上研发平台数变化趋势**

### 2.1.3.5 新增授权专利数

全省获奖企业的累计新增授权专利数在 2015～2019 年呈上升趋势，其中，2015 年累计新增授权专利数为 10807 件，2019 年为 18168 件，增长了 7361 件，五年复合增长率为 10.95%。2017～2018 年增长最迅速，增长率达到了 33.42%，具体如附图 2－15 所示。

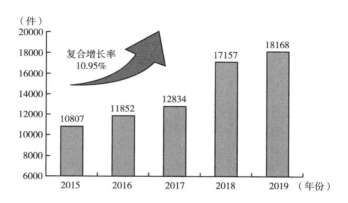

**附图 2－15 全省获奖企业的累计新增授权专利数变化趋势**

进一步地，全省获奖企业的累计新增授权发明专利数在 2015～2019 年呈上升趋势，其中，2015 年累计新增授权发明专利数为 2746 件，2019 年为 4087 件，增长了 1341 件，五年复合增长率为 8.28%，具体如附图 2－16 所示。

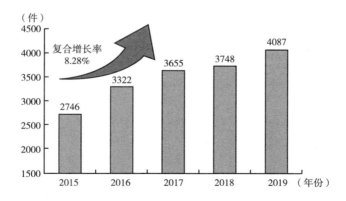

**附图 2－16 全省获奖企业的累计新增授权发明专利数变化趋势**

### 2.1.3.6 新增主导或参与国际标准数

全省获奖企业的累计新增主导或参与国际标准数在2015~2019年整体呈增长趋势，2015年累计新增主导或参与国际标准数为29项，2016年增长幅度最大，累计新增主导或参与国际标准数为56项，2019年累计新增主导或参与国际标准数为40项，具体如附图2-17所示。

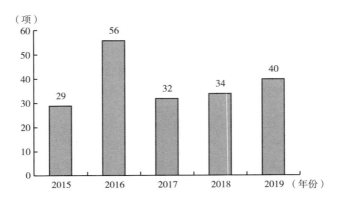

附图2-17 全省获奖企业的累计新增主导或参与国际标准数变化趋势

### 2.1.3.7 新增主导或参与国家标准数

全省获奖企业的累计新增主导或参与国家标准数在2015~2019年整体呈增长趋势，2015年累计新增主导或参与国家标准数为298项，2017年增长幅度最大，累计新增主导或参与国家标准数为565项，2018年和2019年增长速度放缓，累计新增主导或参与国家标准数分别为508项、489项，具体如附图2-18所示。

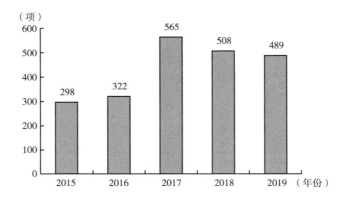

附图2-18 全省获奖企业的累计新增主导或参与国家标准数变化趋势

### 2.1.3.8 新增主导或参与行业标准数

全省获奖企业的累计新增主导或参与行业标准数在 2015～2019 年呈平稳增长趋势，2015 年累计新增主导或参与行业标准数为 430 项，2019 年累计新增主导或参与行业标准数为 535 项，具体如附图 2－19 所示。

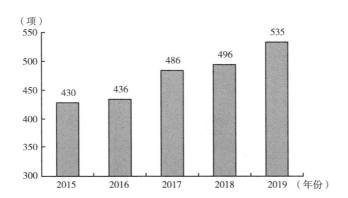

**附图 2－19 全省获奖企业的累计新增主导或参与行业标准数变化趋势**

### 2.1.3.9 新增主导或参与"浙江制造"标准数

全省获奖企业的累计新增主导或参与"浙江制造"标准数在 2015～2019 年实现大幅度增长，2015～2016 年为第一次大幅度增长，累计新增主导或参与"浙江制造"标准数从 44 项增加到 114 项，增长幅度达 159.09%，2017～2018 年为第二次大幅度增长，累计新增主导或参与"浙江制造"标准数从 134 项增加到 399 项，增长幅度达 197.76%，2019 年累计新增主导或参与"浙江制造"标准数较 2018 年有小幅度回落，具体如附图 2－20 所示。

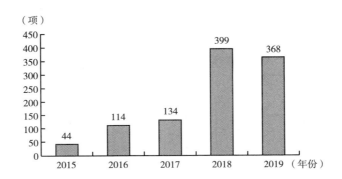

**附图 2－20 全省获奖企业的累计新增主导或参与"浙江制造"标准数变化趋势**

### 2.1.4 质量水平趋势稳定增长

五年来，浙江省全省获奖企业产品一次交检合格率、顾客满意度和服务满意度等质量水平的绩效指标均实现较为稳定的增长。

#### 2.1.4.1 产品一次交检合格率

全省获奖企业的平均产品一次交检合格率在 2015～2019 年呈平稳上升趋势。其中，2015 年产品一次交检合格率为 97.41%，2019 年为 98.55%，五年复合增长率为 0.23%，具体如附图 2−21 所示。

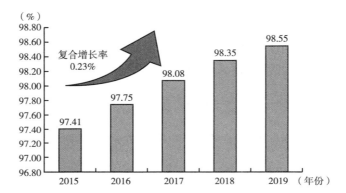

附图 2−21 全省获奖企业的平均产品一次交检合格率变化趋势

#### 2.1.4.2 顾客满意度

全省获奖企业的顾客满意度逐年稳步上升，2015 年顾客满意度为 85.21%，2019 年为 87.98%，增长了 2.77 个百分点，复合增长率为 0.64%，具体如附图 2−22 所示。

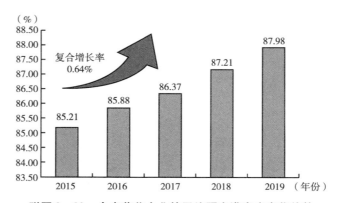

附图 2−22 全省获奖企业的平均顾客满意度变化趋势

### 2.1.4.3　服务满意度

全省获奖企业的服务满意度逐年稳步上升，2015 年顾客满意度为 87.38%，2019 年为 90.78%，增长了 3.4 个百分点，复合增长率为 0.77%，具体如附图 2 - 23 所示。

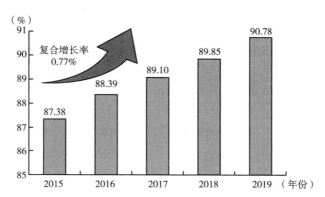

**附图 2 - 23　全省获奖企业的平均服务满意度变化趋势**

### 2.1.5　社会效益水平持续增强

五年来，浙江省全省获奖企业平均财政税收呈现出较大幅度的增长，平均万元产值综合能耗呈逐年下降态势，平均万元产值用水量整体呈下降趋势，表明获奖企业社会责任水平进一步增加。

### 2.1.5.1　财政税收

全省获奖企业的平均财政税收在 2015～2019 年呈上升趋势，其中，2015 年平均财政税收为 0.71 亿元，2019 年为 1.10 亿元，增长了 0.39 亿元，五年复合增长率为 9.22%，整体增长速度较平稳，具体如附图 2 - 24 所示。

### 2.1.5.2　万元产值综合能耗

全省获奖企业的万元产值综合能耗在 2015～2019 年呈下降趋势，2015 年为 0.18 吨标准煤/万元，2019 年为 0.13 吨标准煤/万元，减少了 0.05 吨标准煤/万元，具体如附图 2 - 25 所示。

### 2.1.5.3　万元产值用水量

全省获奖企业的万元产值用水量总体呈下降趋势，其中，2015～2018 年从 1.41 立方米/万元逐年下降至 1.28 立方米/万元，2019 年有小幅回升，具体如附图 2 - 26 所示。

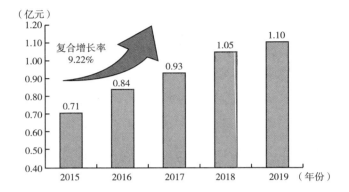

附图 2 - 24    全省获奖企业的平均财政税收变化趋势

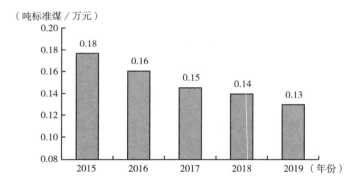

附图 2 - 25    全省获奖企业的平均万元产值综合能耗变化趋势

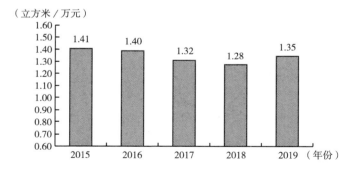

附图 2 - 26    全省获奖企业的平均万元产值用水量变化趋势

## 2.2　不同层次绩效趋势分析

为增加对象可比性,本书分别对省奖获奖企业、市奖获奖企业和县奖获奖企业进行不同层次趋势分析。研究表明,不同获奖层次企业的经济效益差异较显著,省奖获奖企业存在较大的经济效益优势;不同获奖层次企业的市场绩效稳中向好,具有较强的层次传递性特征;不同获奖层次企业的持续创新激发潜力较大,省奖获奖企业专利产出优势显著、市奖获奖企业技术转换能力较强,其新产品产值率优势明显;不同获奖层次企业的质量水平提升趋势均较明显,各层次获奖企业均呈现出较高的质量水平和能力,顾客满意度和服务满意度均呈现增长趋势;不同获奖层次企业的社会效益引领作用显现,省奖获奖企业起到了良好的示范引领作用,做出了较大的社会贡献和行业发展标杆作用。

### 2.2.1　不同获奖层次企业经济效益差异显著

#### 2.2.1.1　资产总额

2015 ~ 2019 年,省奖获奖企业的平均资产总额约为 158.08 亿元,市奖获奖企业的平均资产总额约为 21.13 亿元,县奖获奖企业的平均资产总额约为 10.23 亿元。综合来看,省奖获奖企业的资产总额约为市奖的 7.42 倍、县奖的 15.45 倍,市奖获奖企业的资产总额约为县奖的 2.07 倍。从获奖层次的横向对比可以发现,市奖获奖企业的平均资产总额规模高于县奖获奖企业的平均资产总额规模,省奖获奖企业的平均资产总额规模高于市奖和县奖获奖企业的平均资产总额规模,且省奖获奖企业远超市奖和县奖获奖企业,具体见附表 2 – 1。

附表 2 – 1　　　　　　不同获奖层次企业的平均资产总额对比

| 奖别 | 资产总额 (亿元) | | | | | | 复合增长率 (%) |
|---|---|---|---|---|---|---|---|
| | 2015 年 | 2016 年 | 2017 年 | 2018 年 | 2019 年 | 五年平均 | |
| 省奖 | 105.29 | 127.15 | 160.82 | 185.26 | 211.89 | 158.08 | 15.01 |
| 市奖 | 15.53 | 17.78 | 20.88 | 24.37 | 27.07 | 21.13 | 11.75 |
| 县奖 | 8.27 | 8.90 | 10.11 | 11.23 | 12.64 | 10.23 | 8.85 |

省奖获奖企业 2015 年的资产总额为 105.29 亿元,2019 年的资产总额为 211.89 亿元,五年复合增长率达 15.01%;市奖获奖企业 2015 年为 15.53 亿

元，2019 年的资产总额为 27.07 亿元，五年复合增长率为 11.75%；县奖获奖企业 2015 年为 8.27 亿元，2019 年的资产总额为 12.64 亿元，五年复合增长率为 8.85%。从复合增长率的角度来分析，可以发现获奖层次越高，复合增长率越大，这可以进一步验证，企业导入卓越绩效模式的程度和获得政府质量奖的层次越高，其经济效益增长速度越快。

### 2.2.1.2 主营业务收入

2015~2019 年，省奖获奖企业的平均主营业务收入约为 118.43 亿元，市奖获奖企业的平均主营业务收入约为 18.73 亿元，县奖获奖企业的平均主营业务收入约为 7.88 亿元。综合来看，省奖获奖企业的主营业务收入约为市奖的 6.32 倍、县奖的 15 倍，市奖获奖企业的主营业务收入约为县奖的 2.38 倍。从获奖层次的横向对比可以发现，市奖获奖企业的平均主营业务收入高于县奖获奖企业的平均主营业务收入，省奖获奖企业的平均主营业务收入高于市奖和县奖获奖企业的平均主营业务收入，且省奖获奖企业主营业务收入远超市奖和县奖获奖企业，具体见附表 2-2。

附表 2-2　　　　不同获奖层次企业的平均主营业务收入对比

| 奖别 | 主营业务收入（亿元） | | | | | | 复合增长率（%） |
|---|---|---|---|---|---|---|---|
| | 2015 年 | 2016 年 | 2017 年 | 2018 年 | 2019 年 | 五年平均 | |
| 省奖 | 77.90 | 95.27 | 124.44 | 145.23 | 149.30 | 118.43 | 13.89 |
| 市奖 | 13.88 | 15.71 | 18.86 | 21.79 | 23.40 | 18.73 | 11.01 |
| 县奖 | 6.08 | 6.63 | 7.93 | 9.36 | 9.39 | 7.88 | 9.07 |

省奖获奖企业 2015 年的主营业务收入为 77.90 亿元，2019 年的主营业务收入为 149.30 亿元，五年复合增长率达 13.89%；市奖获奖企业 2015 年的主营业务收入为 13.88 亿元，2019 年为 23.40 亿元，五年复合增长率为 11.01%；县奖获奖企业 2015 年的主营业务收入为 6.08 亿元，2019 年为 9.39 亿元，五年复合增长率为 9.07%。一方面，浙江省省奖、市奖、县奖获奖企业的平均主营业务收入在 2015~2019 年均呈现明显上升趋势，另一方面也应该看到，不同层次获奖企业的五年复合增长率还是存在较大的差异，省、市、县三级获奖企业的复合增长率基本上相差约 2 个百分点。

### 2.2.1.3　利润总额

2015～2019 年，省奖获奖企业的平均利润总额约为 10.53 亿元，市奖获奖企业的平均利润总额约为 2.10 亿元，县奖获奖企业的平均利润总额约为 0.75 亿元。综合来看，省奖获奖企业的利润总额约为市奖的 5 倍、县奖的 14 倍，市奖获奖企业的利润总额约为县奖的 2.8 倍。从获奖层次的横向对比可以发现，市奖获奖企业的平均利润总额高于县奖获奖企业的平均利润总额，省奖获奖企业的平均利润总额高于市奖和县奖获奖企业的利润总额，且省奖获奖企业利润总额远超市奖和县奖获奖企业，具体见附表 2-3。

**附表 2-3　　　　　　不同获奖层次企业的平均利润总额对比**

| 奖别 | 利润总额（亿元） | | | | | | 复合增长率（%） |
| --- | --- | --- | --- | --- | --- | --- | --- |
| | 2015 年 | 2016 年 | 2017 年 | 2018 年 | 2019 年 | 五年平均 | |
| 省奖 | 6.43 | 9.23 | 11.89 | 13.14 | 11.96 | 10.53 | 13.20 |
| 市奖 | 1.41 | 1.79 | 2.13 | 2.46 | 2.68 | 2.10 | 13.67 |
| 县奖 | 0.59 | 0.68 | 0.76 | 0.81 | 0.92 | 0.75 | 9.10 |

省奖获奖企业 2019 年的利润总额为 11.96 亿元，较 2018 年的 13.14 亿元有所下降，但同 2015 年的 6.43 亿元相比，仍有 13.20% 的复合增长率；市奖获奖企业 2019 年的利润总额为 2.68 亿元，2015 年为 1.41 亿元，五年复合增长率为 13.67%；县奖获奖企业 2019 年的利润总额为 0.92 元，2015 年为 0.59 亿元，五年复合增长率为 9.10%。一方面，省奖、市奖、县奖获奖企业的平均利润总额在 2015～2019 年总体呈上升趋势，另一方面，省奖和市奖获奖企业的平均利润总额复合增长率显著高于县奖获奖企业。

### 2.2.1.4　净利润

2015～2019 年，省奖获奖企业的平均净利润约为 8.59 亿元，市奖获奖企业的平均净利润约为 1.75 亿元，县奖获奖企业的平均净利润约为 0.62 亿元。综合来看，省奖获奖企业的净利润约为市奖的 4.9 倍、县奖的 13.85 倍，市奖获奖企业的净利润约为县奖的 2.8 倍。从获奖层次的横向对比可以发现，市奖获奖企业的平均净利润高于县奖获奖企业的平均净利润，省奖获奖企业的净利润远超市奖和县奖获奖企业，具体见附表 2-4。

附表 2 - 4                     不同获奖层次企业的平均净利润对比

| 奖别 | 净利润（亿元） | | | | | | 复合增长率（%） |
|---|---|---|---|---|---|---|---|
| | 2015 年 | 2016 年 | 2017 年 | 2018 年 | 2019 年 | 五年平均 | |
| 省奖 | 5.38 | 7.61 | 9.71 | 10.66 | 9.63 | 8.59 | 12.35 |
| 市奖 | 1.18 | 1.52 | 1.82 | 2.07 | 2.17 | 1.75 | 12.96 |
| 县奖 | 0.48 | 0.56 | 0.63 | 0.68 | 0.77 | 0.62 | 9.91 |

省奖获奖企业 2015 年的净利润为 5.38 亿元，2019 年的净利润为 9.63 亿元，尽管省奖获奖企业的净利润在 2019 年有小幅下降，但总体仍保持较稳定的增长，五年复合增长率达 12.35%；市奖获奖企业 2015 年的净利润为 1.18 亿元，2019 年为 2.17 亿元，五年复合增长率 12.96%；县奖获奖企业 2015 年的净利润为 0.48 亿元，2019 年为 0.77 亿元，五年复合增长率为 9.91%。一方面，浙江省省奖、市奖、县奖获奖企业的平均净利润在 2015～2019 年总体呈上升趋势，另一方面，省奖和市奖获奖企业的净利润复合增长率显著高于县奖获奖企业。

### 2.2.1.5 亩均税收

2015～2019 年，省奖获奖企业的平均亩均税收约为 88.82 万元/亩，市奖获奖企业的平均亩均税收约为 35.57 万元/亩，县奖获奖企业的平均亩均税收约为 34.47 万元/亩。综合来看，省奖获奖企业的亩均税收约为市奖的 2.5 倍、县奖的 2.6 倍。从获奖层次的横向对比可以发现，省奖获奖企业亩均税收显著高于市奖和县奖获奖企业，县奖获奖企业的亩均税收与市奖差距极小，具体见附表 2 - 5。

附表 2 - 5                     不同获奖层次企业的平均亩均税收对比

| 奖别 | 亩均税收（万元/亩） | | | | | | 复合增长率（%） |
|---|---|---|---|---|---|---|---|
| | 2015 年 | 2016 年 | 2017 年 | 2018 年 | 2019 年 | 五年平均 | |
| 省奖 | 77.71 | 86.63 | 88.01 | 89.89 | 101.83 | 88.82 | 5.56 |
| 市奖 | 31.52 | 34.00 | 36.62 | 38.14 | 37.58 | 35.57 | 3.58 |
| 县奖 | 29.78 | 32.67 | 35.87 | 36.65 | 37.37 | 34.47 | 4.64 |

省奖获奖企业 2015 年的亩均税收为 77.71 万元/亩，2019 年的亩均税收为 101.83 万元/亩，五年复合增长率达 5.56%；市奖获奖企业 2015 年的亩均税收为 31.52 万元/亩，2019 年的亩均税收为 37.58 万元/亩，五年复合增长率为 3.58%；县奖获奖企业 2015 年的亩均税收为 29.78 万元/亩，2019 年的亩均税收为 37.37 万元/亩，五年复合增长率为 4.64%。一方面，浙江省省奖、市奖、县奖获奖企业的亩均税收稳步增长，另一方面，省奖获奖企业的亩均税收复合增长率明显高于市奖和县奖获奖企业。

### 2.2.1.6 亩均增加值

2015～2019 年，省奖获奖企业的平均亩均增加值约为 420.82 万元/亩，市奖获奖企业的平均亩均增加值约为 216.88 万元/亩，县奖获奖企业的平均亩均增加值约为 140.20 万元/亩。综合来看，省奖获奖企业的亩均增加值约为市奖的 1.94 倍、县奖的 3 倍。从获奖层次的横向对比可以发现，省奖获奖企业的平均亩均增加值明显高于市奖和县奖，具体见附表 2-6。

附表 2-6 不同获奖层次企业的平均亩均增加值对比

| 奖别 | 亩均增加值（万元/亩） | | | | | | 复合增长率（%） |
|---|---|---|---|---|---|---|---|
| | 2015 年 | 2016 年 | 2017 年 | 2018 年 | 2019 年 | 五年平均 | |
| 省奖 | 313.35 | 343.81 | 392.40 | 464.62 | 589.91 | 420.82 | 13.49 |
| 市奖 | 184.47 | 210.82 | 226.77 | 228.91 | 233.42 | 216.88 | 4.82 |
| 县奖 | 118.07 | 130.68 | 142.71 | 150.16 | 159.37 | 140.20 | 6.18 |

省奖获奖企业 2015 年的亩均增加值为 313.35 万元/亩，2019 年的亩均增加值为 589.91 万元/亩，五年复合增长率达 13.49%；市奖获奖企业 2015 年的亩均增加值为 184.47 万元/亩，2019 年的亩均增加值为 233.42 万元/亩，五年复合增长率为 4.82%；县奖获奖企业 2015 年的亩均增加值为 118.07 万元/亩，2019 年的亩均增加值为 159.37 万元/亩，五年复合增长率为 6.18%。一方面，省奖、市奖、县奖获奖企业的亩均增加值在 2015～2019 年均呈明显上升趋势，另一方面，省奖获奖企业的亩均增加值复合增长率显著高于市奖和县奖获奖企业，约为它们的 2～3 倍。

### 2.2.1.7 全员劳动生产率

2015～2019 年，省奖获奖企业的平均全员劳动生产率约为 67.61 万元/人，市奖获奖企业的平均全员劳动生产率约为 58.98 万元/人，县奖获奖企业的平均全员劳动生产率约为 51.85 万元/人。总体来看，省奖获奖企业的全员劳动生产率高于市奖，市奖获奖企业的全员劳动生产率高于县奖，具体见附表 2-7。

附表 2-7　　　　不同获奖层次企业的平均全员劳动生产率对比

| 奖别 | 平均全员劳动生产率（万元/人） | | | | | | 复合增长率（%） |
|---|---|---|---|---|---|---|---|
| | 2015 年 | 2016 年 | 2017 年 | 2018 年 | 2019 年 | 五年平均 | |
| 省奖 | 57.52 | 61.09 | 70.32 | 74.57 | 74.57 | 67.61 | 5.33 |
| 市奖 | 51.01 | 53.40 | 59.89 | 63.45 | 67.17 | 58.98 | 5.66 |
| 县奖 | 45.18 | 47.82 | 52.77 | 55.33 | 58.15 | 51.85 | 5.18 |

省奖获奖企业 2015 年的平均全员劳动生产率为 57.52 万元/人，2019 年为 74.57 万元/人，五年复合增长率为 5.33%；市奖获奖企业 2015 年的平均全员劳动生产率为 51.01 万元/人，2019 年为 67.17 万元/人，五年复合增长率为 5.66%；县奖获奖企业 2015 年的平均全员劳动生产率为 45.18 万元/人，2019 年为 58.15 万元/人，五年复合增长率为 5.18%。浙江省省奖、市奖、县奖获奖企业的全员劳动生产率呈逐年上升趋势，不同获奖层次企业平均全员劳动生产率的复合增长率差异不大。

### 2.2.2 不同获奖层次企业市场竞争优势越发明显

#### 2.2.2.1 主导产品/服务全国市场占有率

2015～2019 年，省奖获奖企业的平均主导产品/服务全国市场占有率约为 25.70%，市奖获奖企业的平均主导产品/服务全国市场占有率约为 23.35%，县奖获奖企业的平均主导产品/服务全国市场占有率约为 19.75%。总体来看，省奖获奖企业的主导产品/服务全国市场占有率高于市奖，市奖获奖企业的主导产品/服务全国市场占有率高于县奖，具体见附表 2-8。

**附表 2 - 8　不同获奖层次企业的平均主导产品/服务全国市场占有率的对比**　　单位:%

| 奖别 | 主导产品/服务全国市场占有率 | | | | | | 复合增长率 |
|---|---|---|---|---|---|---|---|
| | 2015 年 | 2016 年 | 2017 年 | 2018 年 | 2019 年 | 平均 | |
| 省奖 | 24.05 | 24.31 | 25.24 | 26.85 | 28.02 | 25.70 | 3.10 |
| 市奖 | 21.35 | 22.30 | 23.67 | 24.60 | 24.82 | 23.35 | 3.07 |
| 县奖 | 18.04 | 18.60 | 19.73 | 20.78 | 21.60 | 19.75 | 3.67 |

省奖获奖企业 2015 年的平均主导产品/服务全国市场占有率为 24.05%，2019 年为 28.02%，五年复合增长率达 3.10%；市奖获奖企业 2015 年的平均主导产品/服务全国市场占有率为 21.35%，2019 年为 24.82%，五年复合增长率为 3.07%；县奖获奖企业 2015 年的平均主导产品/服务全国市场占有率为 18.04%，2019 年为 21.60%，五年复合增长率为 3.67%。从统计数据来看，浙江省省奖、市奖、县奖获奖企业的平均主导产品/服务全国市场占有率均呈现增长态势，获奖企业市场竞争优势越发明显。

#### 2.2.2.2　国际市场销售占比

2015 ~ 2019 年，省奖获奖企业的平均国际市场销售占比约为 20.16%，市奖获奖企业的平均国际市场销售占比约为 23.42%，县奖获奖企业的平均国际市场销售占比约为 27.37%。总体来看，在国际环境变化越来越大的情况下，浙江省全省获奖企业仍保持了一定的增长，具体见附表 2 - 9。

**附表 2 - 9　　　　不同获奖层次企业的平均国际市场销售占比的对比**　　单位:%

| 奖别 | 国际市场销售占比 | | | | | | 复合增长率 |
|---|---|---|---|---|---|---|---|
| | 2015 年 | 2016 年 | 2017 年 | 2018 年 | 2019 年 | 五年平均 | |
| 省奖 | 20.07 | 21.34 | 19.51 | 20.14 | 19.75 | 20.16 | - 0.32 |
| 市奖 | 22.68 | 22.72 | 23.55 | 23.79 | 24.37 | 23.42 | 1.45 |
| 县奖 | 26.53 | 27.20 | 27.50 | 27.63 | 28.00 | 27.37 | 1.09 |

省奖获奖企业 2015 年的平均国际市场销售占比为 20.07%，2019 年为 19.75%，五年来国际市场销售占比呈现波动趋势，但仍维持在 19% 以上。市奖获奖企业 2015 年的平均国际市场销售占比为 22.68%，2019 年为

24.37%，五年复合增长率为1.45%。县奖获奖企业2015年的平均国际市场销售占比为26.53%，2019年为28.00%，五年复合增长率为1.09%，整体稳步上升。

### 2.2.3 不同获奖层次持续创新激发潜力较大

#### 2.2.3.1 R&D经费投入占比

2015~2019年，省奖获奖企业的平均R&D经费投入占比约为4.25%，市奖获奖企业的平均R&D经费投入占比约为3.53%，县奖获奖企业的平均R&D经费投入占比约为3.36%。总体来看，省奖获奖企业的R&D经费投入占比显著高于市奖和县奖获奖企业，表明导入卓越绩效模式程度和获得政府质量奖的层次越高，越注重持续创新的研发投入，未来的创新潜力越大，具体见附表2-10。

**附表2-10　　不同获奖层次企业的平均R&D经费投入占比对比**　　　单位:%

| 奖别 | 平均R&D经费投入占比 | | | | | | 复合增长率 |
|---|---|---|---|---|---|---|---|
| | 2015年 | 2016年 | 2017年 | 2018年 | 2019年 | 五年平均 | |
| 省奖 | 4.19 | 4.28 | 4.11 | 4.27 | 4.38 | 4.25 | 0.90 |
| 市奖 | 3.44 | 3.49 | 3.52 | 3.60 | 3.61 | 3.53 | 0.97 |
| 县奖 | 3.26 | 3.31 | 3.37 | 3.41 | 3.45 | 3.36 | 1.14 |

省奖获奖企业2015年的平均R&D经费投入占比为4.19%，2019年为4.38%，五年复合增长率为0.9%，总体呈现波动上升趋势；市奖获奖企业2015年的平均R&D经费投入占比为3.44%，2019年为3.61%，五年复合增长率为0.97%；县奖获奖企业2015年的平均R&D经费投入占比为3.26%，2019年为3.45%，五年复合增长率为1.14%。总体而言，省奖、市奖、县奖获奖企业研发投入增长率差异不大，但都更加注重技术创新。

#### 2.2.3.2 新产品产值率

2015~2019年，省奖获奖企业的平均新产品产值率约为52.40%，市奖获奖企业的平均新产品产值率约为59.09%，县奖获奖企业的平均约为53.88%，具体见附表2-11。

附表 2 – 11　　　**不同获奖层次企业的平均新产品产值率对比**　　　单位:%

| 奖别 | 平均新产品产值率 | | | | | | 复合增长率 |
| | 2015 年 | 2016 年 | 2017 年 | 2018 年 | 2019 年 | 五年平均 | |
|---|---|---|---|---|---|---|---|
| 省奖 | 53.22 | 53.34 | 51.66 | 50.11 | 53.65 | 52.40 | 0.16 |
| 市奖 | 56.27 | 57.88 | 59.04 | 60.63 | 61.60 | 59.09 | 1.82 |
| 县奖 | 51.32 | 52.78 | 53.45 | 55.55 | 56.30 | 53.88 | 1.87 |

省奖获奖企业 2015 年的平均新产品产值率为 53.22%，2019 年为 53.65%，五年复合增长率为 0.16%；市奖获奖企业 2015 年的平均新产品产值率为 56.27%，2019 年为 61.60%，五年复合增长率为 1.82%；县奖获奖企业 2015 年的平均新产品产值率为 51.32%，2019 年为 56.30%，五年复合增长率为 1.87%。总体来看，虽然 2016 ~ 2018 年有所波动，但无论是省奖、市奖还是县奖，平均新产品产值率均呈现上升趋势，表明浙江省获奖企业在政府质量奖的带动下，持续创新能力得到了进一步提升。

### 2.2.3.3　新增授权专利数

2015 ~ 2019 年，省奖获奖企业的平均新增授权专利数约为 98.43 件，市奖约为 15.29 件，县奖约为 7.25 件。总体来看，省奖获奖企业的新增授权专利数约为市奖的 6.44 倍、县奖的 13.6 倍，市奖约为县奖的 2.1 倍。从获奖层次的横向对比可以发现，省奖获奖企业的平均新增授权专利数显著高于市奖和县奖，具体见附表 2 – 12。

附表 2 – 12　　　**不同获奖层次企业的平均新增授权专利数对比**

| 奖别 | 平均新增授权专利数（件） | | | | | | 复合增长率（%） |
| | 2015 年 | 2016 年 | 2017 年 | 2018 年 | 2019 年 | 五年平均 | |
|---|---|---|---|---|---|---|---|
| 省奖 | 65.69 | 79.23 | 81.37 | 132.11 | 133.77 | 98.43 | 15.29 |
| 市奖 | 10.99 | 12.13 | 13.85 | 18.59 | 20.87 | 15.29 | 13.69 |
| 县奖 | 6.09 | 6.38 | 6.87 | 8.27 | 8.64 | 7.25 | 7.25 |

省奖获奖企业 2015 年的平均新增授权专利数为 65.69 件，2019 年为 133.77 件，五年复合增长率达 15.29%；市奖获奖企业 2015 年的平均新增授

权专利数为 10.99 件，2019 年为 20.87 件，五年复合增长率为 13.69%；县奖获奖企业 2015 年的平均新增授权专利数为 6.09 件，2019 年为 8.64 件，五年复合增长率为 7.25%。整体来看，浙江省省奖、市奖、县奖获奖企业的新增授权专利数整体呈现上升趋势，省奖和市奖的增长速度为县奖的 2 倍左右；具体地看，2018 年省奖、市奖、县奖获奖企业的新增授权专利数增长最快。

更进一步地，省奖获奖企业的新增授权发明专利数也显著高于市奖和县奖获奖企业，分别约为它们的 4.34 倍、6.69 倍。一方面，各获奖层次企业的新增授权发明专利的数量呈现上升趋势；另一方面，获奖层次越高创新成效越显著，具体见附表 2-13。

**附表 2-13　　不同获奖层次企业的平均新增授权发明专利数对比**

| 奖别 | 平均新增授权发明专利数（件） | | | | | | 复合增长率（%） |
| --- | --- | --- | --- | --- | --- | --- | --- |
| | 2015 年 | 2016 年 | 2017 年 | 2018 年 | 2019 年 | 五年平均 | |
| 省奖 | 28.27 | 33.65 | 29.93 | 29.07 | 35.21 | 31.23 | 4.49 |
| 市奖 | 5.70 | 6.79 | 6.96 | 7.15 | 9.38 | 7.19 | 10.48 |
| 县奖 | 3.90 | 4.48 | 4.79 | 4.86 | 5.31 | 4.67 | 6.33 |

### 2.2.4　不同获奖层次质量水平规范化程度较高

#### 2.2.4.1　产品一次交检合格率

2015～2019 年，省奖获奖企业的平均产品一次交检合格率为 98.25%，市奖获奖企业的平均产品一次交检合格率为 98.01%，县奖获奖企业的平均产品一次交检合格率为 98.00%。总体来看，浙江省不同层次获奖企业产品一次交检合格率都实现了进一步提升，具体见附表 2-14。

**附表 2-14　　不同获奖层次企业的平均产品一次交检合格率对比**　　单位:%

| 奖别 | 平均产品一次交检合格率 | | | | | | 复合增长率 |
| --- | --- | --- | --- | --- | --- | --- | --- |
| | 2015 年 | 2016 年 | 2017 年 | 2018 年 | 2019 年 | 五年平均 | |
| 省奖 | 97.83 | 98.02 | 98.40 | 98.45 | 98.54 | 98.25 | 0.15 |
| 市奖 | 97.45 | 97.79 | 98.05 | 98.27 | 98.50 | 98.01 | 0.22 |
| 县奖 | 97.38 | 97.73 | 98.08 | 98.37 | 98.46 | 98.00 | 0.22 |

省奖获奖企业 2015 年的平均产品一次交检合格率为 97.83%，2019 年为 98.54%，复合增长率为 0.15%；市奖获奖企业 2015 年的平均产品一次交检合格率为 97.45%，2019 年为 98.50%，复合增长率为 0.22%；县奖获奖企业 2015 年的平均产品一次交检合格率为 97.38%，2019 年为 98.46%，复合增长率为 0.22%。总体来看，浙江省省奖、市奖、县奖获奖企业的产品一次交检合格率均整体呈现上升趋势。

### 2.2.4.2　顾客满意度

2015～2019 年，省奖获奖企业的平均顾客满意度约为 88.48%，市奖获奖企业的平均顾客满意度约为 86.49%，县奖获奖企业的平均顾客满意度约为 84.82%。总体来看，省奖获奖企业的平均顾客满意度高于市奖和县奖，具体见附表 2–15。

附表 2–15　　　　　　**不同获奖层次企业的平均顾客满意度对比**　　　　单位：%

| 奖别 | 平均顾客满意度 | | | | | | 复合增长率 |
| --- | --- | --- | --- | --- | --- | --- | --- |
| | 2015 年 | 2016 年 | 2017 年 | 2018 年 | 2019 年 | 五年平均 | |
| 省奖 | 86.62 | 87.93 | 88.30 | 89.58 | 90.00 | 88.48 | 0.77 |
| 市奖 | 85.24 | 85.82 | 86.32 | 86.85 | 87.24 | 86.49 | 0.47 |
| 县奖 | 83.78 | 83.91 | 84.50 | 85.20 | 86.69 | 84.82 | 0.68 |

省奖获奖企业 2015 年的平均顾客满意度为 86.62%，2019 年为 90%，五年复合增长率为 0.77%；市奖获奖企业 2015 年的平均顾客满意度为 85.24%，2019 年为 87.24%，五年复合增长率为 0.47%；县奖获奖企业 2015 年的平均顾客满意度为 83.78%，2019 年为 86.69%，五年复合增长率为 0.68%。浙江省省奖、市奖、县奖获奖企业的顾客满意度呈现逐年上升趋势。

### 2.2.4.3　服务满意度

2015～2019 年，省奖获奖企业的平均服务满意度约为 90.32%，市奖获奖企业的平均服务满意度约为 89.18%，县奖获奖企业的平均服务满意度约为 87.80%。总体来看，省奖获奖企业的平均服务满意度高于市奖和县奖，增长速度也优于市奖和县奖获奖企业，具体见附表 2–16。

附表 2-16　　　不同获奖层次企业的平均服务满意度对比　　　单位:%

| 奖别 | 平均服务满意度 | | | | | | 复合增长率 |
|---|---|---|---|---|---|---|---|
| | 2015 年 | 2016 年 | 2017 年 | 2018 年 | 2019 年 | 五年平均 | |
| 省奖 | 88.30 | 89.65 | 90.11 | 91.20 | 92.35 | 90.32 | 0.90 |
| 市奖 | 87.12 | 88.43 | 89.63 | 90.01 | 90.69 | 89.18 | 0.81 |
| 县奖 | 86.71 | 87.09 | 87.56 | 88.34 | 89.29 | 87.80 | 0.59 |

　　省奖获奖企业 2015 年的平均服务满意度为 88.3%，2019 年为 92.35%，五年复合增长率为 0.90%；市奖获奖企业 2015 年的平均服务满意度为 87.12%，2019 年的服务满意度为 90.69%，五年复合增长率为 0.81%；县奖获奖企业 2015 年的平均服务满意度为 86.71%，2019 年为 89.29%，五年复合增长率为 0.59%。总体来看，省奖获奖企业的平均服务满意度高于市奖和县奖，不同获奖层次企业的服务满意度均逐年上升。

### 2.2.5　不同获奖层次社会效益引领作用显现

#### 2.2.5.1　财政税收

　　2015～2019 年，省奖获奖企业的平均财政税收约为 12.05 亿元，市奖获奖企业的平均财政税收约为 1.05 亿元，县奖获奖企业的平均财政税收约为 0.44 亿元。综合来看，省奖获奖企业的财政税收约为市奖的 11.48 倍、县奖的 27.39 倍，市奖约为县奖的 2.39 倍，省奖获奖企业的平均财政税收显著高于市奖和县奖获奖企业，具体见附表 2-17。

附表 2-17　　　　　不同获奖层次企业的平均财政税收对比

| 奖别 | 平均财政税收（亿元） | | | | | | 复合增长率（%） |
|---|---|---|---|---|---|---|---|
| | 2015 年 | 2016 年 | 2017 年 | 2018 年 | 2019 年 | 五年平均 | |
| 省奖 | 7.88 | 10.69 | 12.23 | 14.48 | 14.95 | 12.05 | 13.66 |
| 市奖 | 0.80 | 0.96 | 1.06 | 1.19 | 1.26 | 1.05 | 9.54 |
| 县奖 | 0.39 | 0.41 | 0.44 | 0.47 | 0.50 | 0.44 | 4.91 |

　　省奖获奖企业 2015 年的平均财政税收为 7.88 亿元，2019 年为 14.95 亿元，五年复合增长率达 13.66%；市奖获奖企业 2015 年的平均财政税收为

0.80 亿元，2019 年为 1.26 亿元，五年复合增长率为 9.54%；县奖获奖企业
2015 年的平均财政税收为 0.39 亿元，2019 年为 0.50 亿元，五年复合增长率
为 4.91%。浙江省省奖、市奖、县奖获奖企业的财政税收逐年稳步上升，且
省奖平均财政税收的复合增长率分别为市奖和县奖的 1.43 倍、2.78 倍。

### 2.2.5.2　公益捐款金额

2015 ~ 2019 年，省奖获奖企业的平均公益捐款金额约为 924.63 万元，
市奖获奖企业的平均公益捐款金额约为 95.52 万元，县奖获奖企业的平均公
益捐款金额约为 47.86 万元。总体来看，省奖获奖企业的公益捐款金额约为
市奖的 9.68 倍、县奖的 19.32 倍，具体见附表 2 - 18。

附表 2 - 18　　　　　　不同获奖层次企业的平均公益捐款金额对比

| 奖别 | 平均公益捐款金额（万元） | | | | | | 复合增长率（%） |
|------|--------|--------|--------|--------|--------|--------|------|
| | 2015 年 | 2016 年 | 2017 年 | 2018 年 | 2019 年 | 五年平均 | |
| 省奖 | 616.65 | 609.35 | 445.74 | 1281.45 | 1669.94 | 924.63 | 22.05 |
| 市奖 | 81.95 | 90.37 | 94.90 | 83.85 | 126.51 | 95.52 | 9.07 |
| 县奖 | 37.38 | 43.91 | 45.00 | 47.51 | 65.50 | 47.86 | 11.88 |

省奖获奖企业 2015 年的平均公益捐款金额为 616.65 万元，2019 年为
1669.94 万元，五年复合增长率达 22.05%；市奖获奖企业 2015 年的平均公
益捐款金额为 81.95 万元，2019 年为 126.51 万元，五年复合增长率为
9.07%；县奖获奖企业 2015 年的平均公益捐款金额为 37.38 万元，2019 年为
65.50 万元，五年复合增长率为 11.88%。总体而言，省奖、市奖、县奖获奖
企业的公益捐款金额均实现较大幅度上升，表明政府质量奖制度对企业履行
社会责任具有明显的促进作用。

### 2.2.5.3　万元产值综合能耗

2015 ~ 2019 年，省奖获奖企业平均万元产值综合能耗约为 0.115 吨标准
煤/万元，市奖获奖企业约为 0.135 吨标准煤/万元，县奖获奖企业约为
0.158 吨标准煤/万元。综合来看，省奖获奖企业的平均万元产值综合能耗低
于市奖和县奖，具体见附表 2 - 19。

附表 2 - 19 不同获奖层次企业的平均万元产值综合能耗对比

| 奖别 | 平均万元产值综合能耗（吨标准煤/万元） | | | | | | 复合增长率（%） |
|---|---|---|---|---|---|---|---|
| | 2015 年 | 2016 年 | 2017 年 | 2018 年 | 2019 年 | 五年平均 | |
| 省奖 | 0.159 | 0.143 | 0.098 | 0.093 | 0.085 | 0.115 | -11.73 |
| 市奖 | 0.199 | 0.137 | 0.121 | 0.119 | 0.097 | 0.135 | -13.41 |
| 县奖 | 0.170 | 0.170 | 0.156 | 0.149 | 0.145 | 0.158 | -3.16 |

省奖获奖企业 2015 年的万元产值综合能耗为 0.159 吨标准煤/万元，2019 年的万元产值综合能耗为 0.085 吨标准煤/万元，下降幅度为 11.73%；市奖获奖企业 2015 年的万元产值综合能耗为 0.199 吨标准煤/万元，2019 年的万元产值综合能耗为 0.097 吨标准煤/万元，下降幅度为 13.41%；县奖获奖企业 2015 年的万元产值综合能耗为 0.170 吨标准煤/万元，2019 年的万元产值综合能耗为 0.145 吨标准煤/万元，下降幅度为 3.16%。浙江省各层次获奖企业的万元产值综合能耗年度均呈下降趋势，表明政府质量奖对企业环境行为具有显著的正向影响。

#### 2.2.5.4 万元产值用水量

2015 ~ 2019 年，省奖获奖企业的平均万元产值用水量约为 1.87 立方米/万元，市奖为 1.81 立方米/万元，县奖约为 1.16 立方米/万元，具体见附表 2 - 20。

附表 2 - 20 不同获奖层次企业的平均万元产值用水量对比

| 奖别 | 平均万元产值用水量（立方米/万元） | | | | | | 复合增长率（%） |
|---|---|---|---|---|---|---|---|
| | 2015 年 | 2016 年 | 2017 年 | 2018 年 | 2019 年 | 五年平均 | |
| 省奖 | 2.06 | 2.02 | 2.03 | 1.77 | 1.48 | 1.87 | -6.40 |
| 市奖 | 2.03 | 1.93 | 1.70 | 1.67 | 1.72 | 1.81 | -3.26 |
| 县奖 | 1.16 | 1.17 | 1.13 | 1.11 | 1.22 | 1.16 | 1.01 |

省奖获奖企业 2015 年的万元产值用水量为 2.06 立方米/万元，2019 年的万元产值用水量为 1.48 立方米/万元，下降幅度为 6.40%；市奖获奖企业 2015 年的万元产值用水量为 2.03 立方米/万元，2019 年的万元产值用水量为

1.72 立方米/万元，下降幅度为 3.26%；县奖获奖企业 2015 年的万元产值用水量为 1.16 立方米/万元，2019 年为 1.22 立方米/万元，复合增长率为 1.01%。省奖、市奖、县奖获奖企业的平均万元产值用水量整体呈下降趋势，且省奖下降幅度大于市奖和县奖获奖企业。

### 2.3 不同业务类型趋势分析

为增加业务类型的可比性，本书分别对数字经济、生命健康、新材料、传统制造业、服务业等获奖企业进行分类型分析评价，并与全省获奖企业平均水平进行对比分析发现：经济效益存在类型差异性，数字经济和服务业获奖企业具有较大的经济效益优势；市场绩效存在类型偏好性，生命健康获奖企业表现突出；持续创新存在类型引领性，数字经济、生命健康等战略性新兴产业获奖企业研发投入占比大、创新产出显著，服务业创新动能相对不足；质量水平存在类型一致性，各类型企业产品质量一致性和服务质量优质性水平较高，差异不显著；社会效益存在类型引领性，数字经济获奖企业财税贡献突出且公益捐款增速明显，传统制造业获奖企业能耗显著降低，新材料获奖企业万元产值用水量持续减少。

#### 2.3.1 不同业务类型经济效益存在类型差异性

##### 2.3.1.1 资产总额

从整体上看，五种业务类型获奖企业的平均资产总额呈逐年上升趋势。其中，数字经济获奖企业和服务业获奖企业的平均资产总额规模超过全省平均水平，2019 年分别超出全省平均水平 42.97 亿元和 31.42 亿元。从复合增长率看，数字经济获奖企业复合增长率为 15.18%，生命健康获奖企业为 14.94%，新材料获奖企业为 10.30%，传统制造业为 10.93%，服务业为 11.32%，从中不难发现，数字经济和生命健康获奖企业的平均资产总额增长速度快于其他三类企业，具体如附图 2-27 所示。

##### 2.3.1.2 主营业务收入

从整体上看，五种业务类型获奖企业的平均主营业务收入呈逐年上升趋势。其中，数字经济获奖企业和服务业获奖企业的平均主营业务收入连续五年超过全省平均水平，且数字经济获奖企业远超全省平均水平。从复合增长率看，数字经济获奖企业复合增长率为 15.49%，生命健康获奖企业为

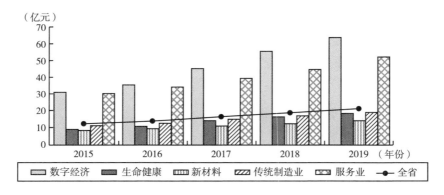

附图 2 - 27　不同业务类型获奖企业的平均资产总额变化趋势

12.05%，新材料获奖企业为 13.82%，传统制造业为 10.65%，服务业为 6.11%，从中不难发现，战略性新兴产业获奖企业的平均主营业务收入增长速度快于传统制造业和服务业获奖企业，具体如附图 2 - 28 所示。

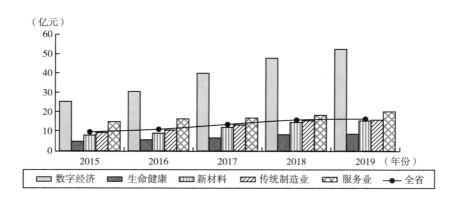

附图 2 - 28　不同业务类型获奖企业的平均主营业务收入变化趋势

### 2.3.1.3　利润总额

从整体上看，五种业务类型获奖企业的平均利润总额呈平稳上升趋势。其中，数字经济获奖企业和生命健康获奖企业的平均利润总额连续五年超过全省平均水平。从复合增长率看，数字经济获奖企业复合增长率为 9.57%，生命健康获奖企业为 10.67%，新材料获奖企业为 19.95%，传统制造业为 11.08%，服务业为 10.47%，从中不难发现，新材料获奖企业的平均利润总额增长速度高于其他几类企业，具体如附图 2 - 29 所示。

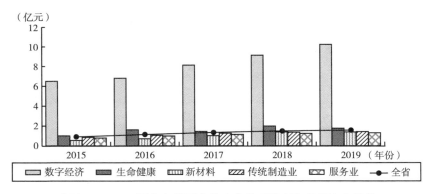

**附图 2-29　不同业务类型获奖企业的平均利润总额变化趋势**

#### 2.3.1.4　净利润

从整体上看，五种业务类型获奖企业的平均净利润总体呈上升趋势。生命健康获奖企业的平均净利润在 2017 年短暂下滑，但在 2018 年有明显回温。五种业务类型获奖企业中，数字经济和生命健康获奖企业的平均净利润连续五年超过全省平均水平。从复合增长率看，数字经济获奖企业复合增长率为 10.60%，生命健康为 12.36%，新材料为 20.11%，传统制造业为 10.67%，服务业为 10.51%，从中不难发现，传统制造业和数字经济获奖企业的平均净利润增长速度趋同，新材料获奖企业的平均净利润增长速度快于其他四类企业，具体如附图 2-30 所示。

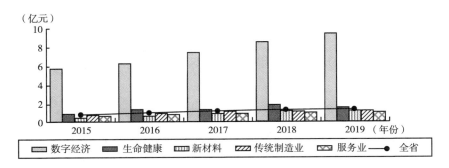

**附图 2-30　不同业务类型获奖企业的平均净利润变化趋势**

#### 2.3.1.5　亩均税收

从整体上看，五种业务类型获奖企业中，除传统制造业外的其他四类企业平均亩均税收呈稳步上升趋势，传统制造业的平均亩均税收自 2018 年开始有所下滑，2019 年下降幅度扩大。其中，数字经济和服务业获奖企业的平均亩均税收连续五年超过全省平均水平，生命健康获奖企业自 2016 起年超过全省平均水平。从复合增长率看，数字经济获奖企业复合增长率为 2.97%，生命健康为 10.96%，新材料为 7.47%，传统制造业为 3.10%，服务业为 14.86%，从中不难发现，服务业和生命健康产业的平均亩均税收增长速度远高于其他三类企业，具体如附图 2-31 所示。

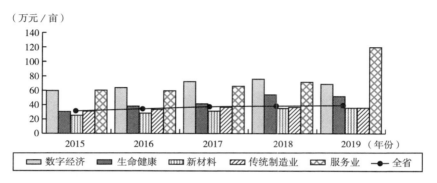

附图 2-31　不同业务类型获奖企业的平均亩均税收变化趋势

### 2.3.1.6　亩均增加值

从整体上看，五种业务类型获奖企业中，除数字经济获奖企业和生命健康获奖企业外的其他三类企业平均亩均增加值呈稳步上升趋势；生命健康获奖企业和数字经济获奖企业的平均亩均增加值整体呈现波动上升趋势，数字经济获奖企业的平均亩均增加值在 2017 年有所下滑，且下滑趋势较明显，但自 2018 年起又重新回暖并保持增长趋势。其中，数字经济获奖企业的平均亩均增加值连续五年超过全省平均水产，生命健康获奖企业在 2016~2019 年超过全省平均水平。从复合增长率看，数字经济获奖企业复合增长率为 4.11%，生命健康获奖企业为 8.71%，新材料获奖企业为 10.16%，传统制造业为 5.95%，服务业为 5.26%，从中不难发现，新材料获奖企业的平均亩均增加值增长速度远高于其他四类企业。具体如附图 2-32 所示。

### 2.3.1.7　全员劳动生产率

从整体上看，五种业务类型获奖企业的平均全员劳动生产率总体呈上升趋势，其中，数字经济获奖企业的平均全员劳动生产率有所波动，在 2015~

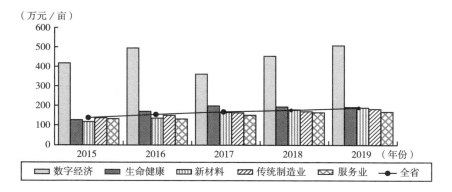

（万元／亩）

附图 2–32　不同业务类型获奖企业的平均亩均增加值变化趋势

2016 年短暂下滑，但在 2017 年有所回温，2019 年又出现小幅下降。新材料获奖企业和服务业获奖企业的平均全员劳动生产率连续五年超过全省平均水平。从复合增长率看，数字经济获奖企业复合增长率为 5.06%，生命健康获奖企业为 8.69%，新材料获奖企业为 8.73%，传统制造业为 4.76%，服务业为 4.14%，从中不难发现，生命健康获奖企业和新材料获奖企业的全员劳动生产率增长速度趋同，高于其他三类企业，具体如附图 2–33 所示。

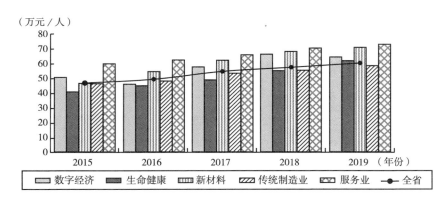

（万元／人）

附图 2–33　不同业务类型获奖企业的平均全员劳动生产率变化趋势

### 2.3.2　不同业务类型市场绩效存在类型偏好性

#### 2.3.2.1　主导产品/服务全国市场占有率

从整体上看，五种业务类型获奖企业的平均主导产品/服务全国市场占有率呈上升趋势。其中，数字经济、生命健康和新材料获奖企业的平均主导产品/服务全国市场占有率连续五年超过全省平均水平。从复合增长率看，数字经济获奖企业复合增长率为3.89%，生命健康获奖企业为3.43%，新材料获奖企业为5.09%，传统制造业为3.14%，服务业为4.89%，从中不难发现，新材料和服务业获奖企业的主导产品/服务全国市场占有率增长速度接近，增长速度快于其他三类企业，具体如附图2-34所示。

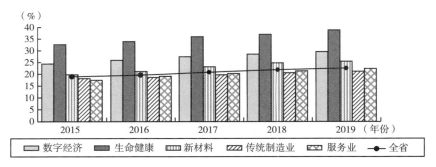

附图2-34　不同业务类型获奖企业的平均导产品/服务全国市场占有率变化趋势

### 2.3.2.2　国际市场销售占比

从整体上看，2015~2019年五种业务类型获奖企业的平均国际市场销售占比的变化趋势反复波动。其中，生命健康和传统制造业获奖企业的平均国际市场销售占比连续五年超过全省平均水平。从复合增长率看，数字经济获奖企业复合增长率为-1.29%，生命健康获奖企业为-0.10%，新材料获奖企业为1.84%，传统制造业为1.15%，服务业为-1.47%。由此可见，除新材料和传统制造业外，其余行业国际市场销售占比均出现不同程度的下滑，表明国际市场环境确实对企业外贸出口产生了较大的影响，具体如附图2-35所示。

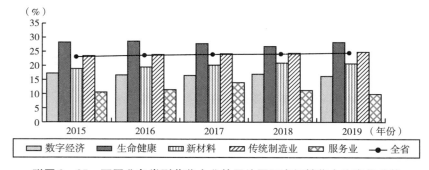

附图2-35　不同业务类型获奖企业的平均国际市场销售占比变化趋势

### 2.3.3　不同业务类型持续创新存在类型引领性

#### 2.3.3.1　R&D 经费投入占比

从整体上看，2015～2019 年五种业务类型获奖企业的平均 R&D 经费投入占比整体呈现波动上升趋势。数字经济获奖企业的平均 R&D 经费投入占比在 2017 年有小幅下滑，但次年即回温并保持增长趋势；生命健康获奖企业的平均 R&D 经费投入占比在 2015～2016 年短暂下滑，但在 2017 年有所回温并保持连续增长趋势。其中，数字经济、生命健康这两类战略性新兴产业获奖企业的平均 R&D 经费投入占比连续五年超过全省平均水平。从复合增长率看，数字经济获奖企业为 2.90%，生命健康获奖企业为 5.69%，新材料获奖企业为 0.05%，传统制造业为 1.43%，服务业为 2.88%，生命健康获奖企业增速领先，具体如附图 2-36 所示。

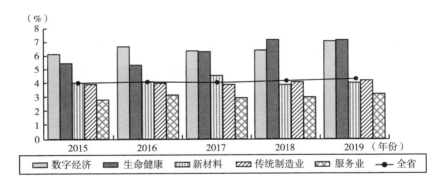

**附图 2-36　不同业务类型获奖企业的平均 R&D 经费投入占比变化趋势**

#### 2.3.3.2　新产品产值率

从整体上看，2015～2019 年数字经济和生命健康获奖企业的平均新产品产值率波动上升。其中，数字经济、生命健康和新材料这三类战略性新兴产业获奖企业的平均新产品产值率连续五年超过全省平均水平，且领先于传统制造业和服务业获奖企业。从复合增长率看，数字经济获奖企业复合增长率为 1.09%，生命健康获奖企业为 0.79%，新材料获奖企业为 2.11%，传统制造业为 1.86%，服务业为 -2.69%。由此可见，除服务业外，其余类型获奖企业的新产品产值率均实现了一定的增长，具体如附图 2-37 所示。

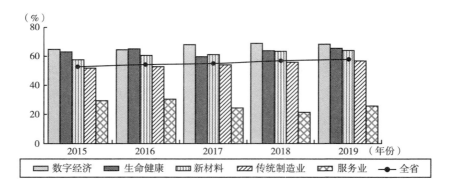

附图 2 - 37　不同业务类型获奖企业的平均新产品产值率变化趋势

### 2.3.3.3　新增授权专利数

从整体上看，五种业务类型获奖企业的平均新增授权专利数呈波动上升趋势，数字经济获奖企业和传统制造业的平均新增授权专利数连续五年超过全省平均水平，且数字经济获奖企业远远领先于其他四类获奖企业。从复合增长率看，数字经济获奖企业为 23.71%，生命健康获奖企业为 8.91%，新材料获奖企业为 2.72%，传统制造业获奖企业为 10.56%，服务业获奖企业为 11.83%。由此可见，数字经济产业的平均新增授权专利数增长速度远高于其他四类企业，政府质量奖对数字经济产业持续创新的促进作用更大，具体如附图 2 - 38 所示。

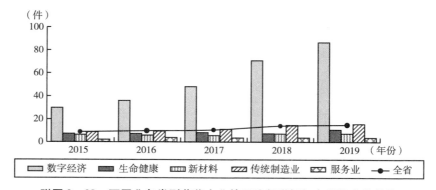

附图 2 - 38　不同业务类型获奖企业的平均新增授权专利数变化趋势

### 2.3.4　不同业务类型质量水平存在类型一致性

#### 2.3.4.1　产品一次交检合格率

从整体上看，五种业务类型获奖企业的平均产品一次交检合格率均呈上升趋势。其中，生命健康获奖企业的平均产品一次交检合格率连续五年超过全省平均水平，新材料和数字经济获奖企业在 2019 年都超过全省平均水平。从复合增长率看，数字经济获奖企业为 0.53%，生命健康获奖企业为 0.09%，新材料获奖企业为 0.37%，传统制造业获奖企业为 0.22%，服务业获奖企业为 0.21%，五种业务类型获奖企业产品一次交检合格率增长速度无显著差异，具体如附图 2-39 所示。

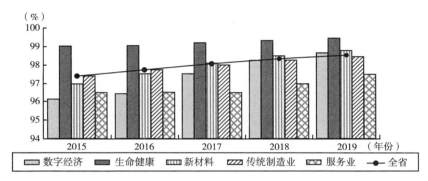

**附图 2-39  不同业务类型获奖企业的平均产品一次交检合格率变化趋势**

### 2.3.4.2  顾客满意度

从整体上看，五种业务类型获奖企业的平均顾客满意度呈上升趋势。其中，数字经济、生命健康、新材料这三类战略性新兴产业获奖企业的平均顾客满意度连续五年超过全省平均水平。从复合增长率看，数字经济获奖企业为 0.43%，生命健康获奖企业为 0.41%，新材料获奖企业为 0.23%，传统制造业获奖企业为 0.33%，服务业获奖企业为 0.33%，五种业务类型获奖企业的顾客满意度增长速度无显著差异，具体如附图 2-40 所示。

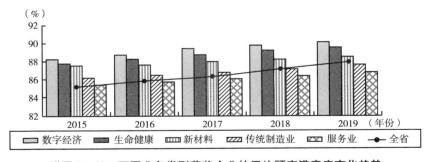

**附图 2-40  不同业务类型获奖企业的平均顾客满意度变化趋势**

### 2.3.4.3 服务满意度

从整体上看，五种业务类型获奖企业的平均服务满意度总体呈上升趋势，服务业获奖企业的平均服务满意度连续五年超过全省平均水平。从复合增长率看，数字经济获奖企业为 0.17%，生命健康获奖企业为 0.21%，新材料获奖企业为 0.13%，传统制造业获奖企业为 0.24%，服务业获奖企业为 0.05%，五种业务类型获奖企业顾客满意度增长速度无显著差异，具体如附图 2-41 所示。

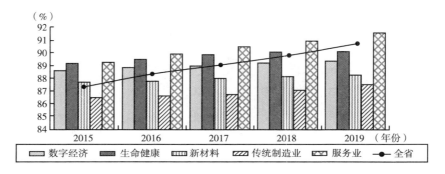

附图 2-41　不同业务类型获奖企业的平均服务满意度变化趋势

## 2.3.5　不同业务类型社会效益存在类型示范性

### 2.3.5.1　财政税收

从整体上看，五种业务类型获奖企业的平均财政税收呈上升趋势。其中，数字经济获奖企业的平均财政税收连续五年超过全省平均水平，且遥遥领先。从复合增长率看，数字经济获奖企业为 29.26%，生命健康获奖企业为 9.75%，新材料获奖企业为 8.99%，传统制造业获奖企业为 8.38%，服务业获奖企业为 5.88%。可见，数字经济产业平均财政税收增长速度远高于其他四类企业，在政府质量奖的促进下，数字经济产业纳税贡献最显著，具体如附图 2-42 所示。

### 2.3.5.2　公益捐款金额

从整体上看，五种业务类型获奖企业平均公益捐款金额的变化趋势反复波动，数字经济和服务业获奖企业的平均公益捐款金额在 2019 年实现大幅度增长，比较来看，生命健康和传统制造业获奖企业的平均公益捐款金额规模更高，具体如附图 2-43 所示。

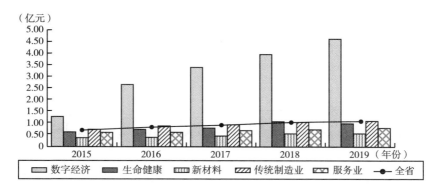

**附图 2-42 不同业务类型获奖企业的平均财政税收变化趋势**

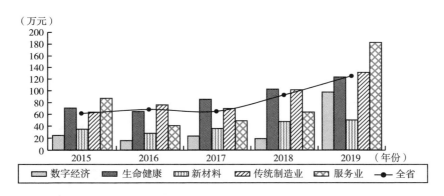

**附图 2-43 不同业务类型获奖企业的平均公益捐款金额变化趋势**

### 2.3.5.3 万元产值综合能耗

从整体上看，五种业务类型获奖企业的平均万元产值综合能耗呈下降趋势。其中，传统制造业的平均万元产值综合能耗连续五年低于全省平均水平。从下降趋势看，生命健康获奖企业的五年平均下降幅度最大，达 14.70%，服务业获奖企业 2019 年下降幅度最大，较 2018 年下降了 0.19 吨标准煤/万元，具体如附图 2-44 所示。

### 2.3.5.4 万元产值用水量

2015～2019 年，五种业务类型获奖企业的平均万元产值用水量整体呈下降趋势，其中，生命健康获奖企业和新材料获奖企业的平均万元产值用水量逐年下降。数字经济、传统制造业和服务业获奖企业的平均万元产值用水量

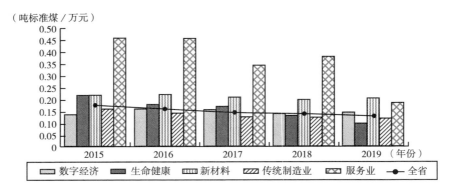

**附图 2 - 44　不同业务类型获奖企业的平均万元产值综合能耗变化趋势**

连续五年低于全省平均水平，生命健康获奖企业平均万元产值用水量自 2018 年起降至全省平均水平以下，具体如附图 2 - 45 所示。

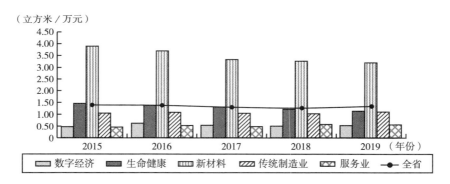

**附图 2 - 45　不同业务类型获奖企业的平均万元产值用水量变化趋势**

## 2.4　不同区域趋势分析

为增加区域的可比性，本书分别对杭州市、湖州市、嘉兴市、金华市、丽水市、宁波市、衢州市、绍兴市、台州市、温州市、舟山市的获奖企业绩效进行分区域趋势对比发现：经济效益呈现地区阶梯性，杭州、宁波处于第一梯队，温州的亩均改革成效凸显；市场绩效呈现地区趋同性，各地区主导产品服务全国市场占有率相差不大，国际市场呈现地理差异性；持续创新存在地区导向性，各地区 R&D 经费投入基本一致，但专利产出差异性较大，杭州和宁波专利产出显著高于其他地区，研发投入产出效率较高；质量水平存在地区稳定性，浙江省各地区的产品质量和服务质量水平基本一致，地区宏观质量水平一致性较高；社会效益存在地区不平衡性，杭州财税贡献较突出、宁波的公益捐款具有显著优势，衢州的万元产值综合能耗和用水量处于较高水平，地区产业结构亟待调整。

### 2.4.1　不同区域经济效益呈现地区阶梯性

#### 2.4.1.1　资产总额

对比全省 11 个地级市的获奖企业的资产总额，可以看出杭州市的平均资产总额最高，其次是台州和宁波，再次是嘉兴和绍兴，且这几个地区的获奖企业平均资产总额在近几年保持较高增长速度；丽水和舟山的获奖企业资产总额规模在全省均处于较低水平，且增长速度也较其他地区更平缓。具体如附图 2-46 所示。

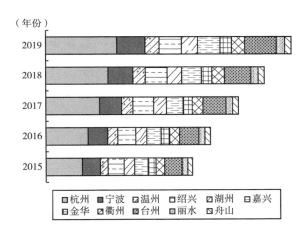

**附图 2-46　11 个地级市的平均资产总额变化趋势**

#### 2.4.1.2　主营业务收入

对比全省 11 个地级市的获奖企业主营业务收入，不难发现杭州市的平均主营业务收入最高，且显著高于省内其他地区，位于全省主营业务收入的第一梯队；其次是宁波、绍兴、湖州、嘉兴，位于全省第二梯队，虽然这几个地区的平均资产总额不如杭州，但增长速度在近几年仍保持较高水平；温州、金华、衢州、台州、丽水和舟山则位于第三梯队，平均主营业务收入相对较低。具体如附图 2-47 所示。

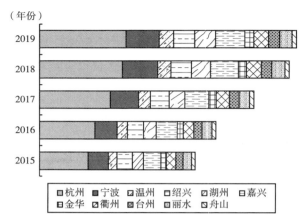

**附图 2 − 47　11 个地级市的平均主营业务收入变化趋势**

### 2.4.1.3　利润总额

对比全省 11 个地级市的获奖企业利润总额，可以发现杭州市的平均水平遥遥领先于省内其他地区，位于全省第一梯队，但 2019 年杭州市获奖企业的平均利润总额较 2018 年有些许下滑；位于全省利润总额第二梯队的地区为宁波和嘉兴，这两个地区的平均利润总额虽逊色于杭州，但较省内其他地区，仍有一定优势，且嘉兴在 2015 ~ 2019 年保持了较高的增长速度；位于第三梯队的地区有温州、绍兴、湖州、金华、衢州、台州、丽水和舟山等地，这些地区的利润总额五年来增长速度较快，但平均利润水平与其他地区尚有差距。具体如附图 2 − 48 所示。

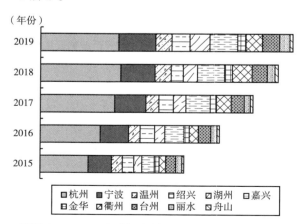

**附图 2 − 48　11 个地级市的平均利润总额变化趋势**

### 2.4.1.4　净利润

对比全省 11 个地级市的获奖企业净利润,发现杭州市的平均水平遥遥领先于省内其他地区,位于全省第一梯队,但 2019 年杭州市获奖企业的平均净利润较 2018 年有些许下滑;位于全省利润总额第二梯队的地区为宁波和嘉兴,这两个地区的平均净利润虽逊色于杭州,但仍保持一定优势,且嘉兴 2015~2019 年的增长速度较快;位于第三梯队的温州、绍兴、湖州、金华、衢州、台州、丽水和舟山等地,它们的利润总额较其他地区偏低,且 2018 年绍兴市净利润水平较 2017 年有所下降,衢州市 2019 年较 2018 年也有少许回落。具体如附图 2-49 所示。

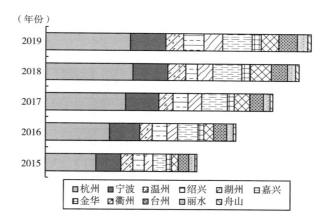

**附图 2-49　11 个地级市的平均净利润变化趋势**

### 2.4.1.5　亩均税收

对比全省 11 个地级市的获奖企业亩均税收,发现各地级市差异明显缩小,温州市的平均亩均税收最高,其次是杭州、宁波和嘉兴;金华、衢州和丽水的亩均税收较其他地区偏低。此外还可发现,金华、嘉兴和湖州地区的亩均税收增长速度较快;宁波 2018 年的平均亩均税收较 2017 年有所下降。具体如附图 2-50 所示。

### 2.4.1.6　亩均增加值

对比全省 11 个地级市的获奖企业亩均增加值,发现杭州、温州、台州、宁波的亩均增加值较高,处于第一梯队,其次是绍兴、湖州、嘉兴、丽水、

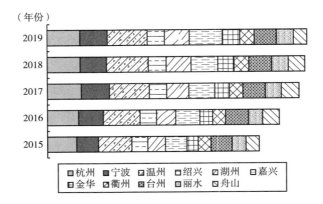

**附图 2－50　11 个地级市的平均亩均税收变化趋势**

金华、衢州的亩均增加值较其他地区偏低。具体如附图 2－51 所示。

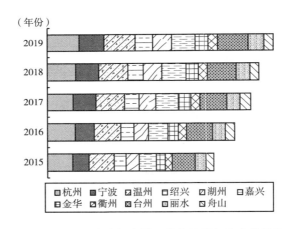

**附图 2－51　11 个地级市的平均亩均增加值变化趋势**

### 2.4.1.7　全员劳动生产率

对比全省 11 个地级市的获奖企业全员劳动生产率，发现杭州和宁波的全员劳动生产率较高，其次是温州和湖州，其他地区的全员劳动生产率相差不大。具体如附图 2－52 所示。

### 2.4.2　不同区域市场绩效呈现地区趋同性

### 2.4.2.1　主导产品/服务全国市场占有率

对比全省 11 个地级市的获奖企业主导产品/服务全国市场占有率，发现各地区之间的差值不大，主导产品/服务全国市场占有率较高的地区有杭州、

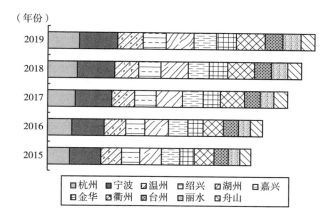

**附图 2 - 52　11 个地级市的平均全员劳动生产率变化趋势**

宁波、温州、金华、衢州、台州、丽水和舟山，主导产品/服务全国市场占有率较低的有绍兴、湖州和嘉兴。具体如附图 2 - 53 所示。

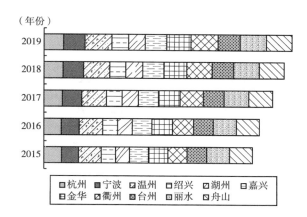

**附图 2 - 53　11 个地级市的平均主导产品服务全国市场占有率变化趋势**

### 2.4.2.2　国际市场销售占比

对比全省 11 个地级市的获奖企业国际市场销售占比，发现占比较大的地区有丽水和舟山，其他地区的国际市场销售占比相差较小，均属于第二梯队。具体如附图 2 - 54 所示。

### 2.4.3　不同区域持续创新呈现地区导向性

### 2.4.3.1　R&D 经费投入占比

对比全省 11 个地级市的获奖企业 R&D 经费投入占比，发现杭州、宁波、

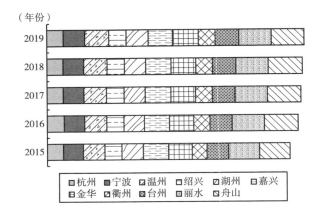

**附图 2 – 54   11 个地级市的平均国际市场销售占比变化趋势**

温州、绍兴、湖州、嘉兴、金华、衢州、台州、丽水和舟山这 11 个地区的占比
相差很小，说明各地区的获奖企业 R&D 经费投入占比相近。具体如附图 2 – 55
所示。

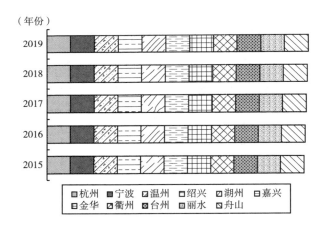

**附图 2 – 55   11 个地级市的平均 R&D 经费投入占比变化趋势**

### 2.4.3.2  新产品产值率

对比全省 11 个地级市的获奖企业新产品产值率，发现杭州、宁波、温
州、绍兴、湖州、嘉兴、金华、衢州、台州、丽水和舟山的新产品产值率比较
相近，新产品产值率最高的地区是湖州，最低的地区是舟山。具体如附图 2 – 56
所示。

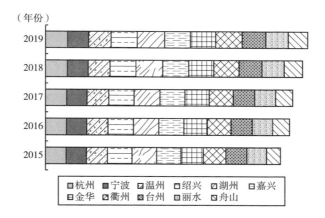

**附图 2 − 56　11 个地级市的平均新产品产值率变化趋势**

### 2.4.3.3　新增授权专利数

对比全省 11 个地级市的获奖企业新增授权专利数，发现各地区之间的专利数相差较大，其中杭州的新增授权专利数最多，且遥遥领先，位于第一阶梯；其次是宁波和湖州；温州、绍兴、嘉兴、金华、衢州、台州、丽水和舟山相差较小，位于第三阶梯。具体如附图 2 − 57 所示。

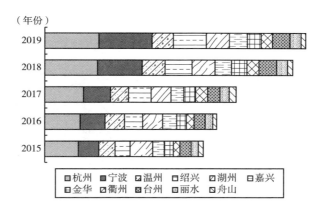

**附图 2 − 57　11 个地级市的平均新增授权专利数变化趋势**

### 2.4.4　不同区域质量水平呈现地区平稳性

### 2.4.4.1　顾客满意度

对比全省 11 个地级市的获奖企业顾客满意度，发现杭州、宁波、温州、绍兴、湖州、嘉兴、金华、衢州、台州、丽水和舟山这 11 个地区的顾客满意度十分相近，这说明各地区的顾客满意度都较高，地区差异不大。具体如附图 2-58 所示。

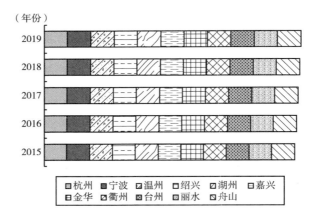

**附图 2-58  11 个地级市的平均顾客满意度变化趋势**

### 2.4.4.2  产品一次交检合格率

对比全省 11 个地级市的获奖企业产品一次交检合格率，发现杭州、宁波、温州、绍兴、湖州、嘉兴、金华、衢州、台州、丽水和舟山这 11 个地区的产品一次交检合格率差异较小，地区差异不明显。具体如附图 2-59 所示。

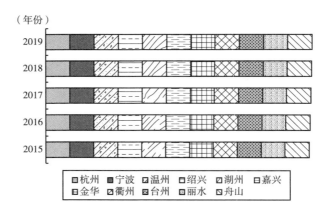

**附图 2-59  11 个地级市的平均产品一次交检合格率变化趋势**

### 2.4.4.3  服务满意度

对比全省 11 个地级市的获奖企业服务满意度，发现杭州、宁波、温州、

绍兴、湖州、嘉兴、金华、衢州、台州、丽水和舟山这 11 个地区的服务满意
度较为相近，且各地区的服务满意度较稳定，这说明在服务满意度指标上，
地区差异不明显。具体如附图 2 – 60 所示。

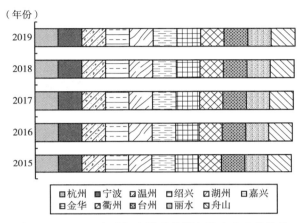

**附图 2 – 60　11 个地级市的平均服务满意度变化趋势**

### 2.4.5　不同区域社会效益呈现地区不均衡性

### 2.4.5.1　财政税收

对比全省 11 个地级市的获奖企业财政税收，发现杭州的财政税收远远高于
其他地区，位于第一阶梯，位于第二阶梯的地区是宁波，位于第三阶梯的有温
州、绍兴、湖州、嘉兴、金华、衢州、台州、丽水和舟山，在财政税收指标上，
地区之间存在严重断层，尤其是第一、第二阶梯之间。具体如附图 2 – 61 所示。

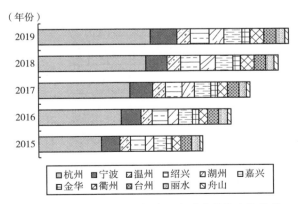

**附图 2 – 61　11 个地级市的平均财政税收变化趋势**

### 2.4.5.2 公益捐款金额

对比全省 11 个地级市的获奖企业平均公益捐款金额，发现杭州和宁波的公益捐款数额较大，处于第一阶梯；温州、绍兴、衢州和台州处于第二阶梯；湖州、嘉兴、金华、丽水和舟山处于第三阶梯。在平均公益捐款金额上，宁波的增幅较大，到 2019 年甚至赶超了杭州地区的公益捐款金额。具体如附图 2-62 所示。

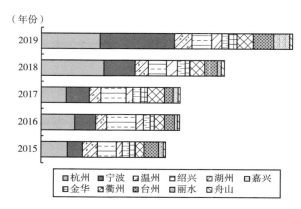

附图 2-62  11 个地级市的平均公益捐款金额变化趋势

### 2.4.5.3 万元产值综合能耗

对比全省 11 个地级市的获奖企业万元产值综合能耗，发现衢州的万元产值综合能耗远远大于其他地区，其次是绍兴、舟山、丽水和湖州，万元产值综合能耗较低的地区有杭州、宁波、温州、嘉兴、金华和台州。具体如附图 2-63 所示。

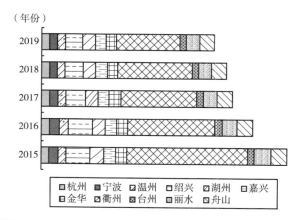

附图 2-63  11 个地级市的平均万元产值综合能耗变化趋势

### 2.4.5.4 万元产值用水量

对比全省 11 个地级市的获奖企业万元产值用水量,发现衢州的万元产值用水量远远大于其他地区,其次是绍兴,万元产值用水量较低的地区有杭州、宁波、温州、湖州、嘉兴、金华、台州、丽水和舟山。其中万元产值用水量增速较大的地区是宁波,尤其是 2019 年的万元产值用水量增速最大。具体如附图 2 - 64 所示。

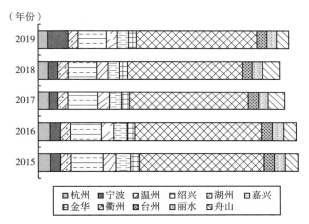

**附图 2 - 64 11 个地级市的平均万元产值用水量变化趋势**

## 第 3 章 获奖企业的绩效对比分析

为进一步对比分析浙江省获奖企业与规上企业、上市公司的绩效发展水平,本书收集了同期浙江省规上企业、上市公司的绩效数据,并且对绩效数据及其增长趋势进行了对比分析。

### 3.1 与规上企业的对比分析

规上企业数据主要来源于《浙江省统计年鉴》及浙江省经济和信息化厅(以下简称"经信厅")通报的"全省和所设区市'亩均效益'情况",主要对比指标有资产总额、利润总额、亩均税收、亩均增加值、全员劳动生产率、新产品产值率等,比较对象包括省奖获奖企业、全省获奖企业和规上企业。

说明:由于规上企业的 2019 年数据没有公布,与规上企业实际绩效数据的对比分析主要是 2015~2018 年 4 年的数据,与规上企业绩效数据的增长率对比分析主要是 2016～2018 年 3 年的增长率数据。

本书首先进行整体绩效对比分析，针对本次调查和统计年鉴及经信厅通报数据都包括的资产总额、利润总额、亩均税收、亩均增加值、全员劳动生产率、新产品产值率等绩效指标，分别对比了省奖获奖企业、全省获奖企业、规上企业的同期绩效数据及其增长趋势。研究表明：（1）全省获奖企业的平均资产总额复合增长率约为规上企业的 2.98 倍，省奖获奖企业的平均资产总额增长率约为规上企业的 4.16 倍。（2）全省获奖企业的平均利润总额复合增长率显著高于规上企业，是规上企业的 2.52 倍，省奖获奖企业尽管平均利润总额的基数已经比较大，但其复合增长率仍是规上企业的 3.8 倍。（3）省奖获奖企业的平均亩均税收约为全省获奖企业的 2.45 倍、规上企业的 3.57 倍，全省获奖企业的平均亩均税收约为规上企业的 1.46 倍。（4）全省获奖企业的平均亩均增加值复合增长率显著高于规上企业，是规上企业的 2.3 倍，省奖获奖企业虽然平均亩均增加值的基数已经比较大，但其复合增长率也是规上企业的 3.75 倍。（5）全省获奖企业的平均全员劳动生产率复合增长率显著高于规上企业，是规上企业的 1.33 倍，省奖获奖企业的平均全员劳动生产率复合增长率是规上企业的 1.66 倍。（6）省奖获奖企业的平均新产品产值率约为规上企业的 1.55 倍，全省获奖企业的平均新产品产值率约为规上企业的 1.63 倍。主要绩效数据对比见附表 3－1。

**附表 3－1　　　获奖企业和规上工业企业的主要绩效数据对比**

| 指标内容 | 研究对象 | 2015 年 | 2016 年 | 2017 年 | 2018 年 | 2019 年 |
|---|---|---|---|---|---|---|
| 资产总额<br>（亿元） | 省奖获奖企业 | 105.29 | 127.15 | 160.82 | 185.26 | 211.89 |
| | 全省获奖企业 | 12.68 | 14.28 | 16.84 | 19.15 | 21.58 |
| | 规上企业 | 1.62 | 1.73 | 1.78 | 1.87 | / |
| 主营业务收入<br>（亿元） | 省奖获奖企业 | 77.90 | 95.27 | 124.44 | 145.23 | 149.30 |
| | 全省获奖企业 | 9.88 | 11.20 | 13.71 | 16.02 | 16.52 |
| | 规上企业 | 1.54 | 1.63 | 1.65 | 1.69 | / |
| 利润总额<br>（亿元） | 省奖获奖企业 | 6.43 | 9.23 | 11.89 | 13.14 | 11.96 |
| | 全省获奖企业 | 0.94 | 1.17 | 1.38 | 1.53 | 1.62 |
| | 规上企业 | 0.09 | 0.11 | 0.12 | 0.11 | / |

续表

| 指标内容 | 研究对象 | 2015 年 | 2016 年 | 2017 年 | 2018 年 | 2019 年 |
|---|---|---|---|---|---|---|
| 亩均税收<br>（万元/亩） | 省奖获奖企业 | 77.71 | 86.63 | 88.01 | 89.89 | 101.83 |
| | 全省获奖企业 | 31.49 | 34.46 | 37.52 | 38.50 | 39.26 |
| | 规上企业 | 18.70 | 21.70 | 25.50 | 28.00 | 30.50 |
| 亩均增加值<br>（万元亩） | 省奖获奖企业 | 313.35 | 343.81 | 392.40 | 464.62 | 589.91 |
| | 全省获奖企业 | 139.63 | 156.15 | 170.21 | 178.62 | 190.27 |
| | 规上企业 | 93.90 | 101.60 | 103.20 | 104.70 | / |
| 全员劳动生产率<br>（万元/人） | 省奖获奖企业 | 57.52 | 61.09 | 70.32 | 74.57 | 74.57 |
| | 全省获奖企业 | 46.87 | 49.49 | 54.93 | 57.78 | 60.72 |
| | 规上企业 | 19.20 | 20.90 | 21.60 | 22.50 | / |
| 新产品产值率<br>（%） | 省奖获奖企业 | 53.22 | 53.34 | 51.66 | 50.11 | 53.65 |
| | 全省获奖企业 | 52.58 | 54.03 | 54.75 | 56.62 | 57.51 |
| | 规上企业 | 31.85 | 34.00 | 33.42 | 34.75 | / |

注："/"表示该统计数据未公开，暂时无法获取。

### 3.1.1　资产总额

2015 ~ 2018 年，省奖获奖企业的四年平均资产总额约为 144.63 亿元，全省获奖企业的四年平均资产总额约为 15.74 亿元，规上企业的四年平均资产总额约为 1.75 亿元。综合来看，省奖获奖企业的平均资产总额约为全省获奖企业的 9.19 倍、规上企业的 82.65 倍，全省获奖企业的平均资产总额约为规上企业的 8.99 倍。通过横向对比可以发现，获奖企业的平均资产规模高于规上企业，且省奖获奖企业遥遥领先于规上企业，具体见附表 3 - 1。

省奖获奖企业 2015 年的平均资产总额为 105.29 亿元，2018 年为 185.26 亿元，四年复合增长率为 15.17%；全省获奖企业 2015 年的平均资产总额为 12.68 亿元，2018 年为 19.15 亿元，四年复合增长率达 10.86%；规上企业 2015 年的平均资产总额为 1.62 亿元，2018 年为 1.87 元，四年复合增长率为 3.65%。可见，获奖企业的平均资产总额复合增长率明显高于规上企业，省奖获奖企业的平均资产总额复合增长率约为规上企业的 4.16 倍，全省获奖企业的平均资产总额复合增长率约为规上企业的 2.98 倍，具体如附图 3 - 1 所示。

就平均资产总额增速来看，规上企业 2016 年为 6.79%，2017 年为 2.89%，2018 年为 5.06%；省奖获奖企业 2016 年为 20.76%，2017 年为

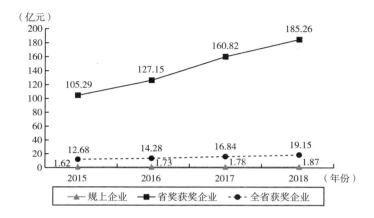

附图 3 - 1  获奖企业同规上企业的平均资产总额对比

26.48%，2018 年为 15.20%；全省获奖企业 2016 年为 12.62%，2017 年为 17.93%，2018 年为 13.72%。从增速对比来看，获奖企业增速明显高于规上企业，具体如附图 3 - 2 所示。

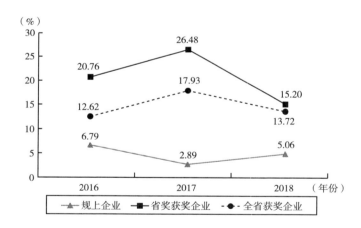

附图 3 - 2  获奖企业同规上企业的资产总额增长率对比

### 3.1.2  主营业务收入

2015～2018 年，省奖获奖企业的四年平均主营业务收入约为 110.71 亿元，全省获奖企业的四年主营业务收入约为 12.70 亿元，规上企业的四年平均主营业务收入约为 1.63 亿元。综合来看，省奖获奖企业的平均主营业务收入约为全省获奖企业的 8.72 倍、规上企业的 67.92 倍，全省获奖企业的平均

主营业务收入约为规上企业的 7. 79 倍。通过横向对比可以发现，获奖企业的
平均主营业务收入高于规上企业，且省奖获奖企业遥遥领先于规上企业。

省奖获奖企业 2015 年的平均主营业务收入为 77. 90 亿元，2018 年为
145. 23 亿元，四年复合增长率为 16. 85% ；全省获奖企业 2015 年的平均主营
业务收入为 9. 88 亿元，2018 年为 16. 02 亿元，四年复合增长率达 12. 85% ；
规上企业 2015 年的平均主营业务收入为 1. 54 亿元，2018 年为 1. 69 亿元，四
年复合增长率为 2. 45% 。可见，获奖企业的平均主营业务收入复合增长率明
显高于规上企业，省奖获奖企业的平均主营业务收入四年复合增长率约为规
上企业的 6. 88 倍，全省获奖企业的平均主营业务收入四年复合增长率约为规
上企业的 5. 24 倍，具体如附图 3 - 3 所示。

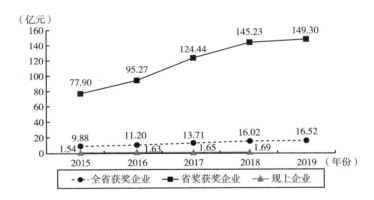

**附图 3 - 3　获奖企业同规上企业的平均主营业务收入对比**

就平均主营业务收入增速来看，规上企业 2016 年为 6. 22% ，2017 年为
0. 92% ，2018 年为 2. 76% ；省奖获奖企业 2016 年为 22. 30% ，2017 年为
30. 61% ，2018 年为 16. 71% ；全省获奖企业 2016 年为 13. 33% ，2017 年为
22. 46% ，2018 年为 16. 85% 。从增速对比来看，获奖企业增速明显高于规上
企业，具体如附图 3 - 4 所示。

### 3. 1. 3　利润总额

2015 ~ 2018 年，省奖获奖企业的四年平均利润总额约为 10. 17 亿元，全
省获奖企业的四年平均利润总额约为 1. 26 亿元，规上企业的四年平均利润总
额约为 0. 11 亿元。综合来看，省奖获奖企业的平均利润总额约为全省获奖企

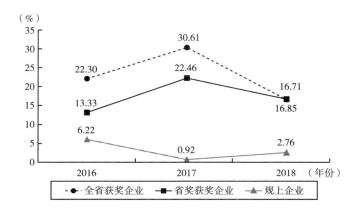

附图 3 – 4　获奖企业同规上企业的主营业务收入增长率对比

业的 8.07 倍、规上企业的 92.45 倍，全省获奖企业的平均资产总额约为规上企业的 11.45 倍。通过横向对比可以发现，获奖企业的平均利润总额显著高于规上企业，且省奖获奖企业遥遥领先于规上企业，具体见附表 3 – 1。

省奖获奖企业 2015 年的平均利润总额为 6.43 亿元，2018 年为 13.14 亿元，四年复合增长率达 19.56%；全省获奖企业 2015 年的平均利润总额为 0.94 亿元，2018 年为 1.53 亿元，四年复合增长率为 12.95%；规上企业 2015 年的平均利润总额为 0.09 亿元，2018 年为 0.11 亿元，四年复合增长率为 5.14%。由此可见，省奖获奖企业的平均利润总额复合增长率显著高于规上企业，是规上企业的 3.8 倍；全省获奖企业的复合增长率是规上企业的 2.52 倍，具体如附图 3 – 5 所示。

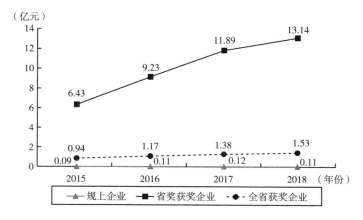

附图 3 – 5　获奖企业同规上企业的平均利润总额对比

　　就平均利润总额增速来看，规上企业 2016 年为 22.22%，2017 年为 9.09%，2018 年为 -8.33%；省奖获奖企业 2016 年为 43.55%，2017 年为 28.82%，2018 年为 10.51%；全省获奖企业 2016 年为 24.47%，2017 年为 17.95%，2018 年为 10.87%。从增速对比来看，获奖企业增速显著高于规上企业，具体如附图 3 - 6 所示。

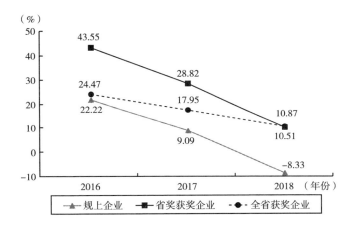

**附图 3 - 6　获奖企业同规上企业的利润总额增长率对比**

### 3.1.4　亩均税收

　　2015 ~ 2019 年，省奖获奖企业的五年平均亩均税收约为 88.82 万元/亩，全省获奖企业的五年平均亩均税收约为 36.25 万元/亩，规上企业的五年平均亩均税收约为 24.88 万元/亩。综合来看，省奖获奖企业的平均亩均税收约为全省获奖企业的 2.45 倍、规上企业的 3.57 倍，全省获奖企业的平均亩均税收约为规上企业的 1.46 倍。通过横向对比可以发现，获奖企业的平均亩均税收高于规上企业的平均亩均税收，且省奖获奖企业亩均税收远超规上企业，具体见附表 3 - 1。

　　省奖获奖企业 2015 年的平均亩均税收为 77.71 万元/亩，2019 年为 101.83 万元/亩，五年复合增长率达 5.56%；全省获奖企业 2015 年的平均亩均税收为 31.49 万元/亩，2019 年为 39.26 万元/亩，五年复合增长率为 5.15%；规上企业 2015 年的平均亩均税收为 18.70 万元/亩，2019 年为 30.50 万元/亩，五年复合增长率为 10.62%。可以看出，虽然平均亩均税收均实现了显著提升，但由于省奖和全省获奖企业亩均税收的基数较大，所以其复合增长率没有规上企业大，具体如附图 3-7 所示。

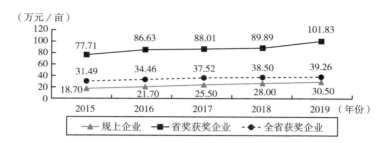

**附图 3-7　获奖企业同规上企业的平均亩均税收对比**

就平均亩均税收增速来看，规上企业 2016 年为 16.04%，2017 年为 17.51%，2018 年为 9.80%；省奖获奖企业 2016 年为 11.48%，2017 年为 1.59%，2018 年为 2.14%；全省获奖企业 2015 年为 9.43%，2017 年为 8.88%，2018 年为 2.61%，具体如附图 3-8 所示。

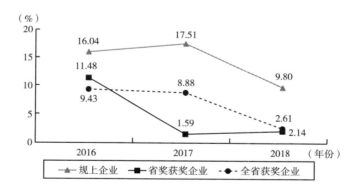

**附图 3-8　获奖企业同规上企业的亩均税收增长率对比**

### 3.1.5　亩均增加值

2015~2018 年，省奖获奖企业的四年平均亩均增加值约为 378.55 万元/亩，全省获奖企业的四年平均亩均增加值约为 161.15 万元/亩，规上企业的四年平均亩均增加值约为 100.85 万元/亩。综合来看，省奖获奖企业的平均亩均增加值约为全省获奖企业的 2.35 倍、规上企业的 3.75 倍，全省获奖企业的平均亩均增加值约为规上企业的 1.51 倍。通过横向对比可以发现，获奖企业的平均亩均增加值高于规上企业的亩均增加值，且全省获奖企业平均亩均增加值远超省奖获奖企业和规上企业，具体见附表 3−1。

省奖获奖企业 2015 年的平均亩均增加值为 313.35 万元/亩，2018 年为 464.62 万元/亩，四年复合增长率达 10.35%；全省获奖企业 2015 年的平均亩均增加值为 139.63 万元/亩，2018 年为 178.62 万元/亩，四年复合增长率为 6.35%；规上企业 2015 年的平均亩均增加值为 93.90 万元/亩，2018 年为 104.70 万元/亩，四年复合增长率为 2.76%。由此可见，全省获奖企业的平均亩均增加值复合增长率显著高于规上企业，是规上企业的 2.3 倍；省奖获奖企业虽然平均亩均增加值的基数已经比较大，但其复合增长率也是规上企业的 3.75 倍，具体如附图 3−9 所示。

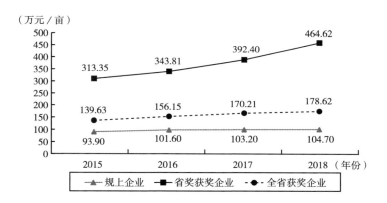

**附图 3−9   获奖企业同规上企业的平均亩均增加值对比**

就平均亩均增加值增速来看，规上企业 2016 年为 8.20%，2017 年为 1.57%，2018 年为 1.45%，增幅收窄；省奖获奖企业 2016 年为 9.72%，2017 年为 14.13%，2018 年为 18.40%；全省获奖企业 2015 年为 11.83%，2017 年为 9.00%，2018 年为 4.94%。从增速对比来看，全省获奖企业增速高于规上企业，具体如附图 3−10 所示。

### 3.1.6   全员劳动生产率

2015～2018 年，省奖获奖企业的四年平均全员劳动生产率约为 65.88 万元/人，全省获奖企业的四年平均全员劳动生产率约为 52.27 万元/人，规上企业的四年平均全员劳动生产率约为 21.05 万元/人。综合来看，省奖获奖企

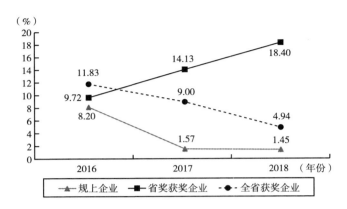

**附图 3-10 获奖企业同规上企业的亩均增加值增长率对比**

业的平均全员劳动生产率约为全省获奖企业的 1.26 倍、规上企业的 3.13 倍、全省获奖企业的平均全员劳动生产率约为规上企业的 2.48 倍。通过横向对比发现，省奖获奖企业的平均全员劳动生产率高于全省获奖企业、规上企业的水平，具体见附表 3-1。

省奖获奖企业 2015 年的平均全员劳动生产率为 57.52 万元/人，2018 年为 74.57 万元/人，四年复合增长率达 6.71%；全省获奖企业 2015 年的平均全员劳动生产率为 46.87 万元/人，2018 年为 57.78 万元/人，四年复合增长率为 5.37%。规上企业 2015 年的平均全员劳动生产率为 19.20 万元/人，2018 年为 22.50 万元/人，四年复合增长率为 4.04%。可见，全省获奖企业的平均全员劳动生产率复合增长率显著高于规上企业，是规上企业的 1.33 倍；省奖获奖企业虽然全员劳动生产率的基数已经比较大，但其复合增长率仍是规上企业的 1.66 倍，具体如附图 3-11 所示。

就平均全员劳动生产率增速来看，规上企业 2016 年为 8.85%，2017 年为 3.35%，2018 年为 4.17%；省奖获奖企业 2016 年为 6.21%，2017 年为 15.11%，2018 年为 6.04%；全省获奖企业 2016 年为 5.59%，2017 年为 10.99%，2018 年为 5.19%。从增速对比来看，规上企业增幅呈收窄趋势，获奖企业增幅波动变化较大，具体如附图 3-12 所示。

**3.1.7　新产品产值率**

2015～2018 年，省奖获奖企业的四年平均新产品产值率约为 52.08%，

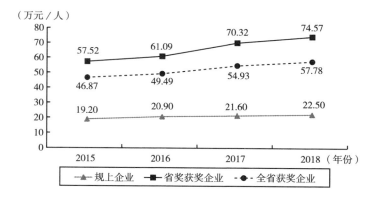

**附图 3-11　获奖企业同规上企业的平均全员劳动生产率对比**

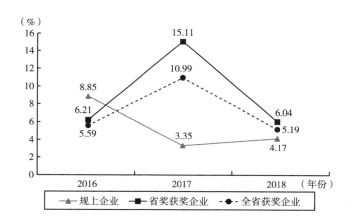

**附图 3-12　获奖企业同规上企业的全员劳动生产率增长率对比**

全省获奖企业的四年平均新产品产值率约为 54.50%，规上企业的四年平均新产品产值率约为 33.51%。综合来看，省奖获奖企业的平均新产品产值率约为规上企业的 1.55 倍，全省获奖企业的平均新产品产值率约为规上企业的 1.63 倍。通过横向对比可以发现，获奖企业的平均新产品产值率显著高于规上企业，具体见附表 3-1。

省奖获奖企业 2015 年的平均新产品产值率为 53.22%，2018 年为 50.11%，2015~2018 年的平均新产品产值率略有下降；全省获奖企业 2015 年的平均新产品产值率为 52.58%，2018 年为 56.62%，四年复合增长率为

1.87%；规上企业 2015 年的平均新产品产值率为 31.85%，2018 年为 34.75%，四年复合增长率为 2.2%，具体如附图 3 – 13 所示。

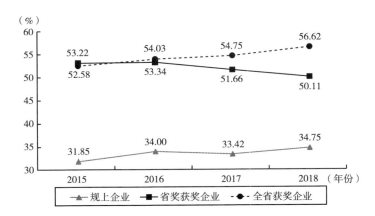

附图 3 – 13　获奖企业同规上企业的平均新产品产值率对比

就平均新产品产值率增速来看，规上企业 2016 年为 6.75%，2018 年为 3.98%；全省获奖企业 2016 年为 2.76%，2018 年为 3.42%，具体如附图 3 – 14 所示。

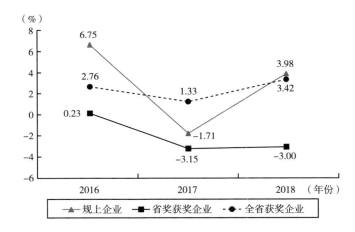

附图 3 – 14　获奖企业同规上企业的新产品产值率增长率对比

## 3.2　与上市公司的对比分析

到 2019 年，浙江省共有上市公司 475 家。上市公司数据来自国泰安经济数据库，与本次绩效评价相关的上市公司绩效指标主要有利润总额、净利润、R&D 经费投入占比等。

　　本书首先进行整体绩效对比分析，针对本次调查和上市公司数据都包括的利润总额、净利润、R&D 经费投入占比等绩效指标，分别对比了省奖获奖企业、全省获奖企业、上市公司的同期绩效数据及其增长趋势。研究表明：（1）获奖企业的平均利润总额复合增长率明显高于上市公司，省奖获奖企业的平均利润总额增长率是上市公司的 1.64 倍；全省获奖企业平均利润总额增长率是上市公司的 1.44 倍。（2）全省获奖企业的平均净利润复合增长率显著高于上市公司，是上市公司的 3.43 倍；省奖获奖企业虽然平均净利润的基数已经比较大，但其复合增长率仍是上市公司的 1.33 倍。主要绩效数据对比见附表 3-2。

附表 3-2　　　　　　　获奖企业和上市公司的主要绩效数据对比

| 指标 | 研究对象 | 2015 年 | 2016 年 | 2017 年 | 2018 年 | 2019 年 |
|---|---|---|---|---|---|---|
| 主营业务收入<br>（亿元） | 省奖获奖企业 | 77.90 | 95.27 | 124.44 | 145.23 | 149.30 |
| | 全省获奖企业 | 9.88 | 11.20 | 13.71 | 16.02 | 16.52 |
| | 上市公司 | 28.85 | 30.82 | 35.26 | 40.30 | 41.78 |
| 利润总额<br>（亿元） | 省奖获奖企业 | 6.43 | 9.23 | 11.89 | 13.14 | 11.96 |
| | 全省获奖企业 | 0.94 | 1.17 | 1.38 | 3.50 | 3.53 |
| | 上市公司 | 3.50 | 4.45 | 3.36 | 4.28 | 5.15 |
| 净利润<br>（亿元） | 省奖获奖企业 | 5.38 | 7.61 | 9.71 | 10.66 | 9.63 |
| | 全省获奖企业 | 0.78 | 0.97 | 1.16 | 2.85 | 2.79 |
| | 上市公司 | 2.82 | 3.65 | 2.80 | 3.43 | 4.24 |
| R&D 经费投入占比<br>（%） | 省奖获奖企业 | 4.19 | 4.28 | 4.11 | 4.27 | 4.38 |
| | 全省获奖企业 | 4.02 | 4.10 | 4.06 | 3.99 | 4.03 |
| | 上市公司 | 4.18 | 4.56 | 4.35 | 4.85 | 5.12 |

### 3.2.1　主营业务收入

　　2015~2019 年，省奖获奖企业的五年平均主营业务收入约为 118.43 亿元，全省获奖企业的五年主营业务收入约为 13.46 亿元，上市公司的五年平均主营业务收入约为 35.40 亿元。综合来看，省奖获奖企业的平均主营业务收入约为全省获奖企业的 8.79 倍、上市公司的 3.35 倍。通过横向对比可以发现，省奖获奖企业的平均主营业务遥遥领先于上市公司，具体见附表 3-2。

省奖获奖企业 2015 年的平均主营业务收入为 77.90 亿元，2019 年为 149.30 亿元，五年复合增长率为 13.89%；全省获奖企业 2015 年的平均主营业务收入为 9.88 亿元，2019 年为 16.52 亿元，五年复合增长率达 10.83%；上市公司 2015 年的平均主营业务收入为 28.85 亿元，2019 年为 41.78 亿元，五年复合增长率为 7.22%。可见，获奖企业的平均主营业务收入复合增长率明显高于上市公司，省奖获奖企业的平均主营业务收入五年复合增长率约为上市公司的 1.92 倍，全省获奖企业的平均主营业务收入五年复合增长率约为上市公司的 1.5 倍，具体如附图 3-15 所示。

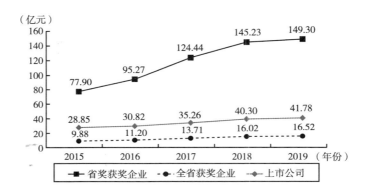

**附图 3-15 获奖企业同上市公司的平均主营业务收入对比**

就平均主营业务收入增速来看，上市公司 2016 年为 7.01%，2017 年为 13.48%，2018 年为 12.38%，2019 年为 3.84%；省奖获奖企业 2016 年为 22.30%，2017 年为 30.61%，2018 年为 16.71%，2019 年为 2.80%；全省获奖企业 2016 年为 13.33%，2017 年为 22.46%，2018 年为 16.85%，2019 年为 3.12%。从增速对比来看，获奖企业增速总体高于上市公司，具体如附图 3-16 所示。

### 3.2.2 利润总额

2015~2019 年，省奖获奖企业的五年平均利润总额约为 10.53 亿元，全省获奖企业的五年平均利润总额约为 2.10 亿元，上市公司的五年平均利润总额约为 4.15 亿元。综合来看，省奖获奖企业的平均利润总额约为全省获奖企

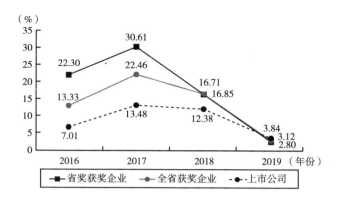

**附图 3 - 16　获奖企业同上市公司的主营业务收入增长率对比**

业的 5 倍、上市公司的 2.54 倍。通过横向对比可以发现，省奖获奖企业的平均利润总额规模显著高于全省获奖企业和上市公司，具体见附表 3 - 2。

省奖获奖企业 2015 年的平均利润总额为 6.43 亿元，2019 年为 11.96 亿元，五年复合增长率达 13.22%；全省获奖企业 2015 年的平均利润总额为 0.94 亿元，2019 年 3.53 亿元，五年复合增长率为 30.30%；上市公司 2015 年的平均利润总额为 3.50 亿元，2019 年为 5.15 亿元，五年复合增长率为 8.03%。可见，获奖企业的平均利润总额复合增长率明显高于上市公司，省奖获奖企业的平均利润总额增长率是上市公司的 1.65 倍，全省获奖企业平均利润总额增长率是上市公司的 1.43 倍，具体如附图 3 - 17 所示。

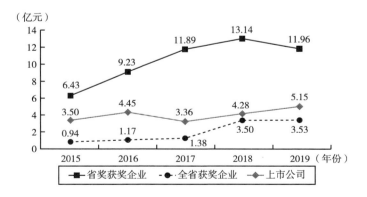

**附图 3 - 17　获奖企业同上市公司的平均利润总额对比**

从平均利润总额增速看，省奖获奖企业 2016 年的增长率为 43.55%，2017 年为 28.82%，2018 年为 10.51%；全省获奖企业 2016 年的增长率为 24.47%，2017 年为 17.95%，2018 年为 10.87%；上市公司 2016 年的增长率为 27.14%，2017 年为 −24.49%，2018 年为 27.38%，2019 年为 20.33%，变化波动较大，具体如附图 3 − 18 所示。

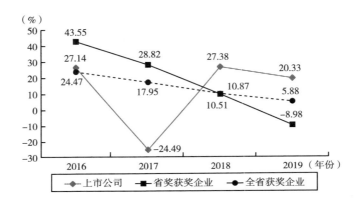

附图 3 − 18　获奖企业同上市公司的利润总额增长率对比

### 3.2.3　净利润

2015 ~ 2019 年，省奖获奖企业的五年平均净利润约为 8.60 亿元，全省获奖企业的五年平均净利润约为 1.71 亿元，上市公司的五年平均净利润约为 3.39 亿元。综合来看，省奖获奖企业的平均净利润约为全省获奖企业的 5.03 倍、上市公司的 2.54 倍。通过横向对比可以发现，省奖获奖企业的平均净利润规模显著高于全省获奖企业和上市公司，具体见附表 3 − 2。

省奖获奖企业 2015 年的平均净利润为 5.38 亿元，2019 年为 9.63 亿元，五年复合增长率达 12.35%；全省获奖企业 2015 年的平均净利润为 0.78 亿元，2019 年为 2.79 亿元，五年复合增长率为 29.03%；上市公司 2015 年的平均净利润为 2.82 亿元，2019 年为 4.24 亿元，五年复合增长率为 8.47%。由此可见，全省获奖企业的平均净利润复合增长率显著高于上市公司，是上市公司的 3.43 倍；省奖获奖企业虽然平均净利润的基数已经比较大，但其复合增长率仍是上市公司的 1.46 倍，具体如附图 3 − 19 所示。

就平均净利润增速来看，省奖获奖企业 2016 年的增长率为 41.45%，

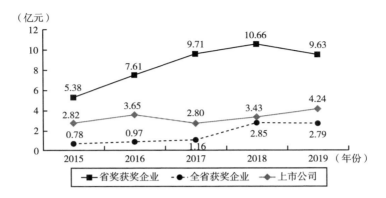

**附图 3 – 19　获奖企业同上市公司的平均净利润对比**

2017 年为 27.60%，2018 年为 9.78%，增速放缓；全省获奖企业 2016 年的
增长率为 24.36%，2017 年为 19.59%，2018 年为 10.34%；上市公司 2016
年的增长率为 29.43%，2017 年为 – 23.29%，2018 年为 22.50%，2019 年为
23.62%，变化波动较大，具体如附图 3 – 20 所示。

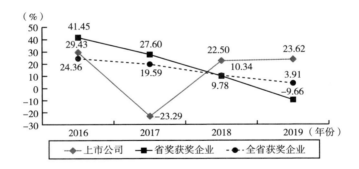

**附图 3 – 20　获奖企业同上市公司的平均净利润增长率对比**

### 3.2.4　R&D 经费投入占比

2015 ~ 2019 年，省奖获奖企业的五年平均 R&D 经费投入占比约为
4.25%，全省获奖企业的五年平均 R&D 经费投入占比约为 4.04%，上市公
司的五年平均 R&D 经费投入占比约为 4.61%。通过横向对比可以发现，省
奖获奖企业的平均 R&D 经费投入占比水平略低于上市公司，具体见附表 3 – 2
和附图 3 – 21。

就平均 R&D 经费投入占比增速来看，省奖获奖企业 2016 年的增长率为

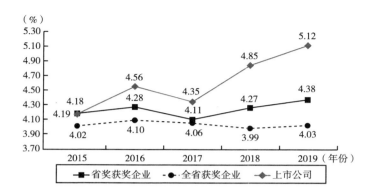

附图 3 −21　获奖企业同上市公司的平均 **R&D** 经费投入占比对比

2.15%，2019 年为 2.58%；全省获奖企业 2016 年的增长率为 1.99%，2019 年为 3.58%；上市公司 2016 年的增长率为 9.09%，2019 年为 9.21%，具体如附图 3 −22 所示。

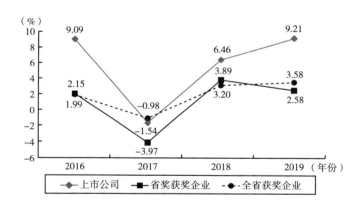

附图 3 −22　获奖企业同上市公司的平均 **R&D** 经费投入占比增长率对比

# 第 4 章　创奖对企业绩效的影响分析

## 4.1　获奖企业对质量奖创奖作用的评价

为了解浙江省获奖企业对于政府质量奖创奖的作用感知情况，本书在绩效跟踪调查表中设计了"政府质量奖对企业的影响情况"调查，由企业对创奖促进企业整体管理水平提升、经济效益水平提升、市场竞争能力提升、技术创新能力提升、产品/服务质量水平提升、社会效益水平提升等几个观点打分，如附图4-1所示。

| 政府质量奖对企业的影响情况 | 请获奖企业依据实际情况打"√"（说明：1—完全不同意；2—不同意；3——一般；4—同意；5—完全同意） | | | | | | |
|---|---|---|---|---|---|---|---|
| | 序号 | 题目 | 1 | 2 | 3 | 4 | 5 |
| | 1 | 创奖促进了企业整体管理水平的提升 | | | | | |
| | 2 | 创奖促进了企业经济效益水平的提升 | | | | | |
| | 3 | 创奖促进了企业市场竞争能力的提升 | | | | | |
| | 4 | 创奖促进了企业技术创新能力的提升 | | | | | |
| | 5 | 创奖促进了企业产品质量水平的提升 | | | | | |
| | 6 | 创奖促进了企业社会效益水平的提升 | | | | | |

**附图4-1　获奖企业对质量奖创奖作用评价的调查表**

通过总体、不同层次、不同业务类型的比较，探究获奖企业对政府质量奖创奖影响企业整体管理水平、经济效益水平、市场竞争能力、技术创新能力、产品/服务质量水平、社会效益水平的感知差异。

### 4.1.1　总体的作用评价

根据全省获奖企业对质量奖创奖的影响评分来看，企业普遍认为创奖对促进企业绩效的提升发挥了重要作用，如附图4-2所示。具体地看，以满分5分为基准，整体管理水平平均得分最高，有4.61分；其次是产品质量水平，有4.59分，表明企业认为创奖对企业整体管理水平提升和产品质量水平提升的促进作用最明显。

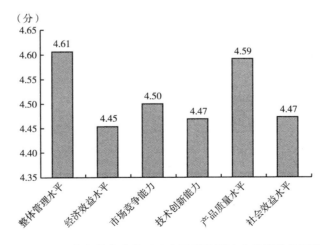

**附图4-2　全省获奖企业对政府质量奖影响企业绩效的评价**

**4.1.2 不同获奖层次的作用评价对比**

从获奖层次来看，在整体管理水平、经济效益水平、市场竞争能力、技术创新能力、产品质量水平、社会效益水平这六个维度上，省奖获奖企业的得分都高于市奖获奖企业，市奖获奖企业的得分又都高于县奖获奖企业。具体地看，不同获奖层次企业对创奖影响企业绩效的评价不同，省奖获奖企业普遍认为创奖在促进企业整体管理水平提升和社会效益水平提升方面效果较为明显；市奖和县奖获奖企业认为创奖对提升企业整体管理水平和产品质量水平的影响更大，如附图 4－3 所示。

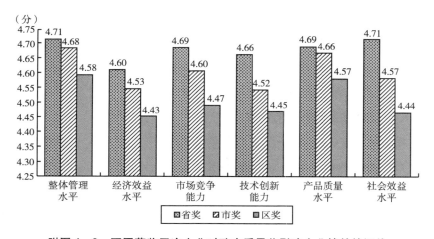

**附图 4－3　不同获奖层次企业对政府质量奖影响企业绩效的评价**

**4.1.3 不同业务类型的作用评价对比**

从不同业务类型看，创奖对企业绩效的影响在数字经济、生命健康、新材料、传统制造业、服务业获奖企业中的评价不尽相同。数字经济获奖企业认为，创奖对企业整体管理水平和产品质量水平的促进作用较明显，而对经济效益水平和技术创新能力的影响较弱；生命健康获奖企业认为，除促进整体管理水平提升外，创奖对产品质量水平和市场竞争能力有较明显的促进作用，但对于经济效益、技术创新能力和社会效益水平的提升影响有限；新材料获奖企业普遍认为，创奖对企业产品质量水平的提升作用最显著；传统制造业和服务业获奖企业则认为，创奖对企业整体管理水平的影响更大，如附图 4－4 所示。

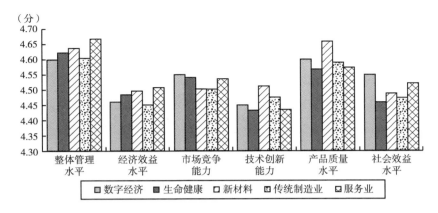

**附图 4-4　不同业务类型获奖企业对政府质量奖影响企业绩效的评价**

### 4.2　创奖前后企业主要绩效指标的变化

第 4.1 节的影响分析主要基于获奖企业对质量奖创奖作用的定性感知，是对质量奖促进企业各方面绩效提升的主观评判和分析，接下来将以企业绩效评价指标的实际数据，对企业创奖前后的主要绩效指标变动情况进行对比分析。

根据掌握的获奖企业 2015～2019 年绩效数据，考虑到创奖对企业绩效的影响并不是立竿见影的，这里选取获奖年份为 2015～2018 年的企业作创奖前后绩效对比。将获奖企业的五年数据划分为创奖前和创奖后两组，其中，获奖当年的归入创奖前，分别计算其创奖前后主要绩效指标的平均值，判断是否发生明显改变，以此分析创奖前后企业的主要绩效是否存在显著差异。以2016 年获奖的企业为例，其五年绩效被分为 2015～2016 年的创奖前数据和2017～2018 的创奖后数据，分别计算两组的均值，比较前后主要绩效指标的变动情况。因 2015 年后的省奖获奖企业数目较少，小样本不符合这里统计分析的基础条件，故未单独对省奖获奖企业的创奖前后绩效数据作变化比较。

#### 4.2.1　主要经济效益指标的变化

不同获奖层次企业创奖前后的主要经济效益指标对比见附表 4-1。

#### 4.2.1.1　主营业务收入

整体上看，不同获奖层次企业创奖前后的平均主营业务收入翻了不止 1倍，发生了明显的改变。对于全省获奖企业，创奖前平均主营业务收入为11.56 亿元，创奖后平均主营业务收入为 15.85 亿元，创奖前后的增量为 4.29 亿

附表 4-1　　　　　　不同获奖层次企业创奖前后的主要经济效益指标对比

| 指标内容 | 获奖层次 | 创奖前平均 | 创奖后平均 | 增量 | 变化率（%） |
|---|---|---|---|---|---|
| 资产总额<br>（亿元） | 全省 | 11.73 | 17.40 | 5.67 | 48.34 |
| | 市奖 | 11.03 | 23.92 | 12.88 | 116.77 |
| | 县奖 | 5.70 | 7.83 | 2.13 | 37.37 |
| 主营业务收入<br>（亿元） | 全省 | 11.56 | 15.85 | 4.29 | 37.11 |
| | 市奖 | 8.79 | 18.76 | 9.97 | 113.42 |
| | 县奖 | 6.04 | 7.77 | 1.73 | 28.64 |
| 利润总额<br>（亿元） | 全省 | 1.05 | 1.49 | 0.44 | 41.90 |
| | 市奖 | 1.08 | 2.97 | 1.90 | 175.93 |
| | 县奖 | 0.58 | 0.58 | 0.00 | 0.00 |
| 净利润<br>（亿元） | 全省 | 0.87 | 1.26 | 0.39 | 44.83 |
| | 市奖 | 0.92 | 2.64 | 1.72 | 186.96 |
| | 县奖 | 0.48 | 0.48 | 0.0009 | 0.19 |
| 资产负债率<br>（%） | 全省 | 53.05 | 49.37 | −3.68 | −6.94 |
| | 市奖 | 49.31 | 45.83 | −3.48 | −7.06 |
| | 县奖 | 54.00 | 50.29 | −3.71 | −6.87 |
| 亩均税收<br>（万元/亩） | 全省 | 33.95 | 37.85 | 3.91 | 11.52 |
| | 市奖 | 39.55 | 40.73 | 1.19 | 3.01 |
| | 县奖 | 30.82 | 34.62 | 3.80 | 12.33 |
| 全员劳动生产率<br>（万元/人） | 全省 | 50.98 | 54.39 | 3.41 | 6.69 |
| | 市奖 | 41.27 | 51.32 | 10.05 | 24.35 |
| | 县奖 | 53.31 | 54.91 | 1.60 | 3.00 |
| 亩均增加值<br>（万元/亩） | 全省 | 146.96 | 181.77 | 34.81 | 23.69 |
| | 市奖 | 186.34 | 262.94 | 76.60 | 41.11 |
| | 县奖 | 53.31 | 54.91 | 1.60 | 3.00 |

元，变化率为 37.11%；对于市奖获奖企业，创奖前平均主营业务收入为 8.79 亿元，创奖后平均主营业务收入为 18.76 亿元，创奖前后的增量为 9.97 亿元，变化率达 113.42%；对于县奖获奖企业，创奖前平均主营业务收入为

6.04 亿元，创奖后平均主营业务收入为 7.77 亿元，创奖前后的增量为 1.73 亿元，变化率为 28.64%。由此进一步地发现，市奖获奖企业的变化率大于全省获奖企业和县奖获奖企业，表明，质量奖创奖活动对市奖获奖企业主营业务收入的促进作用更显著。具体见附表 4 – 1 和附图 4 – 5。

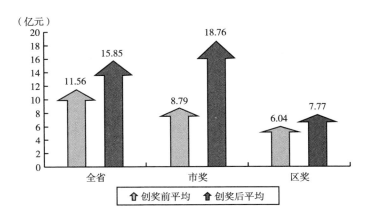

**附图 4 – 5　不同获奖层次企业创奖前后的平均主营业务收入对比**

### 4.2.1.2　净利润

从整体上看，不同获奖层次企业创奖前后的平均净利润都发生了显著的改变。对于全省获奖企业，创奖前平均净利润为 0.87 亿元，创奖后平均净利润为 1.26 亿元，创奖前后的增量为 0.39 亿元，变化率为 44.83%；对于市奖获奖企业，创奖前平均净利润为 0.92 亿元，创奖后平均净利润为 2.64 亿元，创奖前后的增量为 1.72 亿元，变化率达 186.96%；对于县奖获奖企业，创奖前后变化率为 0.19%。由此进一步地发现，在提升净利润方面，质量奖创奖活动对市奖获奖企业作用更明显，县奖获奖企业的激发潜力较大。具体见附表 4 – 1 和附图 4 – 6。

### 4.2.1.3　亩均增加值

整体上看，不同获奖层次企业创奖前后的平均亩均增加值发生了改变。全省获奖企业创奖前的平均亩均增加值为 146.96 万元/亩，创奖后为 181.77 万元/亩，创奖前后的增量为 34.81 万元/亩，变化率为 23.69%；市奖获奖企业创奖前的平均亩均增加值为 186.34 万元/亩，创奖后为 262.94 万元/亩，

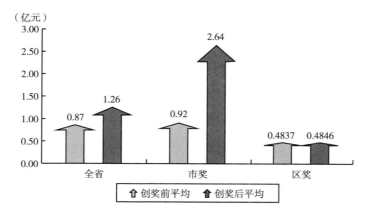

**附图 4 – 6  不同获奖层次企业创奖前后的平均净利润对比**

创奖前后的增量为 76.60 万元/亩，变化率达 41.11%；县奖获奖企业创奖前的亩均增加值为 53.31 万元/亩，创奖后为 54.91 万元/亩，创奖前后的增量为 1.60 万元/亩，变化率为 3.00%。由此进一步地发现，在提升亩均增加值方面，质量奖创奖活动对市奖获奖企业作用更明显，对县奖获奖企业的促进作用有限。具体见附表 4 – 1 和附图 4 – 7。

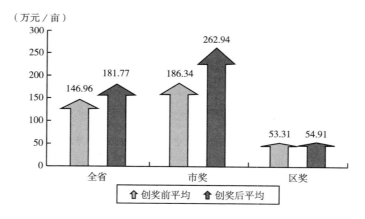

**附图 4 – 7  不同获奖层次企业创奖前后的平均亩均增加值对比**

### 4.2.1.4  全员劳动生产率

整体上看，不同获奖层次企业创奖前后的平均全员劳动生产率都发生了改变。全省获奖企业创奖前的平均全员劳动生产率为 50.98 万元/人，创奖后为 54.39 万元/人,创奖前后的增量为 3.41 万元/人,变化率为 6.69%;市奖获奖企业创奖前的平均全员劳动生产率为 41.27 万元/人,创奖后为 51.32 万元/人,创奖前后的增量为 10.05 万元/人,变化率达 24.35%;县奖获奖企业创奖前的平均全员劳动生产率为 53.31 万元/人,创奖后为 54.91 万元/人,创奖前后的增量为 1.60 万元/人,变化率为 3.00%。由此进一步地发现,在提升全员劳动生产率方面,质量奖创奖活动对县奖获奖企业作用更明显。具体如附图 4 - 8 所示。

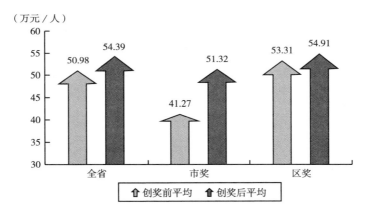

**附图 4 - 8　不同获奖层次企业创奖前后的平均全员劳动生产率对比**

### 4.2.2　主要市场绩效指标的变化

不同获奖层次企业创奖前后的主要市场绩效指标对比见附表 4 - 2。

附表 4 - 2　　　　不同获奖层次企业创奖前后的主要市场绩效指标对比　　　　单位:%

| 指标内容 | 获奖层次 | 创奖前平均 | 创奖后平均 | 增量 | 变化率 |
|---|---|---|---|---|---|
| 主导产品/服务全国市场占有率 | 全省 | 18.76 | 21.35 | 2.59 | 13.81 |
| | 市奖 | 20.33 | 25.31 | 4.98 | 24.50 |
| | 县奖 | 18.02 | 19.95 | 1.93 | 10.71 |
| 国际市场销售占比 | 全省 | 23.49 | 26.20 | 2.71 | 11.54 |
| | 市奖 | 21.10 | 23.23 | 2.13 | 10.10 |
| | 县奖 | 24.72 | 27.61 | 2.89 | 11.69 |

#### 4.2.2.1 主导产品/服务全国市场占有率

整体上看,不同获奖层次企业创奖前后的平均主导产品/服务全国市场占有率发生了较明显的改变。对于全省获奖企业,创奖前平均主导产品/服务全国市场占有率为 18.76%,创奖后平均主导产品/服务全国市场占有率为 21.35%,创奖前后的增量为 2.59%,变化率为 13.81%;对于市奖获奖企业,创奖前平均主导产品/服务全国市场占有率为 20.33%,创奖后平均主导产品/服务全国市场占有率为 25.31%,创奖前后的增量为 4.98%,变化率达 24.50%;对于县奖获奖企业,创奖前平均主导产品/服务全国市场占有率为 18.02%,创奖后平均主导产品/服务全国市场占有率为 19.95%,创奖前后的增量为 1.93%,变化率为 10.71%。由此进一步地发现,质量奖创奖活动对市奖获奖企业主导产品/服务全国市场占有率的促进作用更显著。具体见附表 4-2 和附图 4-9。

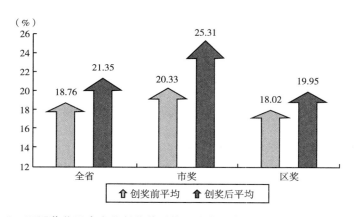

**附图 4-9 不同获奖层次企业创奖前后的平均主导产品/服务全国市场占有率对比**

#### 4.2.2.2 国际市场销售占比

整体上看,不同获奖层次企业创奖前后的平均国际市场销售占比都发生了较明显的改变。对于全省获奖企业,创奖前平均国际市场销售占比为 23.49%,创奖后平均国际市场销售占比为 26.20%,创奖前后的增量为 2.71%,变化率达 11.54%;对于市奖获奖企业,创奖前平均国际市场销售占比为 21.10%,创奖后平均国际市场销售占比为 23.23%,创奖前后的增量为 2.13%,变化率达 10.10%;对于县奖获奖企业,创奖前国际市场销售占比为 24.72%，创奖后平均国际市场销售占比为 27.61%，创奖前后的增量为 2.89%，变化率为 11.69%。进一步发现，在提升国际市场销售占比方面，质量奖创奖活动对县奖获奖企业作用更明显。具体见附表 4 – 2 和附图 4 – 10。

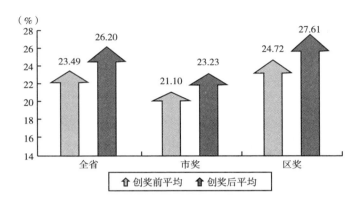

**附图 4 – 10　不同获奖层次企业创奖前后的平均国际市场销售占比对比**

### 4.2.3　主要技术创新指标的变化

不同获奖层次企业创奖前后的主要技术创新指标对比见附表 4 – 3。

**附表 4 – 3　　不同获奖层次企业创奖前后的主要技术创新指标对比**

| 指标内容 | 获奖层次 | 创奖前平均 | 创奖后平均 | 增量 | 变化率（%） |
|---|---|---|---|---|---|
| R&D 经费投入占比<br>（%） | 全省 | 4.06 | 4.35 | 0.29 | 7.14 |
| | 市奖 | 3.89 | 4.27 | 0.38 | 9.77 |
| | 县奖 | 3.74 | 4.02 | 0.28 | 7.49 |
| 新产品产值率<br>（%） | 全省 | 53.49 | 55.54 | 2.05 | 3.83 |
| | 市奖 | 60.81 | 62.66 | 1.85 | 3.04 |
| | 县奖 | 51.44 | 53.69 | 2.25 | 4.37 |
| 新增专利数<br>（项） | 全省 | 10.92 | 14.06 | 3.14 | 28.75 |
| | 市奖 | 11.41 | 19.70 | 8.29 | 72.66 |
| | 县奖 | 7.61 | 7.33 | – 0.29 | – 3.68 |

### 4.2.3.1　R&D 经费投入占比

整体上看，不同获奖层次企业创奖前后的平均 R&D 经费投入占比发生了改变。对于全省获奖企业，创奖前平均 R&D 经费投入占比为 4.06%，创奖后平均 R&D 经费投入占比为 4.35%，创奖前后的增量为 0.29%，变化率为 7.14%；对于市奖获奖企业，创奖前平均 R&D 经费投入占比为 3.89%，创奖后平均 R&D 经费投入占比为 4.27%，创奖前后的增量 0.38%，变化率达 9.77%；对于县奖获奖企业，创奖前平均 R&D 经费投入占比为 3.74%，创奖后平均 R&D 经费投入占比为 4.02%，创奖前后的增量为 0.28%，变化率为 7.49%。具体见附表 4 - 3 和附图 4 - 11。

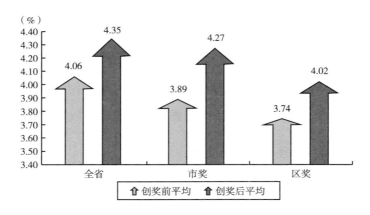

**附图 4 - 11　不同获奖层次企业创奖前后的平均 R&D 经费投入占比**

### 4.2.3.2　新产品产值率

整体上看，不同获奖层次企业创奖前后的平均新产品产值率均有所提升。对于全省获奖企业，创奖前平均新产品产值率为 53.49%，创奖后平均新产品产值率为 55.54%，创奖前后的增量为 2.05%，变化率达 3.83%；对于市奖获奖企业，创奖前平均新产品产值率为 60.81%，创奖后平均新产品产值率为 62.66%，创奖前后的增量为 1.85%，变化率达 3.04%；对于县奖获奖企业，创奖前平均新产品产值率为 51.44%，创奖后平均新产品产值率为 53.69%，创奖前后的增量为 2.25%，变化率为 4.37%。具体见附表 4 - 3 和附图 4 - 12。

### 4.2.4　主要质量水平指标的变化

不同获奖层次企业创奖前后的主要质量水平指标对比见附表 4 - 4。

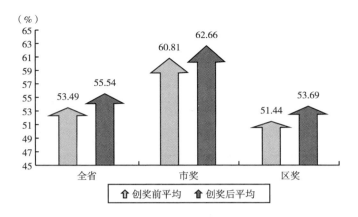

附图 4-12 不同获奖层次企业创奖前后的平均新产品产值率对比

附表 4-4　　　不同获奖层次企业创奖前后的主要质量水平指标对比　　　　单位:%

| 指标内容 | 获奖层次 | 创奖前平均 | 创奖后平均 | 增量 | 变化率 |
|---|---|---|---|---|---|
| 顾客满意度 | 全省 | 85.49 | 89.65 | 4.16 | 4.87 |
| | 市奖 | 84.20 | 88.22 | 4.02 | 4.77 |
| | 县奖 | 83.25 | 87.94 | 4.69 | 5.63 |
| 产品一次交检合格率 | 全省 | 97.52 | 98.42 | 0.90 | 0.92 |
| | 市奖 | 97.67 | 98.40 | 0.73 | 0.75 |
| | 县奖 | 97.47 | 98.42 | 0.95 | 0.97 |

#### 4.2.4.1　顾客满意度

整体上看，不同获奖层次企业创奖前后的平均顾客满意度均有所提升。对于全省获奖企业，创奖前平均顾客满意度为 85.49%，创奖后平均顾客满意度为 89.65%，创奖前后的增量为 4.16%，变化率达 4.87%；对于市奖获奖企业，创奖前平均顾客满意度为 84.20%，创奖后平均顾客满意度为 88.22%，创奖前后的增量为 4.02%，变化率为 4.77%；对于县奖获奖企业，创奖前平均顾客满意度为 83.25%，创奖后平均顾客满意度为 87.94%，创奖前后的增量为 4.69%，变化率达 5.63%。具体见附表 4-4 和附图 4-13。

#### 4.2.4.2　产品一次交检合格率

整体上看，不同获奖层次企业创奖前后的平均产品一次交检合格率均有所提升。对于全省获奖企业，创奖前平均产品一次交检合格率为 97.52%，

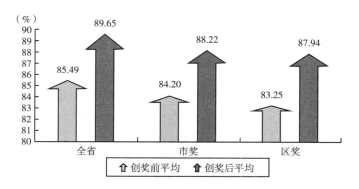

附图 4 – 13　不同获奖层次企业创奖前后的平均顾客满意度

创奖后平均产品一次交检合格率为 98.42%，创奖前后的增量为 0.90%，变化率为 0.92%；对于市奖获奖企业，创奖前平均产品一次交检合格率为 97.67%，创奖后平均产品一次交检合格率为 98.40%，创奖前后的增量为 0.73%，变化率为 0.75%；对于县奖获奖企业，创奖前平均产品一次交检合格率为 97.47%，创奖后平均产品一次交检合格率为 98.42%，创奖前后的增量为 0.95%，变化率达 0.97%。具体见附表 4 –4 和附图 4 –14。

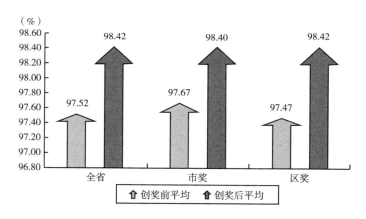

附图 4 –14　不同获奖层次企业创奖前后的平均产品一次交检合格率对比

### 4.2.5　主要社会效益指标的变化

不同获奖层次企业创奖前后的主要社会效益指标对比见附表 4 –5。

附表 4 − 5　　　不同获奖层次企业创奖前后的主要社会效益指标对比

| 指标内容 | 获奖层次 | 创奖前平均 | 创奖后平均 | 增量 | 变化率（％） |
|---|---|---|---|---|---|
| 财政税收<br>（亿元） | 全省 | 0.96 | 1.22 | 0.26 | 27.08 |
| | 市奖 | 0.53 | 1.31 | 0.78 | 147.17 |
| | 县奖 | 0.31 | 0.33 | 0.02 | 6.45 |
| 万元产值综合能耗<br>（吨标准煤/万元） | 全省 | 0.19 | 0.13 | − 0.06 | − 31.58 |
| | 市奖 | 0.22 | 0.11 | − 0.11 | − 50.00 |
| | 县奖 | 0.18 | 0.13 | − 0.05 | − 27.78 |

### 4.2.5.1　财政税收

整体上看，不同获奖层次企业创奖前后的平均财政税收发生了较明显的改变。对于全省获奖企业，创奖前平均财政税收为 0.96 亿元，创奖后平均财政税收为 1.22 亿元，创奖前后的增量为 0.26 亿元，变化率为 27.08%；对于市奖获奖企业，创奖前平均财政税收为 0.53 亿元，创奖后平均财政税收为 1.31 亿元，创奖前后的增量为 0.78 亿元，变化率达 147.17%；对于县奖获奖企业，创奖前平均财政税收为 0.31 亿元，创奖后平均财政税收为 0.33 亿元，创奖前后的增量为 0.02 亿元，变化率为 6.45%。具体见附表 4 − 5 和附图 4 − 15。

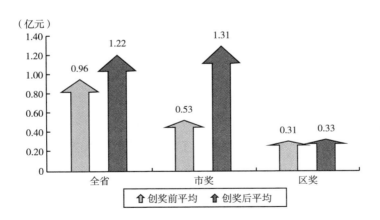

附图 4 − 15　不同获奖层次企业创奖前后的平均财政税收对比

### 4.2.5.2　万元产值综合能耗

整体上看，不同获奖层次企业创奖前后的平均万元产值综合能耗都有所下降。对于全省获奖企业，创奖前平均万元产值综合能耗为 0.19 吨标准煤/

万元，创奖后平均万元产值综合能耗为 0.13 吨标准煤/万元，创奖前后的变化量为 0.06 吨标准煤/万元，下降率达 31.58%；对于市奖获奖企业，创奖前平均万元产值综合能耗为 0.22 吨标准煤/万元，创奖后平均万元产值综合能耗为 0.11 吨标准煤/亿元，创奖前后的变化率达 −50.00%；对于县奖获奖企业，创奖前平均万元产值综合能耗为 0.18 吨标准煤/万元，创奖后平均万元产值综合能耗为 0.13 吨标准煤/万元，创奖前后的下降率为 27.78%。具体见附表 4 − 5 和附图 4 − 16。

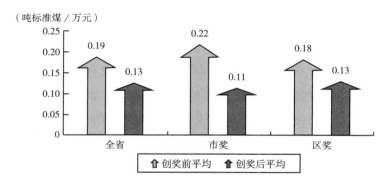

**附图 4 − 16  不同获奖层次企业创奖前后的平均万元产值综合能耗**

# 第 5 章  获奖企业绩效评价

## 5.1  企业经济效益快速增长

### 5.1.1  经营效益增速领先

2015 ~ 2019 年，全省获奖企业平均主营业务收入年复合增长率为 12.85%，省奖获奖企业为 16.85%，全省 4 万余家规上企业为 2.45%，475 家上市公司为 8.08%。全省获奖企业主营业务收入复合增长率约为规上企业的 5.24 倍、上市公司的 1.59 倍，省奖获奖企业复合增长率约为规上企业的 6.88 倍、上市公司的 2.09 倍。获奖企业同规上企业和上市公司的主营业务收入对比如附图 5 − 1 所示。

2015 ~ 2019 年，全省获奖企业平均利润总额年复合增长率 12.95%，省奖获奖企业为 19.56%，规上企业约为 4.14%，上市公司为 4.91%。全省获

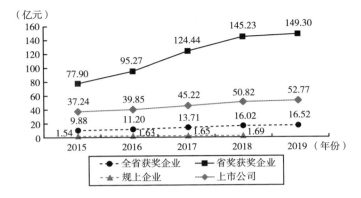

**附图5-1 获奖企业同规上企业和上市公司的主营业务收入对比**

注：因2019年规上企业主营业务收入未公开，故仅对比2015～2018年增长趋势，下同。

奖企业利润总额复合增长率约为规上企业的 3.13 倍、上市公司的 2.64 倍；省奖获奖企业复合增长率约为规上企业的 4.72 倍、上市公司的 3.98 倍。获奖企业同规上企业和上市公司的利润总额对比如附图 5-2 所示。

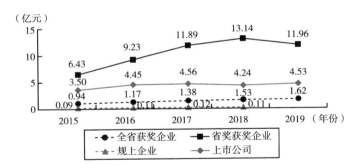

**附图5-2 获奖企业同规上企业和上市公司的利润总额对比**

### 5.1.2 "亩均效益"远超规上企业

2015～2019 年，获奖企业"亩均效益"持续向好。2019 年县奖获奖企业平均亩均税收为 37.37 万元/亩，市奖获奖企业为 37.58 万元/亩，省奖获奖企业为 101.83 万元/亩，规上企业亩均税收为 30.50 万元/亩。省奖、市奖、县奖获奖企业亩均税收分别为规上企业的 3.57 倍、1.23 倍、1.22 倍。具体如附图 5-3 所示。

在亩均增加值方面，2019 年县奖获奖企业平均亩均增加值为 159.37 万

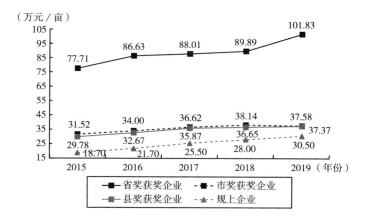

附图 5-3　获奖企业同规上企业的亩均税收对比

元/亩，市奖获奖企业为 233.42 万元/亩，省奖获奖企业为 589.91 万元/亩，规上企业为 122.00 万元/亩。省奖、市奖、县奖获奖企业亩均增加值分别为规上企业的 4.8 倍、1.91 倍、1.3 倍。具体如附图 5-4 所示。

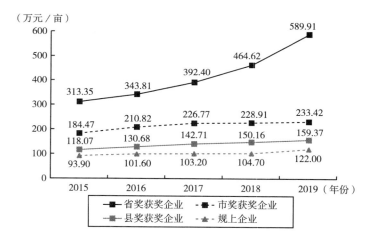

附图 5-4　获奖企业同规上企业的亩均增加值对比

2019 年县奖获奖企业平均全员劳动生产率为 58.15 万元/人，市奖获奖企业为 67.17 万元/人，省奖获奖企业为 74.57 万元/人，规上企业为 24.70 万元/人。省奖、市奖、县奖获奖企业全员劳动生产率分别为规上企业的 3.02 倍、2.71 倍、2.35 倍。具体如附图 5-5 所示。

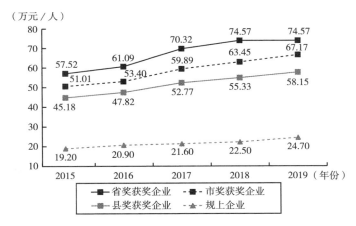

附图 5 – 5　获奖企业同规上企业的全员劳动生产率对比

## 5.2　市场竞争优势不断扩大

### 5.2.1　国内市场竞争优势持续扩大

2015～2019 年，全省获奖企业主导产品/服务全国市场占有率持续提升，国内市场竞争力不断增强，主导产品/服务全国市场占有率提高 3.55 个百分点。其中，县奖获奖企业提高 3.56 个百分点，市奖获奖企业提高 3.47 个百分点，省奖获奖企业提高 3.97 个百分点，具体如附图 5 – 6 所示。

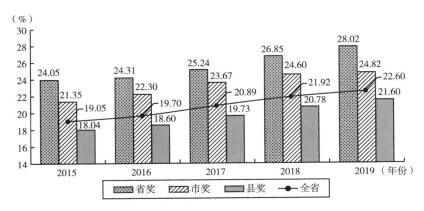

附图 5 – 6　各级获奖企业的主导产品/服务全国市场占有率对比

### 5.2.2　积极应对国际市场风险挑战

2015～2019 年，全省获奖企业国际市场销售占比保持平稳增长态势，提高 1.47 个百分点。其中，县奖和市奖获奖企业均为逐年提高，分别提高

0.94 个和 1.32 个百分点，省奖获奖企业的国际市场销售占比呈现波动趋势，但整体始终持续保持在 19% 以上。面对全球经济增长放缓、贸易摩擦升级等影响，全省获奖企业积极应对风险与挑战，仍然保持原有国际市场份额，成效明显，具体如附图 5 - 7 所示。

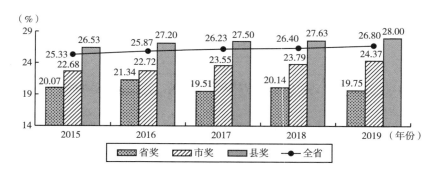

附图 5 - 7　各级获奖企业的国际市场销售占比对比

### 5.3　创新能力支撑显著强化

### 5.3.1　创新投入远超规上企业

2015～2019 年，省奖获奖企业平均 R&D 经费投入占比约为 4.25%，市奖获奖企业为 3.53%，县奖获奖企业为 3.36%，规上企业为 1.5%。省奖、市奖、县奖获奖企业 R&D 经费投入占比分别为规上企业的 2.83 倍、2.35 倍、2.24 倍。具体数据如附图 5 - 8 所示。

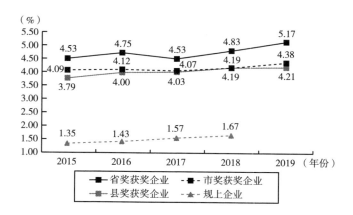

附图 5 - 8　获奖企业同规上企业的平均 R&D 经费投入对比

### 5.3.2  自主知识产权获取能力显著增强

2015～2019 年，全省获奖企业累计新增授权专利 70818 件，年复合增长率为 10.95%；累计新增授权发明专利数 17558 件，年复合增长率为 8.28%。省奖获奖企业平均新增授权专利 98.43 件，市奖获奖企业平均新增授权专利 15.29 件，县奖获奖企业平均新增授权专利 7.25 件，具体见附表 5 - 1。

| 附表 5 - 1 | | 省奖获奖企业授权专利情况 | | | | 单位：件 |
|---|---|---|---|---|---|---|
| 对象 | 2015 年 | 2016 年 | 2017 年 | 2018 年 | 2019 年 | 累计新增 |
| 新增专利授权数 | 10807 | 11852 | 12834 | 17157 | 18168 | 70818 |
| 新增发明专利授权数 | 2746 | 3322 | 3655 | 3748 | 4087 | 17558 |

省奖获奖企业平均新增授权发明专利 98.43 件，市奖获奖企业 15.29 件，县奖获奖企业 7.25 件，规上企业 2.61 件，省奖、市奖、县奖获奖企业的平均新增授权发明专利分别为规上企业的 37.71 倍、5.86 倍、2.78 倍。具体如附图 5 - 9 所示。

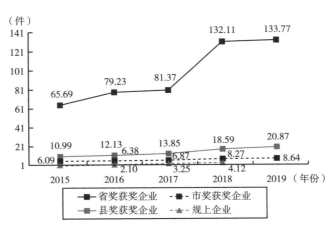

附图 5 - 9  获奖企业同规上企业平均新增授权发明专利对比

### 5.3.3  标准话语权不断提升

2015～2019 年，全省获奖企业累计新增主导或参与国际标准 191 项，五年复合增长率为 6.64%，省奖获奖企业累计新增主导或参与国际标准 27 项，市奖获奖企业累计新增主导或参与国际标准 83 项，县奖获奖企业累计新增主导或参与国际标准 81 项；全省获奖企业累计新增主导或参与国家标准 2182

项，五年复合增长率为 10.41%，省奖获奖企业累计新增主导或参与国家标准 289 项，市奖获奖企业累计新增主导或参与国家标准 858 项，县奖获奖企业累计新增主导或参与国家标准 1035 项；全省获奖企业累计新增主导或参与行业标准 2383 项，五年复合增长率为 4.47%，省奖获奖企业累计新增主导或参与行业标准 263 项，市奖获奖企业累计新增主导或参与行业标准 764 项，县奖获奖企业累计新增主导或参与行业标准 1356 项；全省获奖企业累计新增主导或参与"浙江制造"标准 1059 项，五年复合增长率为 52.9%，省奖获奖企业累计新增主导或参与"浙江制造"标准 68 项，市奖获奖企业累计新增主导或参与"浙江制造"标准 361 项，县奖获奖企业累计新增主导或参与"浙江制造"标准 630 项，具体见附表 5 – 2。

附表 5 – 2　　　　　　　获奖企业参与标准制定情况　　　　　　　　单位：项

| 对象 | | 2015 年 | 2016 年 | 2017 年 | 2018 年 | 2019 年 | 累计新增 |
|---|---|---|---|---|---|---|---|
| 全省获奖企业 | 新增主导或参与国际标准 | 29 | 56 | 32 | 34 | 40 | 191 |
| | 新增主导或参与国家标准 | 298 | 322 | 565 | 508 | 489 | 2182 |
| | 新增主导或参与行业标准 | 430 | 436 | 486 | 496 | 535 | 2383 |
| | 新增主导或参与"浙江制造"标准 | 44 | 114 | 134 | 399 | 368 | 1059 |
| 省奖获奖企业 | 新增主导或参与国际标准 | 3 | 6 | 6 | 6 | 6 | 27 |
| | 新增主导或参与国家标准 | 34 | 52 | 94 | 50 | 59 | 289 |
| | 新增主导或参与行业标准 | 56 | 47 | 54 | 46 | 60 | 263 |
| | 新增主导或参与"浙江制造"标准 | 8 | 15 | 11 | 23 | 11 | 68 |
| 市奖获奖企业 | 新增主导或参与国际标准 | 13 | 40 | 9 | 14 | 7 | 83 |
| | 新增主导或参与国家标准 | 122 | 125 | 208 | 232 | 171 | 858 |
| | 新增主导或参与行业标准 | 160 | 141 | 154 | 169 | 140 | 764 |
| | 新增主导或参与"浙江制造"标准 | 20 | 55 | 58 | 126 | 102 | 361 |
| 县奖获奖企业 | 新增主导或参与国际标准 | 13 | 10 | 17 | 14 | 27 | 81 |
| | 新增主导或参与国家标准 | 142 | 145 | 263 | 226 | 259 | 1035 |
| | 新增主导或参与行业标准 | 214 | 248 | 278 | 281 | 335 | 1356 |
| | 新增主导或参与"浙江制造"标准 | 16 | 44 | 65 | 250 | 255 | 630 |

### 5.3.4　创新绩效助推产业高质量发展

2015~2019 年，省奖获奖企业新产品产值率为 52.39%，市奖获奖企业为 59.09%，县奖获奖企业为 53.88%，规上企业为 31.13%。省奖、市奖、县奖获奖企业的新产品产值率分别为规上企业的 1.68 倍、1.89 倍、1.73 倍。具体如附图 5-10 所示。

附图 5-10　获奖企业同规上企业新产品产值率对比

## 5.4　产品质量水平稳步提升

### 5.4.1　产品质量水平持续提升

2015~2019 年，全省获奖企业产品一次交检合格率处于高位提升状态，从 97.41% 提升到 98.55%，提升了 1.14 个百分点。省奖获奖企业从 97.83% 提升到 98.54%，提升了 0.71 个百分点；市奖获奖企业从 97.45% 提升到 98.50%，提升了 1.05 个百分点；县奖获奖企业从 97.38% 提升到 98.23%，提升了 0.85 个百分点，具体如附图 5-11 所示。

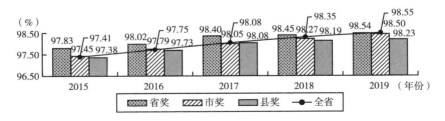

附图 5-11　各级获奖企业的产品一次交检合格率对比

### 5.4.2 顾客满意度进一步提升

2015~2019 年，全省获奖企业顾客满意度进一步提升，从 92.81% 提升到 95.19%，提升了 2.38 个百分点。省奖获奖企业从 93.22% 提升到 95.69%，提升了 2.47 个百分点；市奖获奖企业从 92.24% 提升到 94.24%，提升了 2 个百分点；县奖获奖企业从 86.62% 提升到 90%，提升了 3.38 个百分点，具体如附图 5-12 所示。

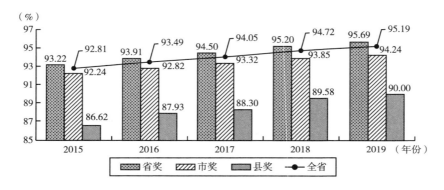

附图 5-12　各级获奖企业的顾客满意度对比

## 5.5　引领示范作用持续发挥

### 5.5.1　企业税收大幅提升

2015~2019 年，全省获奖企业累计纳税 5433.1 亿元，省奖获奖企业累计纳税 2108.11 亿元，市奖获奖企业累计纳税 1368.19 亿元，县奖获奖企业累计纳税 1956.80 亿元。全省获奖企业平均纳税从 0.71 亿元增长到 1.10 亿元，年复合增长率为 9.15%；省奖获奖从 7.88 亿元增长到 14.95 亿元，年复合增长率达 13.66%；市奖获奖企业从 0.80 亿元增长到 1.26 亿元，年复合增长率为 9.54%；县奖获奖企业从 0.39 亿元增长到 0.50 亿元，年复合增长率为 4.91%，具体如附图 5-13 所示。

### 5.5.2　积极投身公益事业

2015~2019 年，全省获奖企业累计捐款 39.89 亿元，省奖获奖企业累计捐款 12.93 亿元，市奖获奖企业累计捐款 9.62 亿元，县奖获奖企业累计捐款 17.34 亿元。全省获奖企业平均捐款从 61.98 万元增长到 127.00 万元，年复

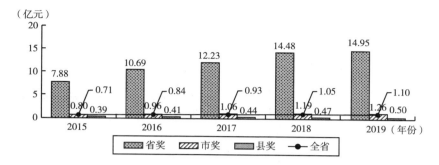

附图 5－13   各级获奖企业的财政税收对比

合增长率为 15.43%；省奖获奖企业平均捐款从 616.65 万元增长到 1669.94
万元，年复合增长率为 22.05%；市奖获奖企业平均捐款从 81.95 万元增长
到 126.51 万元，年复合增长率为 9.07%；县奖获奖企业平均捐款从 37.38 万
元增长到 65.50 万元，年复合增长率为 11.87%，具体如附图 5－14 所示。

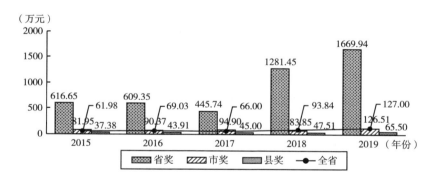

附图 5－14   各级获奖企业的公益捐款金额对比

### 5.5.3   节能减排成效显著

2015～2019 年，全省获奖企业万元产值综合能耗从 0.18 吨标准煤/万元
下降到 0.13 吨标准煤/万元，五年平均下降幅度为 5.72%；省奖获奖企业
从 0.16 吨标准煤/万元下降到 0.09 吨标准煤/万元，五年平均下降幅度为
11.73%；市奖获奖企业从 0.20 吨标准煤/万元下降到 0.1 吨标准煤/万元，
五年平均下降幅度为 13.41%；县奖获奖企业从 0.17 吨标准煤/万元下降
到 0.15 吨标准煤/万元，五年平均下降幅度为 3.16%，具体如附图 5－15
所示。

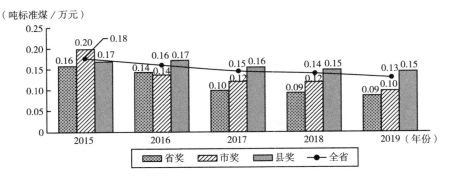

（吨标准煤／万元）

附图5－15　各级获奖企业的万元产值综合能耗对比

# 第6章　相关建议

十多年来，政府质量奖在促进全省经济高质量发展方面发挥了重要作用，为努力建设"新时代全面展示中国特色社会主义制度优越性的重要窗口"提供坚实的质量支撑，进一步发挥质量奖获奖企业标杆引领示范效应，提出如下建议。

## 6.1　加大政策支持力度，增强获奖企业的获得感

进一步加大政策扶持，放大政府质量奖的政策效应，营造更多企业追求卓越、崇尚质量的氛围。将"质量第一"的理念落实到政府采购、政府投资项目的招投标中，优先采购获奖企业的产品和服务，在招投标评标中对获奖企业给予充分支持。鼓励政府质量奖获奖企业孵化带动中小企业提升质量管理水平，各级政府对承担孵化企业的给予适当奖励。加大对政府质量奖获奖企业在融资、信贷等方面的支持。

## 6.2　强化行业示范引领，增强获奖企业的责任感

政府质量奖获奖企业是行业的"质量标杆"，行业主管部门、行业协会要通过有效载体，最大限度激发和放大获奖企业的标杆引领示范作用。定期开展典型企业经验分享，架通获奖企业与中小企业的"桥梁"，促进"大企带小企"发展，特别要支持"隐形冠军""单打冠军"的中小企业发展，扩大政府质量奖示范引领作用，形成规模效应。建立先进质量管理方法孵化信

息平台,组织获奖企业开展"一对多"的质量帮扶,引导全省各行各业加强质量管理、追求卓越绩效。

### 6.3 保持质量标杆形象,增强获奖企业的使命感

获奖企业要始终保持"质量标杆"的良好形象,百尺竿头更进一步,不断加强对卓越绩效管理等先进质量管理模式的学习和应用,总结提炼具有先进性、独特性、可推广性的质量管理模式,积极争创中国质量奖,为浙江省实现"中国质量奖"零的突破作出更大贡献。

### 6.4 大力宣传获奖企业经验,提升全社会质量意识

新闻媒体要开设专栏,大力宣传报道获奖企业的成功经验、典型案例,通过电视访谈、专题采访等形式宣传获奖企业的质量理念、方法,讲好浙江"质量故事",让质量第一成为全社会的价值追求和时代精神。

附件　**2010～2017 年浙江省政府质量奖（含提名奖）历年获奖企业名单**

| 获奖年份 | 获奖数量 | 组织名称 | 所属地区 | 备注 |
|---|---|---|---|---|
| 2010 | 5 家 | 万向钱潮股份有限公司 | 杭州 | |
| | | 中天建设集团有限公司 | 金华 | |
| | | 浙江正泰股份有限公司 | 温州 | |
| | | 雅戈尔集团股份有限公司 | 宁波 | |
| | | 康奈集团有限公司 | 温州 | |
| 2011 | 5 家 | 浙江三花股份有限公司 | 绍兴 | |
| | | 浙江盾安人工环境股份有限公司 | 绍兴 | |
| | | 宁波方太厨具有限公司 | 宁波 | |
| | | 加西贝拉压缩机有限公司 | 嘉兴 | |
| | | 浙江奥康鞋业股份有限公司 | 温州 | |
| 2012 | 5 家 | 杭州汽轮机股份有限公司 | 杭州 | |
| | | 人民电器集团有限公司 | 温州 | |
| | | 浙江中控技术股份有限公司 | 杭州 | |
| | | 浙江山浦照明电器有限公司 | 丽水 | |
| | | 浙江世友木业有限公司 | 湖州 | |
| 2013 | 10 家<br>（含 5 家提名奖） | 杭州鸿雁电器有限公司 | 杭州 | |
| | | 杭州杭氧股份有限公司 | 杭州 | |
| | | 浙江菲达环保科技股份有限公司 | 绍兴 | |
| | | 德华兔宝宝装饰新材股份有限公司 | 温州 | |
| | | 浙江联宜电机股份有限公司 | 金华 | |
| | | 巨石集团有限公司 | 嘉兴 | 提名 |
| | | 得力集团有限公司 | 宁波 | 提名 |
| | | 浙江开元酒店管理有限公司 | 杭州 | 提名 |
| | | 浙江横店影视城有限公司 | 金华 | 提名 |
| | | 露笑科技股份有限公司 | 绍兴 | 提名 |
| 2015 | 9 家<br>（含 7 家提名奖） | 浙江万丰奥威汽轮股份有限公司 | 绍兴 | |
| | | 浙江西子富沃德电机有限公司 | 杭州 | 中小企业 |
| | | 浙江双环传动机械股份有限公司 | 台州 | 提名 |
| | | 巨石集团有限公司 | 嘉兴 | 提名 |
| | | 浙江吉利控股集团有限公司 | 杭州 | 提名 |
| | | 浙江开元酒店管理有限公司 | 杭州 | 提名 |

续表

| 获奖年份 | 获奖数量 | 组织名称 | 所属地区 | 备注 |
|---|---|---|---|---|
| 2015 | 9家<br>（含7家提名奖） | 浙江洁丽雅股份有限公司 | 绍兴 | 提名 |
| | | 浙江东南网架股份有限公司 | 杭州 | 提名 |
| | | 宁波奥克斯空调有限公司 | 宁波 | 提名 |
| 2017 | 10家<br>（含7家提名奖<br>企业） | 浙江吉利控股集团有限公司 | 杭州 | |
| | | 杭州中美华东制药有限公司 | 杭州 | |
| | | 浙江亿田智能厨电股份有限公司 | 绍兴 | 中小企业 |
| | | 杭州西奥电梯有限公司 | 杭州 | 提名 |
| | | 浙江双环传动机械股份有限公司 | 台州 | 提名 |
| | | 巨石集团有限公司 | 嘉兴 | 提名 |
| | | 浙江开元酒店管理有限公司 | 杭州 | 提名 |
| | | 浙江迪安诊断技术股份有限公司 | 杭州 | 提名 |
| | | 浙江大丰实业股份有限公司 | 宁波 | 提名 |
| | | 舟山市7412工厂 | 舟山 | 中小企业、提名 |

资料来源：根据浙江省人民政府官网资料整理。

# 参 考 文 献

［1］刘鹏，郭江杰，宋志明．制造业实施质量提升行动的重点工作与实施路径［J］．中国质量，2021（6）：45－48．

［2］方圆标志认证集团浙江有限公司．认证流程［EB/OL］．［2020－08－03］．http：//www.cqmzj.com/zhejiangmade.

［3］马向阳，刘肖，焦杰．区域品牌建设新策略——区域品牌伞下的企业品牌联合［J］．软科学，2014，28（1）：26－30．

［4］万亚胜，程久苗，吴九兴，等．基于计划行为理论的农户宅基地退出意愿与退出行为差异研究［J］．资源科学，2017，39（7）：1281－1290．

［5］张文彬，李国平．生态补偿、心理因素与居民生态保护意愿和行为研究——以秦巴生态功能区为例［J］．资源科学，2017，39（5）：881－892．

［6］林叶，李燕萍．高承诺人力资源管理对员工前瞻性行为的影响机制——基于计划行为理论的研究［J］．南开管理评论，2016，19（2）：114－123．

［7］谷丽，任立强，洪晨，等．知识产权服务中合作创新行为的产生机理研究［J］．科学学研究，2018，36（10）：1870－1878．

［8］徐敬俊，权锡鉴，葛珊珊．基于计划行为理论的高铁乘客选择行为意向研究［J］．经济管理，2016，38（2）：102－113．

［9］甄杰，严建援，谢宗晓．在线个性化产品定制意向研究——基于独特性需求和TPB视角［J］．软科学，2017，31（4）：95－99．

［10］侯博，应瑞瑶．分散农户低碳生产行为决策研究——基于TPB和SEM的实证分析［J］．农业技术经济，2015（2）：4－13．

［11］陈丽华，张卫国，田逸飘．农户参与农产品质量安全可追溯体系的行为决策研究——基于重庆市214个蔬菜种植农户的调查数据［J］．农村

经济，2016（10）：106－113.

[12] 汪文雄，杨海霞. 农地整治权属调整中农户参与的行为机理研究
[J]. 华中农业大学学报（社会科学版），2017（5）：108－116，148－149.

[13] 杨翾，彭迪云，谢菲. 基于 TAM/TPB 的感知风险认知对用户信任
及其行为的影响研究——以支付增值产品余额宝为例 [J]. 管理评论，
2016，28（6）：229－240.

[14] 林英晖，吕海燕，马君. 制造企业碳信息披露意愿的影响因素研
究——基于计划行为理论的视角 [J]. 上海大学学报（社会科学版），2016，
33（2）：115－125.

[15] 王玉龙，丁文锋. 农业企业人力资本投资意愿影响因素研究——基
于 TPB 理论与 63 家农业企业微观数据 [J]. 经济经纬，2011（1）：105－110.

[16] 吴林海，赵丹，王晓莉，等. 企业碳标签食品生产的决策行为研
究 [J]. 中国软科学，2011（6）：87－99.

[17] 李柏洲，徐广玉，苏屹. 中小企业合作创新行为形成机理研
究——基于计划行为理论的解释架构 [J]. 科学学研究，2014，32（5）：
697，777－786.

[18] 梅强，陈好，刘素霞. 中小企业安全投入行为决策研究 [J]. 中
国安全科学学报，2013，23（8）：150.

[19] 王良秋，孙婷婷，董妍，等. 道路交通违法行为研究：基于计划
行为理论的视角 [J]. 心理科学进展，2015，23（11）：2009－2019.

[20] 徐建中，曲小瑜. 基于扎根理论的装备制造企业环境技术创新行
为驱动因素的质化研究 [J]. 管理评论，2014，26（10）：90－101.

[21] 冯长利，李天鹏，兰鹰. 意愿对供应链知识共享影响的实证研究
[J]. 管理评论，2013，25（3）：126－134.

[22] 安森东. 质量强国：战略方向、路径和重点 [J]. 中国质量监管，
2021（7）：80－83.

[23] 闫坤，张鹏. 构建推进质量强国战略的财政政策体系 [J]. 宏观
质量研究，2019，7（1）：8－16.

[24] 马建堂. 从国际视角看中国制造强国建设 [J]. 智慧中国，2018

（12）：19 - 21．

[25] 柳百成．创新·强基·智能——建设制造强国 [J]．中国机械工程，2020，31（1）：13 - 18．

[26] 江小国，何建波，方蕾．制造业高质量发展水平测度、区域差异与提升路径 [J]．上海经济研究，2019（7）：70 - 78．

[27] 任保平，李禹墨．新时代我国高质量发展评判体系的构建及其转型路径 [J]．陕西师范大学学报（哲学社会科学版），2018，47（3）：105 - 113．

[28] 赵剑波，史丹，邓洲．高质量发展的内涵研究 [J]．经济与管理研究，2019，40（11）：15 - 31．

[29] 杨伟民．贯彻中央经济工作会议精神 推动高质量发展 [J]．宏观经济管理，2018（2）：13 - 17．

[30] 王伟．中国经济高质量发展的测度与评估 [J]．华东经济管理，2020，34（6）：1 - 9．

[31] 金碚．关于"高质量发展"的经济学研究 [J]．中国工业经济，2018（4）：5 - 18．

[32] 任保平．新时代高质量发展的政治经济学理论逻辑及其现实性 [J]．人文杂志，2018（2）：26 - 34．

[33] 任保平，文丰安．新时代中国高质量发展的判断标准、决定因素与实现途径 [J]．改革，2018（4）：5 - 16．

[34] 罗文．紧扣高质量发展要求 加快发展先进制造业 [J]．机械工业标准化与质量，2018（6）：9 - 11，56．

[35] 刘国新，王静，江露薇．我国制造业高质量发展的理论机制及评价分析 [J]．管理现代化，2020，40（3）：20 - 24．

[36] 罗文，徐光瑞．中国工业发展质量研究 [J]．中国软科学，2013（1）：50 - 60．

[37] 李朝兴．积极引领新常态加快实施制造强国战略 [J]．宏观经济管理，2015（4）：7 - 8．

[38] 安帅．新时代建设制造强国的理论根基、现实逻辑与路径研究 [J]．北方经济，2022（1）：69 - 71．

［39］秦俊峰．德国制造长盛不衰的秘密［J］．中国中小企业，2013（4）：66 – 69.

［40］李金华．中国建设制造强国的系统性约束与地域结构矛盾［J］．经济理论与经济管理，2018（4）：5 – 19.

［41］张晓仑．勇担制造强国建设时代重任［J］．红旗文稿，2021（13）：26 – 28.

［42］中共中央国务院关于开展质量提升行动的指导意见［EB/OL］．http://www. chinatt315. org. cn/zcfg/2017 – 9/13/1348. aspx.

［43］叶芳羽，单汨源．中国制造业高质量发展研究［J］．财务与金融，2019（2）：65 – 70，40.

［44］袁少锋．质量强国战略下的企业品牌导向发展模式研究——内涵、逻辑与未来展望［J］．辽宁大学学报（哲学社会科学版），2019，47（1）：54 – 67.

［45］胡迟．以创新驱动打造我国制造业高质量成长——基于 70 年制造业发展回顾与现状的考察［J］．经济纵横，2019（10）：53 – 63.

［46］李金华．"十四五"初期中国建设制造强国供给力分析［J］．浙江工商大学学报，2021（6）：128 – 140.

［47］辛国斌．推进制造强国建设 加快新旧动能接续转换［J］．行政管理改革，2017（6）：20 – 23.

［48］厉以宁．贯彻新发展理念 加快建设制造强国［J］．经济科学，2018（1）：5 – 9.

［49］李金华．中国建设制造强国的进程与行动框架［J］．南京社会科学，2018（6）：14 – 25.

［50］孔德婧，延建林，杨晓迎，屈贤明．推动我国制造强国建设的若干问题研究［J］．中国工程科学，2017，19（3）：6 – 12.

［51］周民良．积极加快制造强国建设：国际环境、国内要素与政策匹配［J］．经济纵横，2016（4）：31 – 38.

［52］郭政．标准引领德国工业升级——德国工业 4.0 中的标准化战略及其启示［J］．上海质量，2013（10）：22 – 26.

[53] 蒋选, 周怡. 先进制造业选择标准及建设制造强国的发展路径 [J]. 理论探讨, 2018 (3): 102-108.

[54] 罗文. 推动高科技发展 加快建设制造强国 [J]. 中国科学院院刊, 2018, 33 (4): 379-383.

[55] 贺俊. 制造强国建设的关键维度和战略要点 [J]. 改革, 2021 (2): 81-89.

[56] 李金华. 中国建设制造强国进程中制造业竞争力的国际比较 [J/OL]. 财经问题研究, http://kns.cnki.net/kcms/detail/21.1096.F.20220317. 1234.003.html.

[57] 杨玲. 外国生产性服务业开放对中国制造强国建设的影响研究 [J]. 首都经济贸易大学学报, 2022, 24 (1): 32-52.

[58] 李金华. 全球制造强国激励创新创业的新动向 [J]. 人民论坛, 2016 (20): 78-80.

[59] 李攀. 浅谈中国古代质量管理 [J]. 现代企业, 2011 (8): 24-25.

[60] 张海燕. 质量管理源远流长 [J]. 中国质量技术监督, 2000 (5): 38.

[61] 程虹, 陈昕洲. 我国古代政府质量管理体制发展历程研究 [J]. 华中师范大学学报 (人文社会科学版), 2016, 55 (2): 32-48.

[62] 陈淑梅, 高佳汇. 高质量发展背景下技术创新与标准的互动关系研究 [J]. 软科学, 2019, 33 (12): 1-6.

[63] 杨建东, 雷晨, 谢萍慧, 等. 浅谈标准、质量与品牌之间的关系 [J]. 中国标准化, 2019 (19): 56-59.

[64] 宋莹, 徐志远. 以先进标准引领消费品质量提升——第一批国家级消费品标准化试点项目验收会召开 [J]. 轻工标准与质量, 2020 (6): 17-18.

[65] 张崇武, 汤曙光. 创新管理体系 用先进标准引领质量提升——工程勘察设计质量管理体系升级版试点项目的实践与思考 [J]. 中国勘察设计, 2017 (11): 48-53.

[66] 武同霞. 先进标准引领质量提升 品牌建设推进质量强国战略 [J]. 读天下, 2016 (17): 364.

[67] 虞岚婷，张月义，宋明顺，张华．先进标准引领制造业质量提升的浙江经验 [J]．标准科学，2019 (6)：116 – 120.

[68] 汤万金．以先进标准引领消费品质量提升 [J]．时事报告，2016 (11)：32 – 33.

[69] 张泳，林楚玲．企业参与技术标准制定研究综述 [J]．科技管理研究，2019，39 (14)：190 – 196.

[70] 龚月芳．基于标准化战略思考的制造强国建设研究 [J]．中国标准化，2020 (11)：76 – 78.

[71] 常江，邹春根，龚毅，等．先进制造业选择标准及建设制造强国的发展路径 [J]．中国标准化，2019 (14)：213 – 214.

[72] 李龙一，张炎生．基于主导设计的技术标准形成研究 [J]．科学学与科学技术管理，2009，30 (6)：37 – 42.

[73] 杨勃．中德铁路工程线路技术标准对比分析 [J]．铁道工程学报，2010，27 (2)：37 – 40.

[74] 宋明顺，鲁伟，郑素丽．大数据标准化现状与发展思路研究：产业发展视角 [J]．标准科学，2017 (5)：17 – 22.

[75] 袁剑波，张起森．公路收费标准制定的基本方法研究 [J]．中国管理科学，2001 (6)：37 – 43.

[76] 张勇，诸葛凯，张璐．政府简政放权的路径优化——基于开放标准制定权的分析 [J]．中共天津市委党校学报，2019，21 (5)：66 – 72.

[77] 董琴．从制造大国到制造强国：中国标准化战略的新使命与战略调整 [J]．经济学家，2022 (1)：86 – 95.

[78] 杜传忠，陈维宣．全球新一代信息技术标准竞争态势及中国的应对战略 [J]．社会科学战线，2019 (6)：89 – 100，282.

[79] 田博文，田志龙．标准制定组织的国外研究述评——现状、趋势和对我国的启示 [J]．软科学，2014，28 (12)：130 – 134，139.

[80] 王忠敏．团体标准：中国标准化改革的未来 [J]．中国标准化，2019 (23)：26 – 29.

[81] 韩全卫．企业参与标准起草的十大作用 [J]．机械工业标准化与

质量，2016（10）：42－43.

　　[82] 刘辉，王益谊，付强. 美国自愿性标准体系评析 [C] //团体标准研究与实践论文集，2016：285－289.

　　[83] 宋明顺，王玉珏. 德国标准化及其对我国标准化改革的启示 [J].中国标准化，2016（2）：96－100.

　　[84] 刘春青，马明飞. 加拿大标准化管理体制机制研究 [J]. 标准科学，2018（12）：57－63.

　　[85] 张彦，刘春青. 澳大利亚标准化管理体制机制研究 [J]. 标准科学，2018（4）：24－29.

　　[86] 赵朝义. 国外标准化管理体制的启示 [J]. 世界标准信息，2004（4）：12，16.

　　[87] 杨辉. 发达国家标准化管理的特色 [J]. 国际技术经济研究，2007（4）：7－10.

　　[88] 王平. 中国标准化管理体制：问题及对策 [J]. 世界标准化与质量管理，2003（3）：8－10.

　　[89] 刘三江，刘辉. 中国标准化体制改革思路及路径 [J]. 中国软科学，2015（7）：1－12.

　　[90] 李佳，王益谊. 日本标准化体制机制研究 [J]. 标准科学，2021（1）：142－147.

　　[91] 廖丽，程虹，刘芸. 美国标准化管理体制及对中国的借鉴 [J].管理学报，2013，10（12）：1805－1809.

　　[92] 陈俊华. 中国标准化体制改革的路径与标准化法的修改——兼论标准闭环管理的价值与适用范围 [J]. 佳木斯职业学院学报，2015（12）：83，85.

　　[93] 何桢，岳刚，王丽林. 六西格玛管理及其实施 [J]. 数理统计与管理，2007（6）：1049－1055.

　　[94] 王娟丽，熊伟. 基于 QFD 的产品创新设计方案评价模型研究 [J].科技管理研究，2014，34（10）：53－57.

　　[95] 张公绪，孙静. 统计过程控制与诊断 第九讲 两种控制图的诊断与

两种过程能力指数的诊断 [J]. 质量与可靠性, 2003 (3): 42 – 46.

[96] 生志荣, 程龙生, 顾玉萍. 基于控制图的马田系统马氏空间生成机理研究 [J]. 数理统计与管理, 2017, 36 (6): 1059 – 1068.

[97] 何桢, 韩亚娟. 多元系统马氏田口方法的诊断与分析研究 [J]. 数理统计与管理, 2007 (5): 830 – 839.

[98] 谭超, 刘坚, 张星. 基于参数估计的贝叶斯均值控制图研究 [J]. 统计与决策, 2016 (21): 22 – 25.

[99] 沈坤荣. 以供给侧结构性改革为主线, 提升经济发展质量 [J]. 政治经济学评论, 2018, 9 (1): 51 – 55.

[100] 宋明顺, 朱婷婷. 从质量管理到质量治理: 基于中国的实证 [J]. 标准科学, 2016 (1): 46 – 51.

[101] 程虹, 陈川. 制造业质量竞争力理论分析与模型构建 [J]. 管理学报, 2015, 12 (11): 1695 – 1702.

[102] 李卫红. 基于制造业的产品质量竞争力研究 [J]. 科技管理研究, 2011, 31 (24): 217 – 220, 224.

[103] 李有. 出口贸易产品质量与国际竞争力——基于中国制造业的实证研究 [J]. 当代财经, 2015 (12): 88 – 96.

[104] 蒋家东. 质量竞争力指数 (QCI) 研究分析 [J]. 航空标准化与质量, 2004 (1): 13 – 17.

[105] 王主鑫, 朱颖, 张晓宇, 潘尔顺. 基于空间相关性的制造业质量竞争力指数分析与预测 [J]. 工业工程与管理, 2019, 24 (1): 174 – 181, 188.

[106] 周涵婷, 蒋晶, 程龙生, 张月义. 中国省际制造业质量竞争力提升率测算及演化趋势 [J/OL]. 统计与决策, 2022 (7): 102 – 106.

[107] 梁树广, 马中东, 张延辉, 李绍东. 基于钻石模型的区域制造业质量竞争力评价 [J]. 统计与决策, 2020, 36 (23): 173 – 177.

[108] 韩海燕, 任保平. 黄河流域高质量发展中制造业发展及竞争力评价研究 [J]. 经济问题, 2020 (8): 1 – 9.

[109] 王迪. 基于经济福利视角的制造业产业竞争力评价研究 [D]. 北

京：北京邮电大学，2020.

[110] 杨晓慧，宋士龙，谷德义．面向柔性制造系统的统计质量控制 [J]．系统工程理论与实践，2003（2）：91-94.

[111] 李天芳，郭亚锋．我国装备制造业竞争力提升的现实困境与路径选择 [J]．改革与战略，2017，33（7）：152-155.

[112] 徐兰，滕伟．基于演化博弈的汽车零部件质量提升策略分析 [J]．工业工程与管理，2016，21（6）：90-94，102.

[113] 张纲．供给侧结构性改革中的制造业质量升级 [J]．中国工程科学，2017，19（3）：29-38.

[114] 沈坤荣．以供给侧结构性改革为主线，提升经济发展质量 [J]．政治经济学评论，2018，9（1）：51-55.

[115] 金碚，李钢，陈志．加入WTO以来中国制造业国际竞争力的实证分析 [J]．中国工业经济，2006（10）：5-14.

[116] 高丽娜，宋慧勇．创新驱动、人口结构变动与制造业高质量发展 [J]．经济经纬，2020，37（4）：81-88.

[117] 段艳平，李祥云．资本市场对西部地区实体经济质量的提升效应——来自制造业上市公司的证据 [J]．财经科学，2020（6）：16-28.

[118] 余东华．制造业高质量发展的内涵、路径与动力机制 [J]．产业经济评论，2020（1）：13-32.

[119] 程虹，陈川．制造业质量竞争力理论分析与模型构建 [J]．管理学报，2015，12（11）：1695-1702.

[120] 杨芷晴．基于国别比较的制造业质量竞争力评价 [J]．管理学报，2016，13（2）：306-314.

[121] 周涵婷，程龙生，蒋晶，陈闻鹤，张月义．制造业质量提升的空间关联及传递机制研究 [J]．科技进步与对策，2021，38（12）：50-58.

[122] 谢申祥，冯玉静．21世纪中国制造业出口产品的规模、结构及质量 [J]．数量经济技术经济研究，2019，36（11）：22-39.

[123] 耿伟，王筱依，李伟．数字金融是否提升了制造业企业出口产品质量——兼论金融脆弱度的调节效应 [J]．国际商务（对外经济贸易大学学

报），2021（6）：102-120.

[124] 陈明，曾春燕，姚洋洋．金融服务开放与制造业企业出口产品质量：影响机制与经验证据 [J]．南方经济，2021（1）：64-82.

[125] 贺梅，王燕梅．危机冲击能否倒逼中国制造业产品质量提升——基于行业出口国内增加值率差异的分析 [J]．经济评论，2019（2）：17-33.

[126] 李小奕，左英姿．服务业"营改增"对制造业出口产品质量的影响 [J]．统计与决策，2022，38（5）：151-155.

[127] 耿晔强，常德鸿．企业创新与出口产品质量提升——基于中国制造业企业的实证研究 [J]．云南财经大学学报，2020，36（1）：89-101.

[128] 孙佳，杨洒洒，王林辉．中国制造业产品质量：基于技术含量视角的实证分析 [J]．宏观质量研究，2022，10（2）：47-61.

[129] 宋跃刚，郑磊．中间品进口、自主创新与中国制造业企业出口产品质量升级 [J]．世界经济研究，2020（11）：26-44，135.

[130] 谢靖，王少红．数字经济与制造业企业出口产品质量升级 [J]．武汉大学学报（哲学社会科学版），2022，75（1）：101-113.

[131] 张昕．生产性服务进口与制造业升级的双向联动机制——中国制造业发展的经验分析 [J]．西部论坛，2021，31（5）：15-33.

[132] 曹平，肖生鹏，林常青．产品关联密度与企业出口产品质量升级 [J]．中南财经政法大学学报，2021（6）：105-115.

[133] 林秀梅，孙海波．中国制造业出口产品质量升级研究——基于知识产权保护视角 [J]．产业经济研究，2016（3）：21-30.

[134] 王岳平．德国提升制造业产品质量的做法及对我国的启示与借鉴 [J]．经济研究参考，2012（51）：33-37.

[135] 彭树涛，李鹏飞．中国制造业发展质量评价及提升路径 [J]．中国特色社会主义研究，2018（5）：34-40，54.

[136] 林忠钦．中国制造2025与提升制造业质量品牌战略 [J]．国家行政学院学报，2016（4）：4-9，2.

[137] 林忠钦，奚立峰，蒋家东，等．中国制造业质量与品牌发展战略研究 [J]．中国工程科学，2017，19（3）：20-28.

［138］霍忻．全球制造业质量竞争：基本格局、驱动因素与发展对策［J］．国际贸易，2020（4）：87－96．

［139］张鑫宇，张明志．要素错配、自主创新与制造业高质量发展［J］．科学学研究，2022，40（6）：1117－1127．

［140］王博雅．创新型制造业高质量发展：特征事实、驱动因素与要素支撑［J］．中国软科学，2021（10）：148－159．

［141］孟茂源，张广胜．劳动力成本上升对制造业企业高质量发展的影响分析［J］．经济问题探索，2021（2）：145－155．

［142］王爱华，舒克．基于田口设计法的数控铣削加工参数优化［J］．实验科学与技术，2018，16（5）：165－169．

［143］杨立文，王永芳．品质优化中的质量特征值与容差［J］．山西经济管理干部学院学报，2018，26（1）：41－44．

［144］毛婷．参数设计与容差设计的整合模型与方法研究［D］．南京：南京理工大学，2018．

［145］王雅琦，戴觅，徐建炜．汇率、产品质量与出口价格［J］．世界经济，2015，38（5）：17－35．

［146］祝虹乔，石雪，徐庆．基于产品垂直差异化的双边市场定价分析［J］．商业经济研究，2018（3）：63－67．

［147］王丽娟．深圳标准认证标准化社会效益评价模型的构建［A］．中国标准化协会，2018．

［148］第十五届中国标准化论坛论文集［C］．中国标准化协会，2018：859－866．

［149］傅江平．深圳标准认证工作成效明显［N］．中国质量报，2021－10－21（4）．

［150］王明昊，李琰，张璐．"泰山品质"系列团体标准引领山东经济提质发展［C］//中国标准化协会、郑州市人民政府．第十六届中国标准化论坛论文集．2019：910－915．

［151］朱南，王飞轩，顾建华．"江苏精品"区域品牌建设工作模式分析及思考［J］．中国标准化，2021（23）：184－187．

［152］郭宁.“江苏精品”评价标准体系浅析［C］//中国标准化协会、郑州市人民政府.第十六届中国标准化论坛论文集.2019：1120－1123.

［153］严思佳,裴宇艇.实施“蒙”字标认证 打造内蒙古品牌——内蒙古打造区域公用品牌创新实践［J］.中国市场监管研究,2020（11）：69－72.

［154］张月义,虞岚婷,茅婷,宋明顺.“标准＋认证”视角下制造业区域品牌建设企业参与意愿及决策行为研究［J］.管理学报,2020,17（2）：290－297.

［155］“制造强国战略研究”综合组.实现从制造大国到制造强国的跨越［J］.中国工程科学,2015,17（7）：1－6.

［156］朱高峰,王迪.当前中国制造业发展情况分析与展望：基于制造强国评价指标体系［J］.管理工程学报,2017,31（4）：1－7.

［157］李金华.德国“工业4.0”背景下中国制造强国的六大行动路径［J］.南京社会科学,2016（1）：8－16.

［158］吴水龙,胡左浩,黄尤华.区域品牌的创建：模式与路径［J］.中国软科学,2010（S2）：193－200.

［159］刘伟丽,刘宏楠.要素市场扭曲和制度质量对研发投入的影响——基于中国高技术产业的实证分析［J］.财经问题研究,2020（6）：32－39.

［160］张重和.日本制造：从劣质到物美价廉［J］.质量探索,2009（9）：53－54.

［161］邓新明,罗欢,龙贤义,等.高管团队异质性、竞争策略组合与市场绩效——来自中国家电行业的实证检验［J］.南开管理评论,2021,24（4）：103－117.

［162］Fares M, Raza S, Thomas A. Is there complementarity between certified labels and brands? Evidence from small French cooperatives［J］. Review of Industrial Organization, 2018, 53（2）：367－395.

［163］Nelson P. Information and consumer behavior［J］. Journal of Political Economy, 1970, 78（2）：311－329.

［164］Starr R G, Brodie R J. Certification and authentication of brand value propositions［J］. Journal of Brand Management, 2016, 23（6）：1－16.

［165］Paul J, Modi A, Patel J. Predicting green product consumption using theory of planned behavior and reasoned action ［J］. Journal of Retailing and Consumer Services, 2016, 29: 123 – 134.

［166］Kerber J C, Souza E, Bouzon M, et al. Consumer behaviour aspects towards remanufactured electronic products in an emerging economy: Effects on demand and related risks ［J］. Resources Conservation and Recycling, 2021, 170 (1): 105572.

［167］Parast M M, Golmohammadi D. Operational slack, service disruptions, and service quality: Empirical evidence from the US airline industry ［J］. Computers & Industrial Engineering, 2021, 161: 107654.

［168］Djordjevic P, Panic M, Arsic S, et al. Impact of leadership on strategic planning of quality ［J］. Total Quality Management & Business Excellence, 2020, 31 (5 – 6): 681 – 695.

［169］Kolus A, Wells R, Neumann P. Production quality and human factors engineering: A systematic review and theoretical framework ［J］. Applied ergonomics, 2018, 73: 55 – 89.

［170］Zhang M, Guo H, Huo B, et al. Linking supply chain quality integration with mass customization and product modularity ［J］. International Journal of Production Economics, 2019, 207: 227 – 235.

［171］Yu G J, Park M, Hong K H. A strategy perspective on total quality management ［J］. Total Quality Management & Business Excellence, 2020, 31 (1 – 2): 68 – 81.

［172］Yang C C. The effectiveness analysis of the practices in five quality management stages for SMEs ［J］. Total Quality Management & Business Excellence, 2020, 31 (9 – 10): 955 – 977.

［173］Aoun M, Hasnan N, Aaraj H A. Relationship between lean practices, soft total quality management and innovation skills in Lebanese hospitals ［J］. Eastern Mediterranean Health Journal, 2018, 24 (3): 269 – 276.

［174］Tarí J J, Pereira-Moliner J, Molina-Azorín J F, et al. Quality standards and competitive advantage: The role of human issues in tourism organizations [J]. Current Issues in Tourism, 2020, 23 (20): 2515 –2532.

[175] Prodi G, Frattini F, Nicolli F. The diffusion and embeddedness of innovative activities in China [J]. Economia Politica, 2018, 35 (1): 71 – 106.

[176] Reiman A, Kaivo-oja J, Parviainn E, Takala E P, et al. Human factors and ergonomics in manufacturing in the industry 4. 0 context—A scoping review [J]. Technology in Society, 2021, 65 (2): 1 –9.

[177] Obradovi T, Vlacic B, Dabic M. Open innovation in the manufacturing industry: A review and research agenda [J]. Technovation, 2021, 102 (7): 1 –12.

[178] Yu Y. , Zhang J Z, Cao Y, et al. Intelligent transformation of the manufacturing industry for industry 4. 0: Seizing financial benefits from supply chain relationship capital through enterprise green management [J]. Technological Forecasting & Social Change, 2021, 172 (11): 1 –14.

[179] Ahmad M M. Assessment methodology for competitive manufacturing [J]. Procedia Manufacturing, 2018, 17 (3): 843 –851.

[180] Zhang Q, Mu R, Hu Y, et al. Measurement of sustainable development index in China's manufacturing industry based on Er-Xiang dual theory [J]. Alexandria Engineering Journal, 2021, 60 (6): 5897 –5908.

[181] Shepotylo O, Vakhitov V. Services liberalization and productivity of manufacturing firms: Evidence from Ukraine [ J ]. Economics of Transition, 2015, 23 (1): 1 –44.

[182] Arnold J M, Javorcik B S, Mattoo A. Does services liberalization benefit manufacturing firms? Evidence from the Czech Republic [J]. Journal of International Economics, 2011, 85 (1): 136 –146.

[183] Correa P, Dayoub M, Francisco M. Trade liberalization and "export response": Whither complementary reforms? [J]. The Journal of International Trade & Economic Development, 2011, 20 (3): 379 –400.

［184］Fernandes A M, Paunov C. Foreign direct investment in services and manufacturing productivity: Evidence for Chile ［J］. Journal of Development Economics, 2012, 97 (2): 305 – 321.

［185］Bas M. Does services liberalization affect manufacturing firms' export performance? Evidence from India ［J］. Journal of Comparative Economics, 2014, 42 (3): 569 – 589.

［186］Khan I, Hou F, Le H P, et al. Do natural resources, urbanization, and value-adding manufacturing affect environmental quality? Evidence from the top ten manufacturing countries ［J］. Resources Policy, 2021, 72: 102109.

［187］Zhou Y, Zhuo C, Deng F. Can the rise of the manufacturing value chain be the driving force of energy conservation and emission reduction in China? ［J］. Energy Policy, 2021, 156: 112408.

［188］Wang J, Wu H, Chen Y. Made in China 2025 and manufacturing strategy decisions with reverse QFD ［J］. International Journal of Production Economics, 2020, 224: 1 – 21.

［189］Hoyle D. ISO 9000 quality systems handbook: Increasing the quality of an organization's outputs ［M］. Routledge, 2017.

［190］Huarng F, Horng C, Chen C. A study of ISO 9000 process, motivation and performance ［J］. Total Quality Management, 1999, 10 (7): 1009 – 1025.

［191］Singh P J. Empirical assessment of ISO 9000 related management practices and performance relationships ［J］. International Journal of Production Economics, 2008, 113 (1): 40 – 59.

［192］Nair A, Prajogo D. Internalisation of ISO 9000 standards: The antecedent role of functionalist and institutionalist drivers and performance implications ［J］. International Journal of Production Research, 2009, 47 (16): 4545 – 4568.

［193］Hu C, Lin F. Product standards and export quality: Micro evidence from China ［J］. Economics Letters, 2016, 145: 274 – 277.

［194］Shen J, Zhang Y, Zheng S. A methodological framework of assessing national quality infrastructure efficacy for quality management ［C］//2019 IEEE International Conference on Industrial Engineering and Engineering Management （IEEM）. IEEE, 2019: 1573 – 1577.

［195］ Amiti M, Khandelwal A K. Import competition and quality upgrading ［J］. Review of Economics and Statistics, 2013, 95 (2): 476 – 490.

［196］ Nicita A. Non-tariff measures: Economic assessment and policy options for development ［C］. United Nations Conference on Trade and Development. UNCOTAD, 2018: 1 – 12.

［197］ Tarí J J, Molina-Azorín J F, Pereira-Moliner J, et al. Internalization of quality management standards: A literature review ［J］. Engineering Management Journal, 2020, 32 (1): 46 – 60.

［198］ Triboulet P, Plumecocq G. Quality standards between co-existence and coordination: Lessons from the French durum wheat case study ［J］. Cleaner Environmental Systems, 2021, 3: 100061.

［199］ Chen W, Wang F, Xiao G, et al. Air quality of Beijing and impacts of the new ambient air quality standard ［J］. Atmosphere, 2015, 6 (8): 1243 – 1258.

［200］ He Y, Gu C, He Z, et al. Reliability-oriented quality control approach for production process based on RQR chain ［J］. Total Quality Management & Business Excellence, 2018, 29 (5 – 6): 652 – 672.

［201］ Hernández-Perlines F, Ariza-Montes A, Han H, et al. Innovative capacity, quality certification and performance in the hotel sector ［J］. International Journal of Hospitality Management, 2019, 82: 220 – 230.

［202］ Tuczek F, Castka P, Wakolbinger T. A review of management theories in the context of quality, environmental and social responsibility voluntary standards ［J］. Journal of Cleaner Production, 2018, 176: 399 – 416.

［203］ Mwikya N K, Angeline M S. Implementation of aviation safety standards and performance of air transport industry: A conceptual perspective ［J］. Ajbuma Journal, 2018, 4 (2).

［204］ Mor R S, Bhardwaj A, Singh S, et al. Productivity gains through standardization-of-work in a manufacturing company [J]. Journal of Manufacturing Technology Management, 2018.

[205] Blind K, Pohlisch J, Rainville A. Innovation and standardization as drivers of companies' success in public procurement: An empirical analysis [J]. The Journal of Technology Transfer, 2020, 45 (3): 664 – 693.

[206] Ho J Y, O'Sullivan E. Strategic standardisation of smart systems: A roadmapping process in support of innovation [J]. Technological Forecasting and Social Change, 2017, 115: 301 – 312.

[207] Wiegmann P M, de Vries H J, Blind K. Multi-mode standardisation: A critical review and a research agenda [J]. Research Policy, 2017, 46 (8): 1370 – 1386.

[208] Khoury J, Krejany C J, Versteeg R W, et al. A process for developing standards to promote quality in general practice [J]. Family Practice, 2019, 36 (2): 166 – 171.

[209] Rawhouser H, Cummings M E, Marcus A. Sustainability standards and stakeholder engagement: Lessons from carbon markets [J]. Organization & Environment, 2018, 31 (3): 263 – 282.

[210] Li Y, Guo H, Cooper S Y, et al. The influencing factors of the technology standard alliance collaborative innovation of emerging industry [J]. Sustainability, 2019, 11 (24): 6930.

[211] Olszewska J I, Houghtaling M, Goncalves P J S, et al. Robotic standard development life cycle in action [J]. Journal of Intelligent & Robotic Systems, 2020, 98 (1): 119 – 131.

[212] Greenfield D, Civil M, Donnison A, et al. A mechanism for revising accreditation standards: A study of the process, resources required and evaluation outcomes [J]. BMC Health Services Research, 2014, 14 (1): 1 – 6.

[213] Aly S, Tyrychtr J, Kvasnicka R, et al. Novel methodology for developing a safety standard based on clustering of experts' assessments of safety requirements [J]. Safety Science, 2021, 140: 105292.

[214] Ernst D. America's voluntary standards system—A "best practice" model for Asian innovation policies? [M]. East-West Center, 2012.

[215] Blind K, Gauch S. Trends in ICT standards in European standardisation bodies and standards consortia [C]. Conference on Standardization & Innovation in Information Technology. IEEE, 2005: 26 – 36.

[216] Li J. Research on national standard development mechanisms of major developed countries [C]. 2019 5th International Conference on Information Management (ICIM). IEEE, 2019: 207 – 210.

[217] Castagliola P, Celano G, Fichera S. Evaluation of the statistical performance of a variable sampling interval EWMA control chart [J]. Quality Technology & Quantitative Management, 2016, 3 (2): 307 – 323.

[218] Scott S L, Blocker A W, Bonassi F V, et al. Bayes and big data: the consensus Monte Carlo algorithm [J]. International Journal of Management Science & Engineering Management, 2016, 11 (2): 78 – 88.

[219] Singh J, Singh H, Singh G, et al. Impact of six sigma approach on SMEs of Northern India—an empirical investigation [J]. International Journal of Business Continuity & Risk Management, 2017, 7 (2): 359 – 368.

[220] Yang X, Gao S, He Z, et al. Application of design for six sigma tools in telecom service improvement [J]. Production Planning & Control, 2018, 29 (12): 959 – 971.

[221] Hakimi S, Zahraee S M, Rohani J M. Application of six sigma DMAIC methodology in plain yogurt production process [J]. International Journal of Lean Six Sigma, 2018.

[222] Babar A H K, Ali Y. Enhancement of electric vehicles' market competitiveness using fuzzy quality function deployment [J]. Technological Forecasting and Social Change, 2021, 167: 120738.

[223] Ketabforoush M, Abdul Aziz N. The effect of Taguchi-based six sigma method on variation reduction in a green construction material production process [J]. Iranian Journal of Science and Technology, Transactions of Civil Engineer-

ing, 2021, 45 (2): 879 – 889.

[224] Goyal A, Agrawal R, Saha C R. Quality management for sustainable manufacturing: Moving from number to impact of defects [J]. Journal of Cleaner Production, 2019, 241: 118348.

[225] Sikder S, Mukherjee I, Panja S C. A synergistic Mahalanobis-Taguchi system and support vector regression based predictive multivariate manufacturing process quality control approach [J]. Journal of Manufacturing Systems, 2020, 57: 323 – 337.

[226] Peng C F, Ho L H, Tsai S B, et al. Applying the Mahalanobis-Taguchi system to improve tablet PC production processes [J]. Sustainability, 2017, 9 (9): 1557.

[227] Boltho A. The assessment: International competitiveness [J]. Oxford Review of Economic Policy, 1996 (3): 3.

[228] Diebold W, Porter M E. The Competitive Advantage of Nations [J]. Foreign affairs (Council on Foreign Relations), 1990, 69 (4): 180.

[229] Zeitz G, Johannesson R, Ritchie Jr J E. An employee survey measuring total quality management practices and culture: Development and validation [J]. Group & Organization Management, 1997, 22 (4): 414 – 444.

[230] Greenan K, Humphreys P, McIvor R. The green initiative: Improving quality and competitiveness for European SMEs [J]. European Business Review, 1997.

[231] Alexander B R. How to construct a service quality index in performance-based ratemaking [J]. The Electricity Journal, 1996, 9 (3): 46 – 53.

[232] Fornell C. Boost stock performance, nation's economy [J]. Quality Progress, 2003, 36 (2): 25.

[233] Choudhri E U, Schembri L L. Productivity performance and international competitiveness: An old test reconsidered [J]. Canadian Journal of Economics/Revue canadienne d'économique, 2002, 35 (2): 341 – 362.

[234] Roszko-Wójtowicz E, Grzelak M M, Laskowska I. The impact of R&D expenditure on productivity in the manufacturing industry in Poland [J]. Econo-

metrics, 2019, 23 (4): 112 – 126.

[235] Sminia H, Ates A, Paton S, et al. High value manufacturing: Capability, appropriation, and governance [J]. European Management Journal, 2019, 37 (4): 516 – 528.

[236] Mary Nafula Kiveu, Mary Namusonge, Stephen Muathe. Effect of innovation on firm competitiveness: the case of manufacturing SMEs in Nairobi County, Kenya. 2019, 18 (3): 307 – 327.

[237] Dou Z, Wu B B, Sun Y, et al. The competitiveness of manufacturing and its driving factors: A case study of G20 participating countries [J]. Sustainability, 2021, 13.

[238] Fauceglia D. Credit constraints, firm exports and financial development: Evidence from developing countries [J]. The Quarterly Review of Economics and Finance, 2015, 55: 53 – 66.

[239] Shi L, Wang X, Sun H, et al. The impact of technological innovation on product quality: The moderating role of firm size [J]. Total Quality Management & Business Excellence, 2018, 29 (7 – 8): 746 – 761.

[240] Xie W, Xue T. FDI and improvements in the quality of export products in the Chinese manufacturing industry [J]. Emerging Markets Finance and Trade, 2020, 56 (13): 3106 – 3116.

[241] Anwar S, Sun S. Foreign direct investment and export quality upgrading in China's manufacturing sector [J]. International Review of Economics & Finance, 2018, 54: 289 – 298.

[242] Tang Y, Zhang K H. Absorptive capacity and benefits from FDI: Evidence from Chinese manufactured exports [J]. International Review of Economics & Finance, 2016, 42: 423 – 429.

[243] Xie J, Sun Q, Wang S, et al. Does environmental regulation affect export quality? Theory and evidence from China [J]. International Journal of Environmental Research and Public Health, 2020, 17 (21): 8237.

[244] Tebaldi E. The determinants of high-technology exports: A panel data

analysis [J]. Atlantic Economic Journal, 2011, 39 (4): 343 – 353.

[245] Mol A. Governing China's food quality through transparency: A review [J]. Food Control, 2014.

[246] Yeung G, Mok V. What are the impacts of implementing ISOs on the competitiveness of manufacturing industry in China? [J]. Journal of world Business, 2005, 40 (2): 139 – 157.

[247] Kuo T C, Hsu N Y, Li T Y, et al. Industry 4.0 enabling manufacturing competitiveness: Delivery performance improvement based on theory of constraints [J]. Journal of Manufacturing Systems, 2021, 60: 152 – 161.

[248] Chien-Yi Huang. Applying the Taguchi parametric design to optimize the solder paste printing process and the quality loss function to define the specifications [J]. Soldering & Surface Mount Technology, 2018, 30 (4).

[249] Chowdhury S, Wu Y, Taguchi S, et al. Taguchi's quality engineering handbook [electronic resource] [M]. John Wiley & Sons, 2005.

[250] Li M H C. Quality loss functions for the measurement of service quality [J]. The International Journal of Advanced Manufacturing Technology, 2003, 21 (1): 29 – 37.

[251] Chan W M, Ibrahim R N, Lochert P B. Quality evaluation model using loss function for multiple S-type quality characteristics [J]. The International Journal of Advanced Manufacturing Technology, 2005, 26 (1): 98 – 101.

[252] Lazović R, Mijatović I. Modified quadratic loss function for a trivariate response with the exact feasible region for parameters [J]. Journal of manufacturing Systems, 2012, 31 (2): 177 – 183.

[253] Chen C H, Chou C Y. Determining the optimum manufacturing target based on an asymmetric quality loss function [J]. The International Journal of Advanced Manufacturing Technology, 2003, 21 (3): 193 – 195.

[254] Jin Q, Liu S G. Research of asymmetric quality loss function with triangular distribution [C] //Advanced Materials Research. Trans Tech Publications Ltd, 2013, 655: 2331 – 2334.

［255］ Feng S C, Nederbragt W W, Kaing S, et al. Incorporating process planning into conceptual design ［C］//International Design Engineering Technical Conferences and Computers and Information in Engineering Conference. American Society of Mechanical Engineers, 1999, 19746: 519 –525.

［256］ Yang C C, Naikan V N A. Optimum tolerance design for complex assemblies using hierarchical interval constraint networks ［J］. Computers & industrial Engineering, 2003, 45 (3): 511 –543.

［257］ Manarvi I A, Juster N P. Framework of an integrated tolerance synthesis model and using FE simulation as a virtual tool for tolerance allocation in assembly design ［J］. Journal of Materials Processing Technology, 2004, 150 (1 –2): 182 –193.

［258］ Wu F, Dantan J Y, Etienne A, et al. Improved algorithm for tolerance allocation based on Monte Carlo simulation and discrete optimization ［J］. Computers & Industrial Engineering, 2009, 56 (4): 1402 –1413.

［259］ Shin S, Kongsuwon P, Cho B R. Development of the parametric tolerance modeling and optimization schemes and cost-effective solutions ［J］. European Journal of Operational Research, 2010, 207 (3): 1728 –1741.

［260］ Rout B K, Mittal R K. Tolerance design of robot parameters using Taguchi method ［J］. Mechanical Systems and Signal Processing, 2006, 20 (8): 1832 –1852.

［261］ Robles N, Roy U. Optimal tolerance allocation and process-sequence selection incorporating manufacturing capacities and quality issues ［J］. Journal of manufacturing Systems, 2004, 23 (2): 127 –133.

［262］ Li M H C. A general model for process-setting with an asymmetrical linear loss function ［J］. The International Journal of Advanced Manufacturing Technology, 2005, 26 (11): 1317 –1322.

［263］ Peng H P, Jiang X Q, Xu Z G, et al. Optimal tolerance design for products with correlated characteristics by considering the present worth of quality loss ［J］. The International Journal of Advanced Manufacturing Technology,

2008, 39 (1): 1 – 8.

[264] Jeang A. Tolerance chart optimization for quality and cost [J]. International Journal of Production Research, 1998, 36 (11): 2969 – 2983.

[265] Zhang, Yueyi, et al. Coupling coordination analysis of technological innovation, standards, and quality: Evidence from China [J]. SAGE Open, 2021, 11 (3): 21582440211030621.

[266] Zhang, Yueyi, et al. Optimal tolerance design of hierarchical products based on quality loss function [J]. Journal of Intelligent Manufacturing, 2019, 30 (1): 185 – 192.

[267] Tornatzky L G, Fleischer M. The processes of technological innovation [M]. MA: Lexington Books, 1990.

[268] Lian J W, Yen D C, Wang Y T. An exploratory study to understand the critical factors affecting the decision to adopt cloud computing in Taiwan Hospital [J]. International Journal of Information Management, 2014, 34 (1): 28 – 36.

[269] Morteza G, Daniel A A, Jose B A. Adoption of e-commerce applications in SMEs [J]. Industrial Management and Data Systems, 2011, 111 (8): 1238 – 1269.

[270] Coccia M. A basic model for evaluating R&D performance: Theory and application in Italy [J]. R&D Management, 2001, 31 (4): 453 – 464.

[271] Fritsch M, Franke G. Innovation, regional knowledge spillovers and R&D cooperation [J]. Research Policy, 2004, 33 (2): 245 – 255.

[272] Zhong W, Yuan W, Li S X, et al. The performance evaluation of regional R&D investments in China: An application of DEA based on the first official China economic census data [J]. Omega, 2011, 39 (4): 447 – 455.

[273] Millerand F, Baker K S. Who are the users? Who are the developers? Webs of users and developers in the development process of a technical standard [J]. Information Systems Journal, 2010, 20 (2): 137 – 161.

[274] Farrell J, Hayes J, Shapiro C, et al. Standard setting, patents, and

hold-up ［J］. Antitrust LJ, 2007, 74: 603.

［275］ Evans J R, Lindsay W M. The management and control of quality ［M］. Cincinnati, OH: South-western, 2002.

［276］ Kugler M, Verhoogen E. Prices, plant size, and product quality ［J］. The Review of Economic Studies, 2012, 79 (1): 307 –339.

# 后　记

　　值本书完稿之际，感激之情油然而生。首先，感谢国家社会科学基金的资助，有幸在 2018 年获得国家社会科学基金项目立项，为本书相关内容的开展提供了研究依据和经费支持。随着国家社会科学基金项目的立项和相关研究的开展，我的职称也从副教授晋升为教授。

　　其次，特别感谢浙江省市场监督管理局、杭州市市场监督管理局、杭州市标准化研究院等标准化和质量相关政府部门与技术机构，本书相关内容研究过程中得到了他们的大力支持，尤其是在研究过程中开展的两次大样本调查，没有他们的支持和帮助，调查工作不可能如此高效地完成。

　　再次，特别感谢我的研究生们，她们非常优秀，在本书完成过程中她们任劳任怨，无论是阶段性研究成果，还是开展的各种调查工作，她们都能够严格地按照我的要求开展工作，非常感谢她们的辛苦付出。本书也涉及了虞岚婷、应靖鸿、李理想、周慧等研究生的部分研究成果，茅婷、周慧做了大量文档编辑工作。在本书撰写过程中，周涵婷同学也提供了很多意见和建议，在此一并表示感谢。

　　还要感谢我的父母，他们是我人生中最大的恩人，是他们省吃俭用供我上学，把我从一个农村娃培养成大学生、研究生，没有他们对我的培养，就没有我的今天，感谢他们的养育之恩。也要感谢我的弟弟妹妹，由于我人在外地不能照顾父母，是他们俩帮我承担了孝敬父母的责任，尤其这两年由于新冠肺炎疫情等原因，没有回去看望父母，都是因为有他们俩能在父母身边，有弟弟妹妹在家真好！

　　最后，特别感谢我的妻子和女儿。尤其是我的妻子，在本书撰写过程中，她是我最坚实的后盾，承担了家庭重担和教育女儿的重任，使我能够把精力放在学业和工作上。对她致以深深的感谢和崇高的敬意，希望我所取得的成绩能够给她带来快乐。我的女儿非常懂事，在本书撰写过程中也从初中升到了高中，看到女儿情商越来越高，特别会处理家庭关系、师生关系、同学关系，由衷地为女儿的成长感到高兴。感谢女儿在我情绪低落时为我带来乐观、积极的克服困难的勇气。

张月义

2022 年 9 月